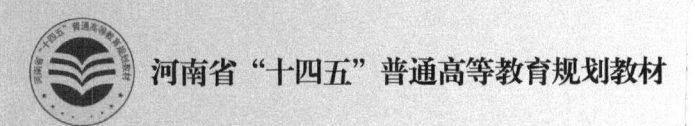

河南省"十四五"普通高等教育规划教材

教育政策法规

Education Policies and Regulations

罗红艳　主编

科学出版社

北　京

内 容 简 介

本教材以习近平总书记关于教育的重要论述为指导思想，以原理论-价值论-过程论为知识逻辑脉络，主要彰显以下特色：时代性，落实立德树人根本任务；系统性，即教材与课程之间的系统一致性、教材知识内容之间的系统整全性、教材基本资源与拓展资源之间的系统补充性；配套性，本教材是教师教育国家级精品资源共享课程"教育政策法规"配套教材；借鉴性，从教育学、公共政策学、法学原理等课程视野搜集相关教材资源，以拓宽理论范围，夯实学理基础；内容体系和方法体系创新性，以及实践性。

本教材适合作为普通高等师范院校师范类专业的公共课教材以及教育类专业学生的专业课教材，对教育行政部门和高校的管理者、教育理论工作者也具有一定的参考价值。

图书在版编目(CIP)数据

教育政策法规 / 罗红艳主编. —北京：科学出版社，2023.12
ISBN 978-7-03-077691-4

Ⅰ.①教… Ⅱ.①罗… Ⅲ.①教育法令规程-中国 Ⅳ.①D922.16

中国国家版本馆 CIP 数据核字(2023)第 244131 号

责任编辑：崔文燕　贾雪玲/责任校对：贾伟娟
责任印制：徐晓晨/封面设计：润一文化

科 学 出 版 社 出版
北京东黄城根北街 16 号
邮政编码：100717
http://www.sciencep.com

北京中科印刷有限公司 印刷
科学出版社发行　各地新华书店经销
*

2023 年 12 月第 一 版　开本：720×1000　1/16
2023 年 12 月第一次印刷　印张：13
字数：260 000
定价：68.00 元
（如有印装质量问题，我社负责调换）

顾　　问　秦惠民　周光礼
主　　编　罗红艳
编　　委　唐香玉　祁　晓
　　　　　张　玲　茹国军

前　言

　　提高人才自主培养质量，造就拔尖创新人才，离不开高水平、有特色教材建设。"教育政策法规"是面向高校师范类专业学生开设的公共课，也是教育学类本科生的专业基础课。在长期建设过程中，我们不断提升理念、丰富知识、优化结构、拓展资源，于2013年获得教师教育国家级精品资源共享课立项。几年建设之后，该课程在教育部爱课程网上线，2017年被教育部认定为第二批200门"国家级精品资源共享课"之一。在中国教育学会教育政策与法律研究分会副理事长秦惠民教授等专家的鼓励下，我们于2020年开始酝酿编写该课程配套教材，经过三年努力，终于完成书稿，付梓出版。

　　本教材编写始终坚持以习近平新时代中国特色社会主义思想为指导，牢牢把握教材建设的政治方向和价值导向，力求成为培根铸魂、启智增慧、适应时代要求的精品教材。具体建设思路如下：一是建构基于国家精品课程的内容体系。本教材分教育政策、教育法规两篇，均按照"原理论—价值论—过程论"的逻辑体系进行编写。"原理论"主要解决教育政策法规的基本范畴和理论基石问题；"价值论"主要解决价值基础和理想应然问题；"过程论"主要解决动态运行与纵向过程问题，三者构成了逻辑自洽的结构体系。二是建构基于教师教育课程标准的内容体系。本教材编写中努力体现教师教育国家标准和教师资格考试相关知识要求。三是建构基于多元教学方式方法的内容体系。本教材充分体现互联网与教材深度融合的理念，建设适应在线传播的教材内容体系；由于教育政策、教育法规都带有鲜明的时效性与案例性，本教材尽可能选取当前热点教育政策法规文本和案例对相关理论进行支撑与解析。

　　本教材主要彰显以下特色：一是时代性。教材建设坚定以习近平新时代中国特色社会主义思想为指导，充分挖掘教材课程思政功能和育人元素，落实立德树人根本任务；充分吸收国际先进知识、教育政策法规前沿知识、依法治教热点知识、教育实践焦点知识。二是配套性。本教材是教师教育国家级精品资源共享课的配套教材，因此，该教材建设着力体现课程建设"师范性""示范性""共享性"等基本理念与价值取向。鉴于本课程为教师教育类课程，因此教材建设着力凸显"师范性"；作为国家级精品课程，教材建设也在高标准、严要求、精品化、高层次上下功夫，凸显"示范性"；另外，教材建设还力求充分利用"互联网+"技术优势，完善纸质教材，利用网络媒介，实现课程和教材的"共享性"。三是系统性。编写中努力追求教材与课程之间的系统一致性；教材知识内容之间的系统整全性；基本资源与拓展资源之间的系统补充性；纸质呈现与线上介质之间的系统混合性。四是借鉴性。教育政策法规是教育学与公共政策学、法学原理的交叉性、边缘性学科。本教材从教育学、公共政策学以及法学原理等课程视野搜集相关教材资源，以拓宽理论范围，夯实本教材的学理基础。五是创新性。教育政策法规建基于教育学、公共政策学以及法学原理，但是不拘泥于上述学科，在此基础上建设扎根本学科，独具特色的教材资源。创新性主要体现在：①内容体系创新。国内相关教材大多按照从"理论"到"实践"的逻辑线索建构知识框架，本教材则按照"原理论—价值论—过程论"逻辑体系编撰教材内容，体现了内容体系上的创新。②方法体系创新。本教材追求有利于案例教学、研究性教学、主题性教学等传统的多元化教学方法的展开和运用，同时致力于体现互联网时代知识学习碎片化、电子化、终身化、社会化等特点，探讨以知识点、技能点为细胞的呈现方式。六是实践性。本教材建基于教育政策法规实践之中，并且进一步丰富教育政策法规实践，因此本教材建设包括较为丰富的政策法规案例、政策法规典故和政策法规事件。

本教材主编为河南师范大学教育学部罗红艳教授。中国教育学会教育政策与法律研究分会副理事长、北京外国语大学国际教育学院院长秦惠民教授和中国人民大学教育学院院长、评价研究中心主任、教育部长江学者特聘教授周光礼为本教材顾问。全书整体框架设计和统稿工作由罗红艳负责,在前期书稿编写中茹国军博士做了大量的工作。第一章、第二章、第五章主要由唐香玉完成;第三章主要由祁晓完成;第四章、第六章主要由张玲完成。为了保证教材质量,我们进行了多轮调整、修改与核校。河南大学出版社高教与职教分社质检主管林方丽副编审提供了专业化的指导;我的博士生董华明、吴丹、杨莉、武晶、吉冰冰、刘一夫、吕莎、崔静、郭玲玲,以及郁涵阳、娄宏杰、黄凤萍等硕士研究生也做了大量的核对、查阅、修正工作。在此,向他们的辛苦付出表示衷心的感谢!

本教材是教师教育国家级精品资源共享课"教育政策法规"配套教材,是河南省"十四五"普通高等教育规划教材重点立项教材,也是中原英才计划(育才系列)——中原教育教学领军人才资助项目的阶段性成果。教材的编写和出版得到了科学出版社的大力支持和帮助,在此表示诚挚的谢意。特别感谢乔宇尚、崔文燕、贾雪玲编辑,她们在教材写作过程中,不厌其烦地检查书稿存在的问题、提出修改建议,为本教材的编写和出版做了大量细致的工作。

教材编写过程中查阅、参考了国内外学者相关论著和教材,吸纳了部分专家学者的研究成果,虽然我们在编写中认真做了标注,但也有可能因为疏漏而存在未能注明的地方,在此向成果的作者表示衷心的感谢和歉意。由于编者水平有限,书中难免有不当之处,真诚地欢迎各位专家、学者不吝指正。敬请使用本教材的教师、同学和读者提出您的宝贵意见,以便我们今后不断完善。

罗红艳
2023 年 12 月 22 日

目 录

教育政策篇

第一章 教育政策原理论 ································ 3
  学习目标 ······································· 3
  知识导图 ······································· 3
  问题导入 ······································· 4
  第一节 教育政策研究的兴起与发展 ··················· 4
    一、西方教育政策研究的兴起与发展 ················ 4
    二、我国教育政策研究的兴起与发展 ················ 6
  第二节 教育政策的基本概念 ························· 8
    一、政策内涵及其表现形式 ······················ 8
    二、何谓教育政策 ····························· 10
    三、教育政策的本质 ··························· 11
    四、教育政策与教育法律的关系 ·················· 14
  第三节 教育政策的研究范畴 ························ 15
    一、教育政策的构成要素 ······················· 15
    二、教育政策的内容 ··························· 19
    三、教育政策的实现过程 ······················· 20
    四、教育政策的评价和反馈 ····················· 22
  第四节 教育政策的特点与功能 ······················ 23
    一、教育政策的特点 ··························· 23
    二、教育政策的功能 ··························· 25
    三、教育政策结构及其对政策功能的影响 ·········· 30

第二章 教育政策价值论 ································ 34
  要点提示 ······································ 34
  学习目标 ······································ 34
  知识导图 ······································ 34

第一节 教育政策价值及其构成要素 35
　　一、教育政策价值的含义 35
　　二、教育政策价值关系的构成要素 39
第二节 教育政策价值取向 42
　　一、教育政策价值的公平取向 43
　　二、教育政策价值的民主取向 51
　　三、教育政策价值的人本主义取向 62

第三章　教育政策过程论 69
要点提示 69
学习目标 69
知识导图 70
第一节 教育政策制定 70
　　一、教育政策制定的概念 70
　　二、教育政策制定的主体 71
　　三、教育政策制定的程序 72
第二节 教育政策执行 76
　　一、教育政策执行概述 76
　　二、教育政策执行的方式 78
　　三、教育政策执行的环节 79
　　四、教育政策执行偏差 84
第三节 教育政策评估 88
　　一、教育政策评估概述 88
　　二、教育政策评估的过程 91
　　三、教育政策评估的方法 92
　　四、教育政策效果概述 93
第四节 教育政策执行效果分析 99
　　一、乡村教师培训政策执行效果分析 99
　　二、"双一流"政策执行效果分析 109

教育法规篇

第四章　教育法规原理论 121
要点提示 121
学习目标 121

知识导图 ………………………………………………………………… 122
　　问题导入 ………………………………………………………………… 122
　　第一节　教育法规概述 ………………………………………………… 123
　　　　一、教育法规的含义 ……………………………………………… 123
　　　　二、教育法规的特征 ……………………………………………… 123
　　　　三、教育法规体系 ………………………………………………… 125
　　第二节　教育法律规范 ………………………………………………… 128
　　　　一、教育法律规范的含义 ………………………………………… 128
　　　　二、教育法律规范的结构 ………………………………………… 128
　　　　三、教育法律规范的类别 ………………………………………… 129
　　第三节　教育法律关系 ………………………………………………… 131
　　　　一、教育法律关系的内涵 ………………………………………… 131
　　　　二、教育法律关系的类型 ………………………………………… 132
　　　　三、教育法律关系的构成要素 …………………………………… 133

第五章　教育法规价值论 ………………………………………………… 138
　　要点提示 ………………………………………………………………… 138
　　学习目标 ………………………………………………………………… 138
　　知识导图 ………………………………………………………………… 139
　　第一节　教育法规价值概述 …………………………………………… 139
　　　　一、教育法规价值内涵 …………………………………………… 139
　　　　二、教育法规价值标准 …………………………………………… 142
　　第二节　教育法规价值范畴 …………………………………………… 146
　　　　一、教育秩序 ……………………………………………………… 146
　　　　二、教育自由 ……………………………………………………… 149
　　　　三、教育平等 ……………………………………………………… 153
　　　　四、教育效益 ……………………………………………………… 159
　　第三节　教育法规价值分析 …………………………………………… 163
　　　　一、《义务教育法》的价值理论目标体系 ……………………… 163
　　　　二、新《义务教育法》对伦理道德目标的彰显 ………………… 166

第六章　教育法规过程论 ………………………………………………… 174
　　要点提示 ………………………………………………………………… 174
　　学习目标 ………………………………………………………………… 174
　　知识导图 ………………………………………………………………… 175
　　问题导入 ………………………………………………………………… 175
　　第一节　教育法规的制定 ……………………………………………… 176

一、什么是教育立法……………………………………………176
　　二、教育立法的依据……………………………………………177
　　三、教育立法的原则……………………………………………178
　　四、教育立法的程序……………………………………………179
  第二节　教育行政执法……………………………………………181
　　一、教育行政执法概述…………………………………………181
　　二、教育行政执法的原则………………………………………183
　　三、教育行政执法的形式………………………………………186
  第三节　教育守法…………………………………………………188
　　一、教育守法的内涵……………………………………………188
　　二、教育守法的主体……………………………………………189
　　三、教育守法的内容……………………………………………190
  第四节　教育法律监督……………………………………………191
　　一、教育法律监督的内涵………………………………………191
　　二、教育法律监督的体系………………………………………192

教育政策篇

第一章

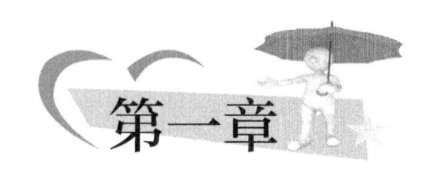

教育政策原理论

学习目标

通过本章的学习，应该了解、理解和掌握以下内容：

1. 了解政策和教育政策的产生与发展；了解教育政策在教育视野中的特殊性；了解教育政策的研究方法。

2. 理解教育政策的含义及其本质；理解教育政策与其他政策之间的异同。

3. 掌握教育政策的功能，能根据所学知识对教育政策提出自己的见解；对相关案例做出分析。

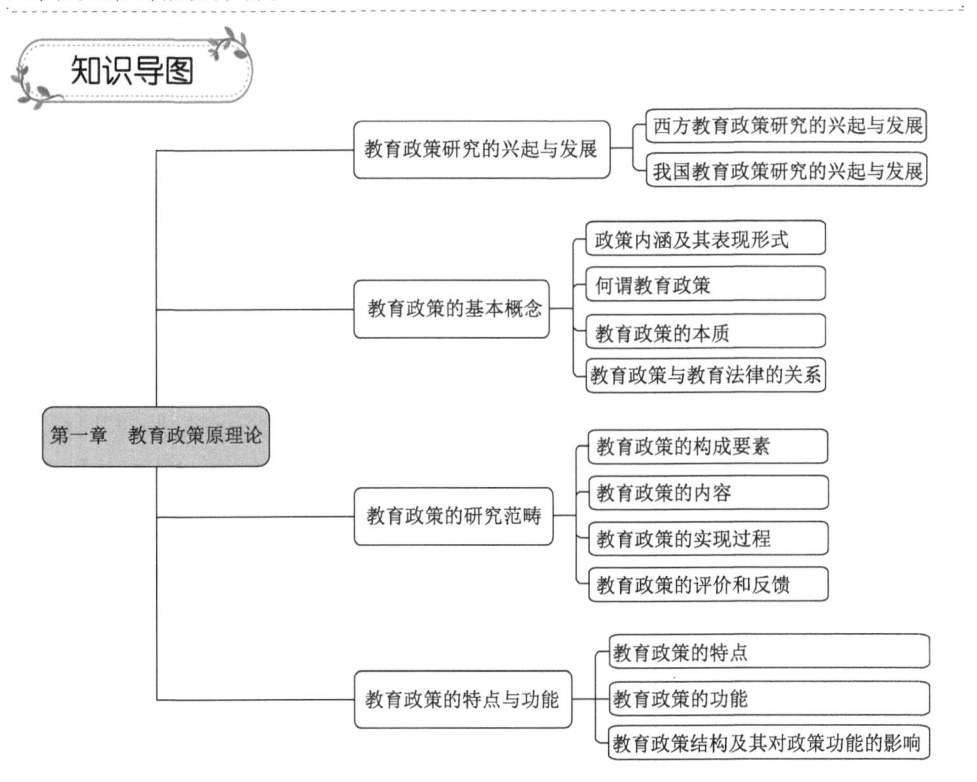

知识导图

第一章 教育政策原理论
- 教育政策研究的兴起与发展
  - 西方教育政策研究的兴起与发展
  - 我国教育政策研究的兴起与发展
- 教育政策的基本概念
  - 政策内涵及其表现形式
  - 何谓教育政策
  - 教育政策的本质
  - 教育政策与教育法律的关系
- 教育政策的研究范畴
  - 教育政策的构成要素
  - 教育政策的内容
  - 教育政策的实现过程
  - 教育政策的评价和反馈
- 教育政策的特点与功能
  - 教育政策的特点
  - 教育政策的功能
  - 教育政策结构及其政策功能的影响

> **问题导入**
>
> 为什么要有教育政策？因为要解决教育问题。当教育系统内部或教育系统与其外部系统之间由于种种原因而出现不协调状态时，就会产生种种教育问题。这些问题迫切需要一些应对策略，于是就出现了教育政策。例如，针对长期以来存在的中小学生课业负担过重的问题，2021年7月，中共中央办公厅、国务院办公厅印发了《关于进一步减轻义务教育阶段学生作业负担和校外培训负担的意见》，标志着"双减"政策正式落地。"双减"政策出台后，受到社会广泛关注，有关政策减负效用、教育培训行业前景等话题成为热门话题。教育政策是怎么产生与发展的？其特殊含义和本质是什么？本章重点探讨这些问题。

第一节 教育政策研究的兴起与发展

一、西方教育政策研究的兴起与发展

（一）西方教育政策研究的兴起

"教育政策"一词，最早出现在1898年克罗威尔（J. Crowell）的《社会发展的逻辑过程：社会学视野的教育政策理论基础》（*The Logical Process of Social Development: A Theoretical Foundation for Educational Policy from the Standpoint of Sociology*）一书中[1]。"教育政策"术语的出现，虽然并不标志着"教育政策学"正式产生或成为一门独立的学科，但是作为一个重要开端，为以后的研究和发展起到了导向与奠基的作用。西方学者布纳（S. Bouna）等认为："行为主义强调理论建设，强调政治制度的比较及社会科学之间的联系，这恰好为教育政策作为一个独立的研究领域奠定了基础。"[2]汗斯（N. Hans）在1929年出版了《教育政策原理》（*The Principle of Education Policy*）[3]一书，主要使用比较的方法来开展教育政策的研究。

---

[1] 涂端午，陈学飞. 2006. 西方教育政策研究探析. 清华大学教育研究，（5）：49-54.

[2] 转引自斯图亚特·S. 那格尔. 1900. 政策研究百科全书. 林明，龚裕，鲍克，等译. 北京：科学技术文献出版社：443.

[3] 尼古拉斯·汗斯. 1934. 教育政策原理. 陈汝衡译. 上海：商务印书馆：6.

20世纪以后，在科技革命的推动下，文化教育领域蓬勃发展，教育政策学也开始拥有专门的研究者，教育政策学的基本理论亦得到了极大的丰富与拓展。20世纪60年代中期以后，发表在期刊上的教育政策研究类论文占所有教育研究论文的比例稳步上升。

（二）西方教育政策研究的发展

扎伊达（J. Zajda）在《教育与政策：变化的范式和问题》（"Education and Policy: Changing Paradigms and Issues"）一文中，对《国际教育评论》（*International Review of Education*）（1955—2001年）刊发的研究论文进行了全面的历史回顾[1]，根据他及其他西方学者的相关研究，西方教育政策研究的发展情况大致如下。

20世纪50年代，因社会、文化、经济等因素造成的教育机会的不平等是教育政策研究中的关键问题。盖尔（R. Gal）在1957年撰文指出："从11岁开始，我们的孩子的命运即由社会经济条件所决定了。那些来自低层收入家庭的孩子很少能接受更高一级的教育……法国儿童获得第二级教育和高等教育的机会需要根据他们的家庭出身来确定。"[2]当时许多学者把研究兴趣放在基于种族的教育不平等上。

20世纪60年代，家庭背景和财富问题开始作为关键性议题出现在教育公平研究中。比如，在美国高中普遍存在来自贫困家庭的儿童，他们通常是被智商（intelligence quotient，IQ）测试归为"无能"的那一类，他们接受低于普通标准的课程学习。西方国家的社会问题日益增多，为教育政策提供了一个研究舞台，人力资本理论的兴起与计算机技术的发展则进一步提升了教育政策研究的水准。

20世纪70年代，西方政策研究者开始进行教育政策评估和范式转型等重要问题的研究。比如，美国国会耗资1500万美元委托全国教育协会对《1965年初等和中等教育法》（Elementary and Secondary Education Act of 1965）进行评估，根据该研究结果美国国会于1978年修改了该法案。美国学者克龙巴赫（L. J. Cronbach）和坎贝尔（D. T. Campbell）对传统实证主义倡导的定量研究方法进行了抨击[3]。随着实证主义向反实证主义的范式转变，越来越多的教育研究者质疑教育经验研究"价值无涉"。这种范式转变在20世纪80年代后期达到了顶峰。

20世纪90年代，伴随着社会科学研究的范式转变，越来越多的政策研究者

---

[1] Zajda J. 2002. Education and policy: Changing paradigms and issues. International Review of Education, (48): 67-71.

[2] Gal R. 1957. Guiding principles of French Educational Reform. International Review of Education, (4): 469-485.

[3] 陈学飞. 2011. 教育政策研究基础. 北京：人民教育出版社：7.

开始质疑与传统政策研究相关的信仰和惯例。鲍尔（S. Ball）质疑了传统政策研究使用的理性方法。里斯特（R. Rist）批评了把政策研究看作一个经过深思熟虑的，由有声望的、数量有限的行动者用研究和理性来确保最好的政策效果的过程的观点。斯坦菲尔德（J. Stanfield）、班克斯（J. A. Banks）、戈登等（E. W. Gordon，F. Miller & D. Rollock）、斯库里奇和扬（J. J. Scheurich & M. D. Young）等学者从认识论角度出发，指出传统的研究的知识基础存有偏见[①]。

艾维兰（A. Aviram）指出，政策研究正在从"难题-解决"的研究范式向"跨学科研究"转变。在前一范式下，研究者遵循从特定学科对特定问题进行研究的范式；当下，研究者开始从跨学科研究的角度运用系统方法，从宏观层面探寻具体问题之间的可能联系。跨学科研究的趋势又承接了政策科学研究在实证主义和反实证主义间的范式争论。正是在这一争论中，研究者逐步明晰定性和定量研究方法各自的优缺点，人们逐渐认识到几乎没有一种研究范式能解答教育研究中的所有问题[②]。

根据尼斯比特（J. D. Nisbet，又译里斯本）的研究，1950年后的西方教育政策研究可以划分为四个时期：1955—1965年，政府开始资助研究；1966—1970年，研究规模扩张；1971—1975年，研究责任感增强；1975年以后，出现中央控制研究趋势。尼斯比特指出，20世纪60年代初期开始，美国和英国等国家逐步将公共资金引入教育研究之中。随着政府在教育研究上的投入大幅增长，政府对研究者研究责任的要求也越来越高。到了20世纪70年代，英国政府要求将教育政策研究从接受资助转变为政府委托，以此强化对教育政策研究的国家控制。在英美等国家中，研究政策问题可以使该研究获得某种合法性，如果研究不与政策相联系，将被看成一种无意义的奢侈行为。因而研究者必须在研究课题进行之前，先研究政策问题，以使其研究具有某种合法性。这成为英美等国家教育研究政策导向传统的一个渊源[③]。

二、我国教育政策研究的兴起与发展

我国教育政策研究兴起于20世纪80年代中期。以1985年颁布的《中共中央关于教育体制改革的决定》为标志，我国开启了教育体制改革。这种改革的直接影响就是推动行政主导的经验决策向基于科学研究的理性决策转型，教育政策

[①] 转引自陈学飞. 2011. 教育政策研究基础. 北京：人民教育出版社：7.

[②] Aviram A. 1996. The decline of the modern paradigm in education. International Review of Education, (5): 421-443.

[③] 吴遵民. 2010. 教育政策学入门. 上海：上海教育出版社：4.

研究在这种背景下兴起。

国家教育法制建设迫切需要大力加强教育政策研究。我国教育法制建设起步较晚,新中国成立后的前 30 年,我国基本上是用中共中央文件、中央政府及政府部门发布的行政法规和规章对教育进行管理。例如,1961 年,中共中央印发的《教育部直属高等学校暂行工作条例(草案)》(简称"高教六十条")在实践中发挥了"高等教育法"的部分作用,并试行了几十年。1985 年发布的《中共中央关于教育体制改革的决定》提出"必须加强教育立法工作"。1986 年,第六届全国人民代表大会第四次会议审议通过了《中华人民共和国义务教育法》(简称《义务教育法》)。同年,《中华人民共和国教育法》(简称《教育法》)、《中华人民共和国高等教育法》(简称《高等教育法》)的立法工作启动,它们先后于 1995 年、1998 年颁布。在长达数年的时间内,来自高校、科研机构和政府部门的政策研究者和制定者进行了大量的政策研究。例如,在《教育法》的研制中,围绕着国家、政府和学校的关系,学校、教师、学生的权利义务,教育投入和教育责任等若干关键问题,展开了专题研究,这些研究的成果为《教育法》的出台提供了学理基础。《高等教育法》立法启动后,起草小组提出了 15 项高等教育立法的重点和难点,由专家、学者和教育管理者开展课题研究。针对教育立法的研究也带动了相关政策研究,例如,北京大学课题组经论证提出了国家财政性教育经费投入占 GDP 的 4%这一政策建议。这项研究虽不是《教育法》立法过程中的专门研究,但最终写入 1993 年《中国教育改革和发展纲要》这一重要教育文件中。

教育政策研究在一些重要教育政策文件的制定中也发挥了关键性的作用,并且呈现出跨学科、跨领域、跨部门、跨地区的研究趋势。例如,在《中国教育改革和发展纲要》的制定过程中,教育研讨小组成立,并召开了各种座谈会、研讨会,充分听取各方面的意见,反复进行比较和论证。参会人员有教育工作者,有经济界、科技界等社会各界专家,有人大代表、政协委员、各民主党派人士。同时受国务院和国家教委领导的委托,教育研讨小组部分同志还专门到美国波士顿、纽约、普林斯顿开了 3 次座谈会,听取了 26 位著名美籍华人专家教授的意见。他们还就《中国教育改革和发展纲要》所涉问题与美国教育界著名专家博耶(E. L. Boyer)交换了意见。

在教育政策研究的兴起和发展中,除了来自高校的智力支持外,直属政府部门的中央和地方的教育科研院所也发挥了独特作用。中央教育科学研究所和教育部教育发展研究中心作为国内两所国家级的教育政策咨询研究机构,在国家教育宏观决策咨询和重大教育政策的制定中,发挥重要作用。

1994 年,余国芳、田艾华发表了《加强教育政策研究,更好地为教育发展服务》一文,呼吁加强教育政策研究。1996 年,袁振国主编的《教育政策学》

正式出版，该书是新中国成立以来第一本将教育政策作为独立学科来研究的理论著作，较为系统地阐述了教育政策的基本理论。1997年，孙绵涛主编的《教育政策学》出版，该书对我国教育政策的历史沿革和发达国家的教育政策进行了比较，较为系统地论述了教育政策的制定、执行和评价，并分析了当时我国若干教育政策。这两本《教育政策学》在我国教育政策研究中具有开创性意义。

1999年，在华东师范大学召开了第一届由教育决策部门、教育执行部门和教育科研机构人员共同参加的"教育政策分析高级研讨会"。2000年，"中国教育学会教育政策与法律研究专业委员会"成立，并决定定期召开学术年会。同年，有关教育政策分析的连续出版物开始出版，如教育部教育发展研究中心的《中国教育绿皮书：中国教育政策年度分析报告》和袁振国主编的《中国教育政策评论》。此外，国家教育发展研究中心与清华大学教育技术研究所组织力量翻译出版了经济合作与发展组织的一系列年度教育政策分析报告。研究成果的快速增长和专业学会的成立，标志着我国教育政策研究进入新的发展阶段[①]。

20世纪90年代中期以来，华东师范大学、北京大学、北京师范大学先后开设了教育政策学、教育政策分析、教育政策专题研讨、教育政策案例研究等研究生课程，并培养出一批教育政策研究方向的专门人才。随着高校教育政策课程内容和质量的不断丰富与提高，以及人才培养、师资队伍和机构建设的不断完善，我国教育政策研究逐步走向规范化、制度化、学科化。

【思考与练习】

1. 请简要阐述西方教育政策历史演变脉络。
2. 我国教育政策的兴起和发展经历了哪些阶段（课外扩展）？

第二节　教育政策的基本概念

一、政策内涵及其表现形式

（一）政策的内涵

从广义上讲，"政策"（也统称为公共政策），是指行政决策与法律规定，

---

① 陈学飞. 2011. 教育政策研究基础. 北京：人民教育出版社：15.

它是国家政权机关、政党组织及其他社会政治集团为了实现自身所代表的阶级或阶层的利益与意志，在一定的历史时期内，以权威形式标准化地为预计实现的奋斗目标、遵循的行动原则、完成的任务和实行的工作方式需采取的一般步骤与具体措施所作出的明确规定。政策是阶级利益观念化、主体化和实践化的反映。从狭义上讲，政策是除法律条文以外的行政决定，是指国家或者政党为了实现一定历史时期的路线和任务而制定的国家机关或者政党组织的行动准则。

我国基本取狭义的定义，国外则涵盖教育行政、立法及政治[①]。狭义的"政策"等同于"公共政策"，二者具有相同的范畴结构和方法体系。本教材认为，政策是政府或政党为实现一定历史时期的任务和目标而规定的行动准则与行动方向。这一定义的科学内涵主要有以下特点。

（1）政策的本质属性是政治性和阶级性。政府和政党都是阶级统治的组织工具，政党政府和政党政策都是统治阶级意志及权力的实现形式，即使非阶级的技术政策，也是为一定的政治统治服务的，也要有良好的政治环境才能顺利实行。

（2）任何政策都是为达成一定的任务和目标。这种任务和目标总是双重性的，一方面满足政府管理的需要，另一方面满足社会公共事务的需要。这两方面既紧密相连、不可分割，又有所区别，不能混同或替代，前者保障后者，后者从属前者。从这种意义上说，政策也有社会属性，是阶级性和社会性的有机统一。

（3）政策的实现过程具有阶段性和连续性。国家、社会在一定历史时期的发展变化，决定着一定历史时期政策内容的纵向结构和横向结构，表现为长期政策、中期政策和短期政策，总政策、基本政策和具体政策，一般政策和特殊政策的区别，从而形成了政党和国家的政策体系。政策间是相辅相成、互相推动的。

（4）一定的政策都是一定的社会规范。政策不仅规定人们的行为准则，也规定行为的方式，还指明行为的发展方向。政策主体通过政策选择，有效地调整各种社会关系，调动各方面的积极性，促进社会的发展。

（二）政策的表现形式

关于政策的表现形式，主要有三种观点。

1. 政策是一个静态的"点"

政策是某种行为准则、计划、文件、法规、谋略、方案或措施等，即某种由人们来执行或遵守的"文本"，是一个静态的"点"。这是传统意义上人们对政策概念的基本理解。例如，在法律修正完成后，通常会在官方网站以文本的形式公开法律修正案或者法律修改决定，最终都通向一个目的——让人们对法律条款

---

① 吴遵民. 2010. 教育政策学入门. 上海：上海教育出版社：15.

本身知晓、了解，并且能够按照法律条款办事。

2. 政策是一条由目标到结果的"线"

政策是一条由目标到结果的"线"。政策是某种有目的地进行价值分配、处理问题或实现既定目标的复杂过程。这是传统的理性模式所崇尚的实证的线性思维。例如，我国坚持人口与发展综合决策，立足人口基本国情，顺应人口发展规律，不断完善生育政策，促进人口长期均衡发展，走出了一条有中国特色统筹解决人口问题的道路，有力地支撑了改革开放和社会主义现代化事业，为打赢脱贫攻坚战和全面建成小康社会奠定了坚实基础。为了实现严格控制人口的目标，采取了一系列政策，这个时候政策就变成了实现目标的手段。

3. 政策是一个既有过程又有结果，众多因素相互作用、前后相继的复杂的"圆"

政策包括文本的内容、文本的形式、文本的修正、实际的实施过程和结果等要素。一个政策圆圈结束以后，并不代表政策过程已完全终结，还意味着在政策实施与外部环境的相互作用下，需要对原有的政策结果进行评价和修正，这样就又开始了新的政策过程。由此，政策是一个既有过程又有结果，众多因素相互作用、前后相继的复杂的"圆"。

二、何谓教育政策

教育政策起源于公共政策，属于公共政策的范畴。与公共政策具有多重定义一样，教育政策的内涵也呈现多样性。

袁振国在《教育政策学》中指出："教育政策是一个政党或国家为实现一定历史时期的教育任务而制定的行动准则。"[1]孙绵涛认为，"教育政策是一种有目的、有组织的动态发展过程，是政党、政府等政治实体在一定历史时期，为了实现一定的教育目标和任务而协调教育的内外关系所规定的行动依据和准则"[2]。对教育政策的定义进行论证的还有成有信，其在《教育政治学》一书中认为，教育政策应是"负有教育的法律或行政责任的组织及团体为了实现一定时期的教育目标和任务而规定的行动准则"[3]。有的学者更具体地指出教育政策是一组措施和办法的集合。例如，游忠永认为，"党的教育政策是党为了实现教育方针提出的总

---

[1] 袁振国. 1996. 教育政策学. 南京：江苏教育出版社：115.

[2] 孙绵涛. 1997. 教育政策学. 武汉：武汉工业大学出版社：8.

[3] 成有信，等. 1993. 教育政治学. 南京：江苏教育出版社：201.

方向而制定的一系列措施和办法"[1]。村田翼夫认为,"教育政策乃是实现教育目的公共方策之体系"[2]。在《世界教育辞典》中,教育政策是"有关教育的措施,一般指诸如国家、地方公共团体一类的公共权力主体所依照的政策"[3]。这就是说,政策不仅仅是指采取什么行动以及如何行动,还包括不采取或停止某种行动的决定。后者同样是一种行动指南,也是一种政策。

教育政策是指政府或者政党为了实现特定时期的教育目的与任务,做出强制性规定的行为过程及其结果。教育政策具有鲜明的公共政策属性。具体而言,在理解教育政策时要强调的是从表现方式上看,教育政策是以法规、条例、通知、指示、决定等名称呈现出的文本。这种文本的特殊性在于,它们是各种各样的行为规则或制度,并且是一种外在的规则或制度。但教育政策并不是通常所认为的"纸上文件",而是一个动态的过程及其结果。从表面上看,这是一个从决策到执行再到评估与终结的过程。这个过程的参与者并不只是政府或政党一方,而是利益相关的多方主体。从实质上看,这是政府或政党在教育领域做出利益分配的过程,是一种利益性和强制性、理性和政治性相互交织的过程。

三、教育政策的本质

与课堂教学、课外活动等教育活动不同,教育政策不仅是一种有关教育的政治措施,还是有关教育权利和利益的具体体现。政府或政党出台教育政策,根本上是为了对不同机构或人群之间有关实施或者接受教育所发生的利益关系进行协调和平衡。因此,利益冲突和协调是推动教育政策发生、发展的首要动因,利益属性是教育政策的核心本质。

(一)教育政策是一种利益分配过程

教育政策是对教育利益所做的权威性分配。教育政策是政府或政党对人们可以或必须受什么样的教育、如何受教育、哪些人受教育、哪些机构和人可以实施教育、如何实施教育等一系列问题的规定。这些都是教育权利和利益的具体体现。从表面上看,教育政策分配的是教育资源,实则为一种社会利益。这种分配是政府或政党利用合法拥有的政治权力和行政权力所做的强制性分配,对社会成员具有权威性。

教育政策根本上分配的是公共教育利益。公共教育利益是政府和社会占重要

---

[1] 游忠永. 1988. 教育行政学. 成都:成都电讯工程学院出版社:155,183.
[2] 筑波大学教育学研究会. 1986. 现代教育学基础. 钟启泉译. 上海:上海教育出版社:195.
[3] 平塚益德. 1989. 世界教育辞典. 黄德诚,夏凤鸾,等译. 长沙:湖南教育出版社:241.

地位的，面向广泛大众、持续供给、可以共享的利益，而不是某个集团或个人的狭隘利益，比如更多的教育渠道、更好的教育质量、更高程度的教育公平、稳定的办学秩序、持续的资源供给以及教育机构良好的社会声誉等。政府制定教育政策的目的，就是增进、维护、分配和落实这类公共教育利益。

教育政策对公共教育利益的分配有两个核心问题：一是如何分配，包括分配的理念、方式、手段等，比如对教育利益的分配实行的是计划分配机制还是市场分配机制；二是分配给谁，即如何在不同的目标群体之间分配有限的教育资源与利益。

（二）教育政策是一种价值选择过程

教育政策的制定过程，是政府或政党对不同教育认识和政策主张进行排序，并优先选择自身偏好的过程，即价值选择过程。所谓价值选择，是指教育政策的主体和利益主体在自身价值判断的基础上所做出的集体选择。简言之，教育政策是政策主体（政府或政党机构及其人员）对如何解决公共教育问题或者实现公共教育理想的不同认识和政策主张。

【案例】

全面规范"公参民"学校

2021年8月，教育部发展规划司负责人就近日发布的《教育部等八部门关于规范公办学校举办或者参与举办民办义务教育学校的通知》答记者问中明确强调：规范公办学校举办或者参与举办民办义务教育学校是维护国家教育体系一性、规范性的重要举措。规范"公参民"学校工作是一项政治性、政策性、系统性很强的工作。在价值取向上，着力体现三个方面：一是致力于维护教育公平公正，通过理清公办民办界限，增加优质教育资源供给，构建公办民办协同发展的教育格局，坚决维护义务教育的公益属性。二是致力于推动义务教育优质均衡，既推动公办学校集中精力提高自身办学质量，又引导民办学校立足多样化、特色化的发展定位，将提升质量放在首位，有利于提供公平而优质、均衡而多样、全面而特色的义务教育。三是致力于保障师生合法权益，坚持因地制宜、依法依规推进，确保工作成果惠及更多人民群众。[①]

[①] 教育部发展规划司负责人就《关于规范公办学校举办或者参与举办民办义务教育学校的通知》答记者问. （2021-08-25）[2022-03-30]. https://www.chinanews.com/gn/2021/08-25/9550828.shtml.

（三）教育政策是作为心智技能的理性分析过程

好的教育政策必须以理性分析为基础。所谓理性，指的是一种行为方式，是根据评价行为结果的某些价值系统来选择偏好的行动方案[①]。所谓政策分析，就是指在给定的目标、限制和条件下，对政府的可供选择的多种政策或决策方案进行评估，以期达到最佳的或理想的政策效果[②]。政策分析需要解决的是上面所谈到的价值冲突与协调问题，即"识别教育上的主要问题并寻求正确的行动——在一定的财政条件下确定解决这些问题的优先顺序"[③]。

（四）教育政策是一种权力运作的政治过程

教育政策制定的基础是理性分析，这是保障教育政策质量的必要手段。但最终政策方案的选择根本上受制于政策制定者内部以及政策制定者与目标群体之间的权力关系，政策分析结果只是起到辅助决策的作用，权力是教育政策过程的关键力量。

我国教育政策研究值得关注的权力关系：一是中央政府、地方政府和学校之间在教育政策制定上的权力关系，这是管理体制改革的中心主题；二是党组织、行政机构和学术组织（学者）在教育政策执行中的权力关系，主要指学校内部党的权力、行政权力和学术权力之间的关系，这些权力关系影响着教育政策在学校层面的落实情况和实际效果[④]。

（五）教育政策既是政治系统所输出的文本，也是动态实施过程

教育政策是公共政策的基本类型。传统的教育政策是一种静态的文本。政策主体往往只负责制定教育政策，要求下级对文件忠实执行，对政策实施过程中存在的"上有政策、下有对策"等政策"偏离""缩水""变味"等失真现象关注较少。

因此，教育政策既是政治系统所输出的文本，也是由政策主体进行政策制定、实施与评价的动态实践过程。教育政策的本质属性及运行机制可以从利益分配、价值选择、理性分析、权力运作、政治输出五个视角来考察和探究。换言之，利益、价值、理性、权力、政治系统是教育政策的五个基本要素和分析工具。其中，利益分配是教育政策问题的实质，价值选择是对利益冲突进行协调时

[①] 赫伯特·A. 西蒙. 2004. 管理行为（原书第4版）. 詹正茂译. 北京：机械工业出版社：77.
[②] 弗朗西斯·C. 福勒. 2007. 教育政策学导论（第二版）. 许庆豫译. 南京：江苏教育出版社：16.
[③] 斯图亚特·S. 那格尔. 1990. 政策研究百科全书. 林明，龚裕，鲍克，等译. 北京：科学技术文献出版社：446.
[④] 陈学飞. 2011. 教育政策研究基础. 北京：人民教育出版社：58.

的一种优先选择。某种利益关系是否合理、以什么手段保证分配目标的有效实现等，是政策分析要回答的基本任务。但为政策分析人员提供的不同备选方案的最终选择，取决于政策制定者内部及其与目标群体之间的权力关系。所有利益分配、价值选择、理性分析、权力运作等活动都是在政治系统中进行的，政治系统的制度、意识形态和文化等总体上决定了最终的政策输出[①]。

四、教育政策与教育法律的关系

我国教育立法工作起步较晚，其中一个重要原因是对教育政策与教育法律之间的关系处理问题。正确认识教育政策与教育法律的关系对推进教育发展具有重要作用，两者之间既有联系，也有区别[②]。

教育政策与教育法律的联系主要体现在以下两个方面：①教育政策是制定教育法律的依据，教育法律是教育基本政策的具体化、条文化和定型化。教育政策体现着政策制定者在教育领域的意志和需要，在一定程度上反映了国家的政治、经济、文化发展的要求，任何教育法律的制定和实施都必须以此为主要依据。所以说，教育法律是法律化了的教育政策，这是有一定道理的。②反过来，教育法律一旦确定，又会对教育政策产生影响并具有制约作用。教育政策的制定不仅不能与教育法律相抵触，而且要有利于教育法律的执行和实施。当教育政策与教育法律之间出现矛盾时，应以教育法律为准绳，依法办事。那种认为政策高于一切的观点是错误的。

教育政策与教育法律的区别体现在以下几点：①制定的主体不同。法律只能由立法机关制定，政策一般是由行政机关（或事业单位、企业、社团机构）或政党制定。②制定的程序不同。立法要按照法定的程序进行；政策的制定一般只需要经过行政机关（或事业单位、企业、社团机构）或政党的领导集体讨论通过即可。③调整的范围不同。法律主要针对对国家、全体人民有重大影响的社会关系，如教育的权利与义务等。政策调整的范围一般更广泛，如教育的内部机构、社会团体，还包括与学生、家长密切相关的许多具体问题。法律适用于全国。政策有适用于全国的，也有只适用于一个地方，甚至一个单位的。④作用的方式不同。法律依靠强制力，运用司法权、行政权执行，对全体公民均有约束力；政策的执行一般凭借宣传、教育、引导、示范等手段，政策在执行过程中有时也根据

[①] 陈学飞. 2011. 教育政策研究基础. 北京：人民教育出版社：59-60.
[②] 袁振国. 1996. 教育政策学. 南京：江苏教育出版社：115-118；萧宗六. 1997. 教育方针、教育政策和教育法规. 人民教育，（11）：35-36；吴志宏，陈韶峰，汤林春. 2003. 教育政策与教育法规. 上海：华东师范大学出版社：162-163.

实际情况有所调整。⑤稳定性、时效性不同。法律比较稳定，适用时间相对较长，不因领导人的改变而改变，也不因领导人看法和关注点的改变而改变。政策缺乏法律的稳定性，一般针对某项工作，在某段时间内适用，而且常常因领导人的更替和领导人的主观意志而变化。

【思考与练习】

1. 什么是教育政策？其本质是什么？
2. 如何理解教育政策与教育法律的关系？

第三节　教育政策的研究范畴

教育政策实质上是国家意志在教育上的体现，其制定过程也是国家意志在实现的过程中转化为权力参与的过程。因此，对教育政策问题展开研究，必须对教育政策的构成要素、内容、实现过程、评价和反馈等进行分析。

一、教育政策的构成要素

从静态的教育政策结构来看，教育政策的构成要素包括教育政策的主体、教育政策的客体和教育政策环境。

（一）教育政策的主体

王举认为，教育政策官方主体系统主要由国家的立法机关、行政机关、司法机关，以及某些领袖人物、某些政党组织构成。具体到教育政策活动的过程，教育政策的主体又可被划分为教育政策决策主体、教育政策实施主体和教育政策评价主体等。[1]

刘复兴认为，"在广义上，'政策主体可以一般地界定为直接或间接地参与政策制定、执行、评估和监控的个人、团体或组织'。如立法机关、行政机关、政党、利益团体、公民等。在教育政策领域，广泛意义上的政策主体具体表现为三类教育政策价值主体：①教育政策决策主体（狭义的政策制定者），主要是政府及其机构和官员，在民主体制下，教育咨询机构、教育组织和个人也有机会参

---

[1] 王举. 2016. 教育政策的价值基础——基于政治哲学的追寻. 北京：科学出版社：24-25.

与教育政策的决策活动；②教育政策执行主体，主要是相应的政府机构和教育组织；③教育政策利益主体，包括政府——追求国家利益和公共利益、教育组织——追求群体利益、个人——追求个人利益"[①]。

根据刘复兴的观点，在教育政策活动中，不同的价值主体具有不同的角色、活动特征和需要，具体可以分为以下几个主体。

1. 政府

政府的主要作用是代表国家发布并指导教育政策的制定和施行。政府的活动作为政治活动，其特征是进行社会选择或集体选择，主要是通过教育政策追求教育领域的国家利益（阶级社会中往往代表统治阶级的利益）和公共利益。政府通过发布和施行教育政策这一行为，来实现国家利益和公共利益的权力运作，并具有强制性，因为"政治是指参与公共生活的个人、团体或组织为现实既定的目标，通过支配、影响、获取和运用公共权力，而做出公共决策以及分配社会价值或利益的过程"[②]。在社会系统中，国家利益、集体利益、公共利益、个人利益或多或少存在矛盾、分歧，在这种背景下，政府活动便是制定对所有人（群）具有约束力的一致性的政策，既可以对教育资源进行社会分配，又可以制定相应的制度来规范约束人们的行为，以最大限度地降低教育活动成本。政府代表国家行使的教育权力以及权力的强制性是政府有效控制教育资源的基础，基于此，政府便可以做出一致性的集体选择。

2. 教育组织

教育组织的主要作用在于遵守或执行政府发布的教育政策，领导、管理、组织开展相关的教育活动。教育组织的活动特征是进行集体选择（或群体选择），实现教育领域的公共利益，同时追求教育组织所代表的人群或团体自身的群体利益。教育组织需要借助国家委托或法律赋予的教育权力来实现教育领域的公共利益，以在组织内部控制和分配教育资源来管理和规范组织中人们的教育活动。教育组织追求自身群体利益需要获得组织自身的权利，以在组织外部、内部控制教育资源和其他社会资源，实现自身的群体利益。

3. 个人

个人活动的特征是进行个人选择，个人选择的目的是追求个人利益的最大实现。由于种种原因，在受教育的过程中，家庭和个人在一定程度上具有强烈的功利主义倾向。作为利益主体，个人在教育活动中所追求的直接利益是个人尽可能

[①] 刘复兴. 2003. 教育政策的价值系统. 清华大学教育研究，（2）：6-13.
[②] 陈振明，陈炳辉. 2004. 政治学：概念、理论和方法. 北京：中国社会科学出版社：6.

完善的发展。个人获得直接的教育利益，实现自身的完善发展，需要以下几个基本条件：①受教育的权利与机会使个人有资格、有权利进入教育系统接受教育；②较好的教育资源条件使个人在教育系统中获得自身完善发展的物质和精神条件；③个人发展水平和资格的认定使个人的发展水平获得具有合法性的权威的评价和认定；④个人积极能动地参与教育、训练和学习活动。通过以上几点基本条件，个人在社会生活中利用自身发展的水平和所获得的资格认定进一步获得物质和精神利益的满足。[①]

（二）教育政策的客体

教育政策的客体，也可以说是教育政策的对象，主要解决的是教育政策的目标和适用范围，并回答对谁或对什么事物产生影响的问题。

就中国而言，教育政策的客体既可以是人，也可以是物。就人的因素来说，因其构成了教育政策的目标群体，所以其也是教育政策直接作用与影响的公众群体。教育政策目标群体系统中既存在具有相同利益的个人组合而形成的统计群体（它不是一种实体性的存在，只具有统计学的意义），也存在由于利益相同而产生的相互联系的临时性团体（这是一种实体性群体），除此之外，还有组织严密的利益集团。如《禁止使用童工规定》《残疾人教育条例》《高等学校招收定向培养研究生暂行规定》等政策就直接与人员的使用、培养有关，既关系到实在的个人，也指向某个社会团体，甚至是针对具体的利益集团。就物的因素来说，它主要是指教育政策客体系统中具有实体属性的因素。这种因素又可以依照政策客体系统所处的不同层面加以考察。比如《教育部部属高等院校物质仓库管理办法》就属于直接影响到物资设备的使用和效率效益的政策；又如《中华人民共和国学位条例》（简称《学位条例》）、"985工程"、"211工程"、"双一流"建设等高等教育制度，以及"免费师范生"政策等，虽然没有直接指向作为物的客体，却关涉千千万万个家庭和许许多多个人的切身利益。

概括而言，教育政策的客体主要指的是教育政策的受益体，可理解为各级各类的教育单位（主要是学校），以及学校的教师、学生、资金管理制度、信息资源以及设备系统等教学和科研所必需的人、财、物、事等方面的因素。政策客体具有哪些基本属性，这也是需要研究的问题。我们认为，教育政策的客体是带有某种价值取向的，而这种价值取向也是为了满足主体的需要而产生的。换言之，教育政策的客体的价值取向必须满足教育政策的主体的需要，而这又需要通过具体的教育政策实践活动才能实现。所以作为教育政策的客体的属性还必须接受主体的审查、检验和改造。一般来说，教育政策的实践活动包括两个方面，一是教

---

① 刘复兴. 2003. 教育政策的价值系统. 清华大学教育研究，（2）：6-13.

育政策的决策过程,二是教育政策的实施过程。从基本性质来看,政策的决策过程是价值确认与价值选择的过程,因为政策的决策过程的结果决定政策目标和政策价值的实现;政策的实施过程则是实现价值的过程,也是满足教育政策价值主体的现实需要和利益的过程①。

教育政策的客体属性及其价值取向侧重于强调教育政策活动是一种中介性的工具,以满足人们的教育需要和利益分配,它更多是指为了解决政策问题,包括因主体的需要而进行的具有实践意义的政策活动②。政策客体一般指政策作用的对象,包括政策所要处理的社会问题(事)和所要发生作用的社会成员(人)两个方面。关于教育政策的客体的定义,学者提出了不同的观点,有学者认为"教育政策客体是指教育政策的要素、内容、运行机制、效用以及作用的对象等一系列范畴"③。也有学者认为,"客体即教育政策的对象问题,主要解决教育政策的目标和适用范围,回答对谁或对什么事物产生影响的问题"④。还有学者认为,教育政策的客体可以详细地分为对象客体和中介客体,对象客体是指教育政策的目标和适用范围,回答对谁或对什么事物产生影响的问题,而中介客体即是教育政策本身。通常来说,教育政策的客体是指教育政策活动所要面对和处理的教育活动中具有公共性质的教育问题与教育关系中人与人的利益诉求。它既涵盖教育活动中的"事",又关切到了"人"⑤。

(三)教育政策环境

作为一种主体性的活动与过程,教育政策是在一定环境中产生的,它的执行与发展又会受到环境的影响,这种能够对教育政策过程产生影响的环境被称为教育政策环境。教育政策环境是由政治文化、社会经济状况与国际环境等构成的。

政治文化是社会文化的组成部分,它主要是由人们对政府应该做什么、如何来做以及如何处理政府和民众关系的价值观、信念和态度等方面组成的。不同的国家、不同的组织,其政治文化是不同的,因此教育政策的输入与输出也可能是不同的。政治文化不仅会影响教育政策的制定,而且会影响教育政策的执行。积极的政治文化有利于教育政策的制定与执行,消极的政治文化则会对教育政策的制定与执行起到阻碍作用。

要理解政策决定是如何做出的,以及为什么要做出这样的决定,在考虑政治

---

① 刘复兴. 2003. 教育政策的价值系统. 清华大学教育研究,(2):6-13.
② 吴遵民. 2010. 教育政策学入门. 上海:上海教育出版社:29-32.
③ 刘永芳. 2004. 价值范式及其对教育政策主体的价值分析. 扬州大学学报(高教研究版),(3):7-10.
④ 张新平. 1999. 教育政策概念的规范化探讨. 湖北大学学报(哲学社会科学版),(1):92-96.
⑤ 王举. 2016. 教育政策的价值基础——基于政治哲学的追寻. 北京:科学出版社:25.

因素的同时，也必须考虑社会经济因素。教育政策制定的过程中有各种各样的经济活动产生，如政策制定的成本、教育经费的投入、教育的产出等。社会经济状况不同，决定了教育政策的供给能力也不一样。一般情况下，社会的经济状况越好，教育政策的供给能力就会越强，反之就会越弱。

教育政策的制定与执行不仅会受到国内的政治、经济以及文化等因素的影响，而且会受到国际环境因素的影响，尤其是在当今信息与网络技术时代，国际环境因素对教育政策制定所产生的影响更为明显。国际环境一般情况下是由国际政治、国际经济等因素构成的，其对教育政策所产生的影响具有较强的不确定性。

二、教育政策的内容

就现代社会而言，教育政策内容大致包含四个部分：教育内容、教师、教育制度、教育行政。这四个方面就其本身而言，都具有相对独立的研究领域和研究方法，把它们作为教育政策内容来看，是要讨论存在于这些内容之中的政治与权力等因素。

教育内容是教育政策最重要的载体，同时也是教育政策得以检验的重要部分。它是指教育活动中传授给学生的知识技能、思想观点以及行为习惯等。从广义上讲，凡是可以对受教育者产生影响的都可以作为教育内容。教育内容之所以成为教育政策的重要对象，是因为教育内容具有明确的目的性、充分的预定性、严密的逻辑性和高度的科学性。教育内容一般受生产力、科技水平、政治经济、文化及历史传统、受教育者的身心发展状况及规律等因素的制约，而这些因素在很大程度上也对教育政策的制定过程产生影响。教育内容的核心部分是课程，国家权力的意志必然全部或者部分体现在课程之中，以培养合乎国家发展需要的各类人才。政府或者政党为了确保课程体现自身的政治意志，就必然在课程的制定过程中对参与编写的人员进行筛选，包括内容的审定、最终的出版发行等，都必须在政治权力的监督之下完成。因此，课程必然成为教育政策的重要内容，课程的政治性与思想性必须满足教育政策内容的需要。

教师的重要性来源于其对学生学习的影响及人生的导航。因此，提高教师素质也是教育政策的重要目标之一。由于教师对学生的成长起着直接而关键的作用，因此教师也应该成为政府或者执政党的忠实代表者。从教师经费来源看，绝大部分国家的教师经费是从国家财政支出的，因此，教师理所当然地成为国家教育政策的支持者和实行者。与此同时，教师的学习、培训等也应该纳入教育政策的研究范畴。

教育制度也是教育政策的内容之一。教育制度是指一个国家各级各类教育机构有机构成的总体及其正常运行所需的各种规范或规定的总和。它包含各类学校教育机构、社会教育机构，以及机构之间的组织关系、任务及组织管理等。它是国家教育方针在制度层面的体现。教育制度和教育政策既相互独立，又具有一定的内在联系，两者都受控于国家的政治权力，是国家上层建筑的组成部分。因此，对教育制度的研究必将深化对教育政策性质的了解。

教育行政是指国家对教育事业的管理[①]。教育行政的这一定义体现了国家层面的宏观教育管理观，也体现了广义的大教育观，即教育事业是整个国家的事业，管理教育是政府的重要职能之一，教育政策则是解决教育问题的具体手段，由此可见教育在国家发展中的战略地位。教育行政与教育政策有着极为重要的关系：一方面教育行政是为制定教育政策服务的，教育政策的制定、实施、实现均要靠国家教育行政的支持和推动；另一方面，教育政策在政府教育管理活动中能起到协调和平衡各种教育关系以及约束及规范人们行为的作用。简而言之，两者的关系既有联系又有区别，它们之间相辅相成、共同协调，保证教育事业的健康发展。

三、教育政策的实现过程

一般来说，一旦制定的政策被付诸实施，即归属于具有执行职能的教育行政的范畴。但是就教育政策的结构或整个过程而言，即从政策的制定、政策的实行，到政策实行的终端——教育现场所接收到的民众对政策的反应和社会舆论，由此又反馈到政策决策部门的整个过程来看，即使教育政策已经进入实施阶段，政策的制定过程依然没有结束，因为它仍然需要从政策完善的角度加以关注，这里涉及的就是教育政策的评价。

政策实施的最大保证是促使该项政策法制化，但是在一项政策的实施及法制化的过程中，如何避免政治权力的不当介入或抵挡来自外部的不当压力则是讨论的焦点。因此，为了使一项成熟的教育政策得以顺利实施，在实施过程中应该通过什么机构展开，其政策理念又应通过怎样的措施来保证并贯彻到教育第一线，以及教育政策又受到了来自外界的何种压力，在该压力下原来的教育政策又是如何发生变化或者如何抗住压力的等，这一系列问题都应在政策学予以详细分析和探讨之列。因为只有这样，才能对政策实施过程有全面的了解和掌握，由此才能准确地找出政策实行过程中出现的问题和障碍，并将其妥善地解决。

简单而言，教育政策实行过程中出现的问题一般有以下几个方面。

---

① 孙绵涛.1998.教育行政学.2版.武汉：华中师范大学出版社：6.

（1）教育政策法制化以后，对这一法律的诠释可能掺杂权力因素，而这种权力因素又反映在对法律解释的扩大化或自由裁量权的滥用上。比如，应该履行的法律条款未履行，而不适用法律条款的内容却又被纳入法律限定的范围。又如，被法律规定的教育预算被削减，或者决定的对教育设施的拨款被挪用或放置等。

（2）反映在政府行为上。如果一项教育政策已经制定，但却未能及时形成法律时，作为补偿功能的一部分，政府则负有传达、监督、建议和推进的责任，以促使政策被顺利贯彻。但需要注意的是，在上述政府行为中如何防止出现特定的政治见解混同于公共教育政策，导致政府行为发挥不当作用的问题。

（3）要完成对政策的评价总结与反馈。这也是教育政策实现过程的最后一个步骤。在这一阶段，通过上述法律强制性措施及其他各种行政手段、方法促使教育政策得以实施以后，处在教育第一线的教师，以及学生及其家长是如何看待这一政策的，该政策对社会会产生怎样的影响，以及对教育的整体构造又会形成怎样的推动作用等，这些问题也都要求研究者予以考察、讨论、评价与反馈。这种评价与反馈有助于对政策的不完善处予以修订，并为下一项政策的出台或改进起到参考作用。

我们在上面的分析中已经了解到，教育政策的展开形式会随着政治体制等状况的变化而变化，这是对应现代政治结构的变革而形成的教育政策制定过程的显著特征。

一项教育政策制定出来，或者在制定过程中，民众对此项政策是积极拥护，还是消极抵抗，或者是毫无反应地默默服从，政策的制定者对此应予以高度关注。换言之，有教育行使支配权力者，在行使权力的过程中应充分考虑民众将做出何种反应，以及这种反应又将引发何种结果。这也是政策主体在政策制定过程（或在权力行使的过程）中应该充分重视与考虑的。因为在一个民主意识高涨的社会，政策制定主体如果不注意吸收来自民众合理的、具有革新意义的建议，就可能在现实教育政策的制定过程中产生错误的判断，由此导致政策制定的失误。所以，在一个民主制国家，如何在教育政策制定过程中，尽可能多地听取来自民众的意见，是保证教育政策符合民众意愿，并尽量减少政策内容谬误和缺陷的一个有效手段。

为了使政策主体在教育政策制定过程中尽量采取合理化手段，既能维持政治权力对教育的支配，又能尽可能保证教育政策的内容和制定过程符合民意，在一些国家通常存在一种所谓的"压力团体"，其对政策制定的过程起监督与咨询的作用。虽然最终实质性的决定权——如教育立法或政策原案的制定还是由权力主体决定，但这种方式（压力团体）在形式上保证了教育政策制定过程的合理性[①]。

---

① 吴遵民. 2010. 教育政策学入门. 上海：上海教育出版社：29-40.

四、教育政策的评价和反馈

一项政策的制定过程，既要考虑有合理的程序规划和较强的执行力，同时也要从相应政策的实施效果进行权衡，从而确定政策的价值和实施给社会带来的实际影响。这就需要通过政策执行阶段及时的反馈来提高、改进原有的政策内容，以形成一种"螺旋式"上升的效应。从一般概念上来讲，教育政策的评价从属于公共政策评价，是把一项教育政策放在整个公共环境或社会系统之中，去考察其和社会其他系统的关系，是对该项政策的作用和影响做出综合判断的过程。有时一项教育政策从自身来看效果也许是好的，效益也是高的，但把它放在宏观教育或者整个社会系统中去考察，其积极作用未必大于消极作用，这样就不能说它是一项好的教育政策。因此在教育评价的过程中，要对教育政策进行综合考察，这也为下一个步骤（即反馈）做好准备。

在政策实施的整个过程中，教育政策评价和总结反馈起着十分重要的作用，它可以检验教育政策实施的效果、效率和效益；同时可以提高教育政策的科学化、民主化水平；更重要的是，在教育资源匮乏或者教育资源分配严重不公平的情况下，能监督教育资源合理、有效地配置。总之，它可以在教育系统内部形成浓厚的竞争意识，以提高教育行政部门的服务质量和工作效率。

根据彼得斯（R. S. Peters）[①]的观点，相比其他公共政策研究，教育政策研究没有特殊的概念或特殊的方法。因此，教育政策评价也可被视为公共政策评价的一个重要分支。根据彼得斯的观点，我们也可给教育政策评价下这样的定义：所谓教育政策评价，是指按照一定的价值准则，对教育政策对象及其环境的发展变化以及构成其发展变化的诸种因素所进行的价值判断。这一定义的优点在于：它包含教育评价的本质，即在事实判断的基础上所做出的"价值判断"；它明确了教育政策评价的对象和阈限，即指出了教育政策评价的准则，必须"按照一定的价值准则"进行。它又包含两个方面的意义，一是加强教育政策评价的客观性和科学性，二是不同类别的教育评价对象应该具有与之相应的教育评价标准。

但彼得斯的观点也存在一个很大的缺陷——没有探讨教育政策评价的主体。某些进步主义学者认为，既然教育是社会的事业，教育政策是为大众服务的，那么教育政策的评价就应该由社会全体来进行。这一判断是对的，但事实上却因为教育事业具有很大的社会功效，政府不可能不加以管理。所以政治权力必然把评价教育政策的权力放在可控的范围之内。由此另一种观点认为，教育政策评价也是政治权力调控教育的一种方法。教育政策在不同的国家也有所不同，但其共同点是在

[①] 彼得斯（1919—2011 年），英国著名哲学家、教育家，分析教育哲学的主要创始人之一，英国分析哲学伦敦学派的主要代表人物。

国家允许范围之内，尤其是对政策的评价，因为这关系到政府对既定政策的延续。

反馈则是在评价的基础上产生的客观判断，它的使命是更好地推行既定的教育政策。原有的教育政策在实施过程中出现这样或那样的问题时，就会进入相应的评价阶段，在经过修改和调整以后再予以推行。从这个意义上讲，反馈只是在原有政策推行不了之时对其进行适当调整，使其得以推行[①]。

【思考与练习】

1. 教育政策的要素、内容是什么？
2. 教育政策实施过程中出现的问题一般有哪些？

第四节　教育政策的特点与功能

一、教育政策的特点

教育政策具有哪些特点？理论界的概括并不一致。在综合不同学者观点的基础上，我们认为，教育政策具有以下特点。

（一）教育政策的目的性与可行性

教育政策与教育规律存在一定的区别，教育政策是政党和政府根据一定的需要而制定出来的表达政党与国家意志的一套行为准则，能清晰地反映政党和国家的主观意识与主观能动性，具有明确的目的性。政党和政府制定能够反映国家意识形态的相关教育政策，以解决某类教育问题或达到某种目的。明确的目的性是教育政策的基本特征，没有目的性的教育政策是不存在的。

研究者在考虑教育政策目的的同时，还要考虑教育政策的可行性。只有厘清政策制定及实施的现实条件，才可能使政策得以顺利实施。这就要求政策制定者在制定教育政策时，必须把目的性和可行性相联系，使两者有机地结合起来。因此，要全面、准确地理解目的本身所包含的内容和相关因素，就要把握其实质，详细了解实现目的所必备的相关条件、手段和可能性。提高教育政策的可行性不仅要考虑当时乃至其后一段时期的经济、政治、社会形势，而且要考虑政策付诸实施之后可能产生的反响，还要考虑与相关的法律法规、政策规定配套的问题。

---

① 吴遵民. 2010. 教育政策学入门. 上海：上海教育出版社：38-39.

只有最大限度地考虑相关问题，才能使教育政策顺利地贯彻实施，进而有效发挥其应有的作用。

（二）教育政策的稳定性与可变性

一方面，教育政策具有稳定性，即教育政策一旦制定并发布，在一定时期内就不能随意变动。如果教育政策毫无规律地随意改动、频繁变化，会导致权威性大打折扣，让人感到无所适从，就会降低政策在人们心中的威信，影响公众对教育政策的信任程度和各级相关机构执行政策的坚定性。总而言之，保持教育政策的相对稳定，有助于教育政策更好地发挥作用，也有利于在适当时机将教育政策上升为教育法律，从而更有力地发挥其规范性作用。

另一方面，教育政策的稳定性是相对的，并不存在永恒不变的教育政策。随着国家大政方针等外部环境的变化以及教育自身因素的变化，任何教育政策都需要做出相应的调整和变革，以不断适应新形势。教育政策的可变性主要是由教育事业本身的发展性决定的。辩证唯物主义认为，事物总是在不断发展变化的，新事物终将代替旧事物。事物的内部矛盾在不断地变化，人的认识也在实践中不断地接近事物本身的初级本质、二级本质乃至更深层次的本质。依据矛盾分析而制定教育政策这种人类的意识活动也必然不断地发生变化。教育政策就是在这种不断变化、修改、调整的过程中走向成熟和完善的。

（三）教育政策的权威性与实用性

一般情况下，我国的教育政策是由党的机关、国家权力机关和国家行政机关分别或者联合发布的。党和国家行为的合宪性决定了它们所颁布的教育政策的合法性，以及由此而具有的权威性。教育政策的权威性，意味着与一项教育政策有关的教育活动都要以该政策的规定为基准，不能自作主张、各自为政，这样才能确保教育体系的统一有效，从而推动教育事业不断发展。

相对于教育政策的权威性，能够在实践中有效地展现就是它的实用性。教育政策与教育理论有所不同，它不是概念、范畴、体系的组合，而是联结理论与实践的中介。教育政策的各项内容不是以抽象的概念表现出来的，而是以具体的行为准则、规范出现的，其告诉人们应该怎样做，而不仅仅是做理论上的论证、解释和批判。这种清晰明确的行为规范使人们的行为有了明确的方向，这就使得教育政策"跃出纸面"，发挥其现实作用。

（四）教育政策的系统性与多功能性

任何教育政策在其存在背景下，都是在与其他政策相互作用的过程中发挥功能作用的。教育政策本身是一个相对独立的体系,但是受到多重因素的影响,且其又是一般政策体系中的一个有机组成部分。从横向上看,教育政策的系统性,一方面表现在它与其他公共政策有密切的联系,它们相互支持、相互制约,组成了有关社会发展的整体政策;另一方面从教育内部来看,教育政策本身也是一个结构严谨的体系,教育体制政策、教育经费政策、教师政策、教育质量政策共同构成了国家基本的教育政策。从纵向上看,教育政策的系统性包含两个方面:一方面是中央教育政策与地方教育政策两者的关系,另一方面是教育政策在时间历史链中的过去、现在和未来的关系。

教育政策的系统性决定了教育政策的实施将牵涉教育事业的方方面面,因此,这从侧面决定了教育政策的功能必定是多方面的。回顾历史,我们可以更深刻地认识到,教育政策的功能无论在性质上还是在具体的内容上都是丰富多样的。它既可能是与政府和社会期望相符合的正功能,也可能是与二者期望相背离的负功能;它既可能易于观察和评判,也可能难以觉察和分辨[1]。

二、教育政策的功能

教育政策的功能就是通常所说的教育政策的作用,是指教育政策在运行过程中为实现一定的教育目的所发挥的效力或所起的作用[2]。本教材把教育政策的基本功能简要概括为导向、分配、规范、激励、管制、协调六个方面。

(一)导向功能

教育政策的导向功能,是指教育政策对教育教学活动、对人们的行为具有引导作用,能够潜移默化地引导人们的行为向着教育政策所希望的方向发展。教育政策可以通过解释宣传来引导人们平衡心态、澄清认识、纠正行为偏差。这种导向功能是以权力介入为基础的,因而比思想教育工作更具有威慑力和说服力。教育政策的导向功能通常表现为两个方面:一是为教育事业的发展提出明确的目标。如《中国教育改革和发展纲要》就为 20 世纪末我国教育发展的总目标做出了较为明确的规定。为实现这一总目标,《中国教育改革和发展纲要》还特别提出在保证必要教育投入和办学条件的前提下各级各类教育发展的具体目标,同时还要求各地区、各部门根据实际情况,制定本地区本行业分阶段的教育发展目标和任务。清晰准确地制定好教育目标不仅可以避免教育政策实施过程中可能出现的教育失误,而且能极大地激发社会各界对于办学的热情,更广泛地调动社会力

---

[1] 孙绵涛. 2010. 教育政策学. 北京:中国人民大学出版社:28-31.
[2] 孙绵涛. 2010. 教育政策学. 北京:中国人民大学出版社:36.

量来共同支持教育事业，多层次、多角度全面推动教育事业的发展。二是推出了一整套旨在促进教育事业发展的重大措施。仍以《中国教育改革和发展纲要》为例，该纲要提出"为了实现上述目标，应采取深化教育改革，坚持协调发展，增加教育投入，提高教师素质，提高教育质量，注重办学效益，实行分区规划，加强社会参与的发展战略"。这些战略对促进教育事业的发展也有积极作用。

从作用方式上看，教育政策的导向功能可以分为直接导向功能和间接导向功能。直接导向功能指教育政策对其调整对象的直接作用。例如《禁止使用童工规定》通过政策的硬性规定在一定程度上保障了未满 16 周岁的儿童、少年在义务教育方面的合法权益，使《义务教育法》能够更加顺利地贯彻落实。间接导向功能指教育政策对非直接调节对象的影响。例如"提高教师社会地位以及工资待遇"的政策会间接对人们的就业选择产生一定的影响，促使更多学生选择师范类专业学习。通常来说，教育政策制定者在考虑有关教育政策时，直接导向功能更容易受到重视，而间接导向功能容易被忽视。有时虽然也能对间接导向功能做出一些预见，但有些情况是始料不及的。比如，有些地方在贯彻"基础教育由地方负责"这一政策的过程中，实施农村中小学教师工资由乡镇负责的经费管理体制。该政策最初的制定目的在于充分激发乡镇的办学积极性，但实施效果并不尽如人意，出现了某些乡镇挪用教师工资的现象，教师工资发放严重不到位，极大地伤害了教师的工作热情和积极性。由此可以看出，在制定和实施教育政策时，既要考虑教育政策的直接导向功能，也要考虑教育政策的间接导向功能[①]。

（二）分配功能

政策制定部门通过制定政策，将经费、机会、招生指标、权力等各种教育资源分配给不同的组织和个人，包括政府部门、学校和学生。例如《浙江省教育厅关于做好 2021 年普通高中招生管理工作的通知》明确，"从 2021 年秋季起分配比例不低于学校招生计划的 60%，并向薄弱初中倾斜，确保每所初中学校都能有一定比例的学生进入优质高中就读；不得跨区域分配指标，防止跨区域掐尖招生"[②]。政策制定部门每年将招生指标和生均经费分配给不同的高校；每隔若干年审批一次研究生学位授予单位和博士点、硕士点等，教育政策对利益的分配，关键是要平衡不同主体之间的利益关系。

[①] 孙绵涛. 2010. 教育政策学. 北京：中国人民大学出版社：37.
[②] 浙江省教育厅关于做好 2021 年普通高中招生管理工作的通知. （2021-05-27）[2022-05-23]. http://jyt.zj.gov.cn/art/2021/5/27/art_1532973_58917608.html.

（三）规范功能

学校办学是教育领域一种最基本、最普遍的活动。学校办学需要遵循教育规律，需要保持一定的行为秩序。政策制定部门通过提供一定的办学标准和人才培养标准等方式，吸引和敦促学校按照这些标准来实施办学行为和人才培养活动。这里教育政策发挥的就是一种规范功能，例如关于研究生院设置标准、新建本科院校设置标准方面的政策等。规范性政策告知学校和公众应当怎么做。不按照规范的要求做，在私人领域，将不能得到某些发展机遇和政策资源；在公共领域，则可能受到处罚。

（四）激励功能

通过制定政策，对取得成就的学校、教师和学生进行激励，这时教育政策发挥的就是激励功能。例如，为鼓励全省高校加大工作力度，进一步抓好高校毕业生就业工作，推动全省高校毕业生实现更加充分更高质量就业，辽宁省教育厅等研究制定了《辽宁省高校就业工作奖励办法》，规定对省 30 所高校给予奖励，奖励金额为每年 1000 万[①]。这时教育政策发挥的就是激励功能。政策的激励功能主要通过对既往成绩的肯定和表彰，对今后工作发挥引领和示范作用。

（五）管制功能

任何教育政策都是为了解决一定的教育问题或者预防某一教育问题而制定的，具有约束和规范人们行为的作用，通过制定教育政策，引导、规范教育行为，从而达到较为理想的教育效果。这便是教育政策的管制功能。一方面，教育政策能够及时有效地贯彻执行离不开合理的管制。但大量理论和实践表明，教育政策的贯彻执行并不都是一帆风顺的，对于不同政策的制定和执行主体而言，其主观意识会在一定程度上影响和妨碍政策的贯彻落实。另一方面，教育政策在实施过程中的适时调整、更新也离不开管制。在教育政策实施过程中，外界环境的变化、拟解决问题性质的变化以及不断涌现的新问题等多因素的影响，倒逼教育政策不断地做出动态化调整和更新，以适当增强教育政策的管制功能。

教育政策的管制功能具有两个明显的特点：一是强制性。强制性是指教育政策在制定完成后，由相关部门强制实施并进行广泛的监督检查，通过相关措施，及时发现并纠正教育事业发展过程中的不合理因素，通过不断的修正，保障教育事业的正常运转和顺利发展。对于在监督检查过程中发现的与政策执行程序相违

[①] 辽宁省高校就业工作奖励办法．（2021-12-01）[2022-03-31]. https://jyt.ln.gov.cn/jyt/gk/jywj/EF95437A62124993A25DA4713A5568CE/index.shtml.

背的，都要批评并加以整改；对于符合政策要求的，应当相应地鼓励和表扬。二是惩罚性。任何一项教育政策都是政策制定者意志的体现，所执行的措施一旦与政策规定相违背，就应受到谴责和惩罚。例如，为了保障教师的合法权利和既得利益，在全社会弘扬尊师重道、心系教师的良好风气，《中华人民共和国教师法》（简称《教师法》）规定："侮辱、殴打教师的，根据不同情况，分别给予行政处分或者行政处罚；造成损害的，责令赔偿损失；情节严重，构成犯罪的，依法追究刑事责任。"[1]

教育政策的管制功能要顺利发挥，需要具备以下两个基本条件：一是政策管制的标准必须明确、合理。制定合理可行的管制标准是有效发挥教育政策的管制功能的前提和基础。拥有一套明确、合理的管制标准，对于检查、计量和鉴定政策执行的效果及偏差具有重要作用，为接下来采取正确有效的纠偏措施提供了助力。教育政策控制的标准可从三个方面来考虑：①成本标准，它主要反映政策执行工作需要支出的费用；②数量标准，它主要从量的角度规定政策执行工作所应达到的水平和完成的期限；③质量标准，它主要从质的方面规定政策执行工作的范围和水准。二是政策管制的手段必须严密、封闭。管理科学认为，要想使管理功能得以有效发挥，一个系统内的管理手段必须形成严密、封闭的回路。教育政策控制功能的发挥也离不开一个严密、封闭的政策控制手段体系的支持。因此，在教育政策管制执行的过程中，必须落实好两项工作：①建立、健全教育政策管制的相关机构；②加强各类管制制度、法规和措施，在时间上形成连续完整的"闭环"，在空间上形成紧密联系的"网络"，以保证被控制对象在任一阶段、任一环节、任一方位、任一角落都受到有效的控制[2]。

（六）协调功能

教育政策的协调功能分为两个方面：一是对教育内部各种利益关系的协调，包括初等教育与中等教育、基础教育与高等教育、普通教育与职业教育、义务教育与非义务教育、发达地区与欠发达地区等各种利益关系；二是协调教育系统与社会其他系统的关系。

教育政策的协调功能，是指教育政策在社会发展过程中能起到协调和平衡各种教育内外关系的作用。教育事业类似生物链，是一个较为庞大的系统性工程，其中的各个要素之间存在一定的关系。另外，教育系统作为社会子系统，也无时无刻不与社会母系统之间发生着复杂的物质、信息、能量的交换，有时顺利发展，有时却又存在一定的矛盾，表现出异常激烈的冲突。哈拉克（J. Hallak）把

---

[1] 中华人民共和国教师法. （2005-05-25）[2022-03-31]. https://www.gov.cn/banshi/2005-05/25/content_937.htm.

[2] 孙绵涛. 2010. 教育政策学. 北京：中国人民大学出版社：38-40.

能引起摩擦的政策冲突分为三类：一是发生在教育部门和政府其他部门不同利益之间的"全局性或部门间"的冲突；二是发生在不同教育目标间的"部门内的"冲突，如在选拔与平等、数量与质量之间的取舍；三是在目标确定之后，根据实现这一目标的方式、手段、步骤、方法和服务等方面而产生的"分部门"教育政策冲突①。教育关系在社会发展进程中也同样是复杂多样的，教育冲突也会如影随形。协调功能作为教育政策的一个重要功能，便可以发挥作用化解这些矛盾冲突，调节政策发展中的内在关系，保证教育事业平稳有序地发展。

教育政策的本质属性决定了其具有协调功能。教育政策是利益的"显示器"和"调节器"，它的制定是有关教育的各方权利和利益的具体体现，因此，所有教育政策都具有协调功能。譬如，按照《"十四五"时期教育强国推进工程实施方案》要求，教育强国推进工程主要包括巩固基础教育脱贫成果、职业教育产教融合、高等教育内涵发展等三部分建设内容。在巩固基础教育脱贫成果方面，该方案要求支持欠发达地区特别是"三区三州"等地区巩固教育脱贫攻坚成果，积极扩大基础教育学位供给，提高学前教育入学率和义务教育巩固率，保障群众受教育权利，加快缩小与其他地区教育差距。主要建设任务包括义务教育学校建设，改善学校教学及辅助用房、学生宿舍、供暖取暖设施、"互联网+教育"设施等教学和生活设施，逐步实现未达标城乡义务教育学校的校舍、场所达到规定标准②。

经验表明，教育政策的协调功能是以一个全面、配套的教育政策体系为基础的。要在一个教育大环境中考虑制定各类教育政策，唯有各类教育政策之间相互协同配合，充分考虑问题存在的可能性并有效解决，才有可能发挥教育政策的整体效力，体现出较好的协调功能。教育政策的协调功能具有三个基本特点：一是多维性，即需要面对并协调的对象是多方面的、多类别的，协调某一事物的同时要考虑其与其他事物之间的匹配情况和有效实施情况，以达到相对平衡；二是动态性，协调是一个动态发展的过程，是一个在发展中由失衡、不协调状态向平衡、协调、稳定转化的过程；三是适度性，在协调教育发展过程中的各种不平衡关系时，应掌握利益需求的最佳满足界限，妥善考虑并处理好各种矛盾和利益关系，违背了适度原则就会"物极必反"，产生新的不平衡③。

---

① 雅克·哈拉克. 1993. 投资于未来——确定发展中国家教育重点. 尤莉莉，徐贵平译. 北京：教育科学出版社：74-75.

② 关于印发《"十四五"时期教育强国推进工程实施方案》的通知. （2021-05-10）[2022-03-31]. http://www.gov.cn/zhengce/zhengceku/2021/05/20/content_5609354.htm.

③ 孙绵涛. 2010. 教育政策学. 北京：中国人民大学出版社：38.

三、教育政策结构及其对政策功能的影响

政策结构指的是政策要素之间相互联系、相互作用的方式。政策结构存在于政策系统当中，政策系统由于其内在结构而呈现特定的运行过程，并决定政策功能和实际效果的好坏。因此，政策系统是公共政策运行的载体，是政策过程展开的基础。

（一）教育政策系统及其要素

1. 教育政策系统的层次

政策系统具有层次性，每个政策系统都由一定的政策子系统构成，在政策子系统中又有具体的政策要素。教育政策系统至少可以划分为三个层次。

（1）教育政策系统，这是相对于经济、文化等政策而言的政策系统，这一系统由政策主体、政策客体和政策环境组成。

（2）教育政策子系统。它由不同教育领域的教育政策组成，这些领域的政策构成政策子系统。教育领域可以分为经费（谁出钱、出多少、为什么出钱？）、课程（教什么？）、教育对象或权利机会（向谁教授什么？）、人事或学校组织问题（由谁任教？由谁管理学校系统？）、政务或政府（谁来制定政策？由谁来负责这套教育系统的运行？）等，教育政策可以相应地分为财政政策、课程政策、学生政策、教师政策、教育管理政策等各种类型[1]。这些子政策之间存在密切联系和相互作用，相关其他领域的政策的配套和支持程度，影响着某领域政策所发挥的作用。

（3）教育政策的文本系统。这里指的是单一政策文本所组成的微观系统，它由如下六个基本要素组成：①触发机制。政策问题是人们的期望与现实之间存在的差距，它是教育政策运行的起点或触发机。当然，也有的政策不是从问题出发，而是被理想牵引。②政策目标。政策目标是某一政策问题或政策理想希望达到的政策结果。它深刻地反映了政策制定部门的价值偏好，即政策制定部门所选择的教育政策的某一（些）价值，如质量、公平或效率。这种偏好背后，是对公共教育利益如何分配的一种倾向。③政策制定、执行和评估者。这里主要指参与政策制定、执行、评估等活动的政府机构及其工作人员，或其委托的第三方机构。④政策目标群体。政策目标群体指政策发生作用的社会成员，包括组织、家庭和个人。其受特定政策的规范、制约或是从某些政策中受益或受损。⑤政策工

---

[1] 斯图亚特·S.那格尔.1990.政策研究百科全书.林明，龚裕，鲍克，等译.北京：科学技术文献出版社：447-448.

具。政策工具是指实现政策目标的一切措施和手段。政策工具应用的焦点在于政策产出或政策效果[①]。政策制定部门为了确保政策产出或政策效果，会努力调动相关资源，采取所有可能的措施来推动政策的制定和执行。⑥政策环境。它指的是教育政策系统所处并与之进行交换活动的一切社会环境因素，包括政治、经济、人口、文化、社会以及国际等方面的因素。这构成了教育政策的外部影响因素，它们不同程度上影响着教育政策的制定、执行过程。上述六个政策要素之间的关系，根本上反映的是利益、权力、价值等教育政策本质要素之间的关系。政策制定者和目标群体之间及其内部不同部门和成员之间的不同利益结构、权力结构和价值结构，深刻影响着某一政策所发挥的实际作用。

2. 教育政策结构与功能之间的相互作用

教育政策的要素或政策子系统在时间和空间上有一定的排列顺序、组合方式及相互之间较为稳定的互动方式，这就形成了政策结构。任何政策系统都是有结构的，正是结构影响和决定着政策系统的基本功能。各要素或政策之间以一定的方式相互联系、相互作用并形成一个整体的结构，才能使教育政策的效应最大化，有效地解决政府和公众关切的教育问题。

教育政策结构与功能之间存在一种作用与反作用的互动关系。一方面，教育政策结构对教育政策功能具有重要的影响。教育政策良好的结构会促进、支持该项政策或政策群正功能的实现，失衡的结构则会导致相反的负功能。政策结构的正功能指的是政策对实现政策目标产生的积极的、促进的功能，负功能则是指消极的、相反的功能。因此，可以通过调整政策要素或政策之间的联系方式、作用方式和排列顺序，使教育政策系统的要素结构得到优化，以提高教育政策质量，增强它的正功能。

另一方面，教育政策功能对教育政策结构的优化产生反作用。教育政策功能的正向发挥，会促进政策问题的有效解决，不断改善周围的政策环境，从而为该项教育政策带来积极的评价并提出更高的要求。这就要求政策系统相应优化或强化其政策结构，以继续发挥该政策的正功能。以政策试点为例，上一轮政策试点的积极效应为该政策继续试点或扩大试点提出了新的要求，促使政策制定部门进一步完善政策和扩大试点范围，直至全面推广。如果政策未能实施甚至产生消极的负功能，那就对政策制定部门调整、改善政策结构，甚至做出根本性的改变提出了要求，从而促使教育政策系统得到整体优化，直至能产生政策制定部门所需的正功能。

[①] B. 盖伊·彼得斯，弗兰斯·K. M. 冯尼斯潘. 2007. 公共政策工具——对公共管理工具的评价. 顾建光译. 北京：中国人民大学出版社：15.

3. 教育政策结构的类型及其对政策功能的影响

根据不同的标准，公共政策的结构可以作各种分类。有的学者认为，从政策操作的角度，可将政策结构分为两种类型，即政策领域结构和政策形式结构[①]；有的学者将政策分为纵向结构和横向结构、单元结构与复合结构、静态结构与动态结构等结构方式和塔式结构、树形结构、链形结构、圈层结构、网状结构等结构模式[②]。就理解教育政策作用机制的目标来说，对教育政策的结构分析主要应关注纵向结构和横向结构。

1）教育政策的纵向结构

教育政策的纵向结构体现的是层次水平，即政策系统内部上、下层次的政策和要素之间呈现的等级关系。按照政策所处地位和作用范围的不同，教育政策文本可以分为三个层次：一是总政策，指一个国家带有全局性、战略性、根本性，决定教育发展基本方向的政策，有时也被称为教育方针、教育路线、教育基本任务；二是基本政策，指以总政策为指导，对教育各个领域、部门起主导作用的部门政策；三是具体政策，指实现基本教育政策的具体手段，或有关教育基本政策的具体规定。按照政策制定主体分，教育政策文本可以分为中央政策、地方政策和基层政策等。这些不同层次的文本之间构成了纵向的政策结构。

在纵向结构上，教育政策制定要求体现的基本原则，是上下政策要素之间的指导和支持关系。一方面，上一层次政策要素对下一层次政策要素发挥指导作用，影响和决定下一层次政策要素的内容；另一方面，下一层次政策要素对上一层次政策要素起支持作用，以实现上一层次的意图。比如，中央政策要对地方政策起指导作用，地方政策要体现和实现中央政策的意图。如果上下层次政策要素之间发生冲突或耗蚀，就会影响政策的效能。

要素纵向冲突就是下一层次要素与上一层次要素内容相矛盾。比如，国家提出义务教育均衡政策，但地方政府却依然支持或默许重点学校建设，优质资源集中在少数学校，薄弱学校没有得到支持，就是要素纵向冲突的情况。要素纵向耗蚀则是上一层次的要素内容在下一层次要素中被逐渐淡化甚至消失的过程。比如，教育部提出各地要落实"双减"政策，但"政府部署落实不到位。一些地方只是简单照转文件，没有对政策作系统性、针对性解读"[③]。这种政策要素在纵向关系上的冲突和耗蚀，就会使教育政策无法得到有效的贯彻。

---

① 严强.2008.公共政策学.北京：社会科学文献出版社：402.
② 蔡荣生.2005.经济政策学.北京：经济日报出版社：13-16.
③ 教育部新闻发布会介绍秋季学期中小学教育教学工作及"双减""五项管理"督导有关情况.（2021-08-30）[2022-05-30]. https://www.gov.cn/xinwen/2021/08/30/content_5634181.htm.

2）教育政策的横向结构

教育政策的横向结构指的是政策系统中同一层次要素之间的相互关系，它既包括教育政策系统内部要素之间的横向结构，也包括教育政策与其他领域政策如经济政策、卫生政策等政策系统之间的横向关系，比如，政策目标与政策工具的关系，教师政策与经费政策、教育管理政策的关系，教育部门政策与财政部门政策之间的关系等。

教育政策的横向结构良好运行的原则，主要是相互协调、相互配合和支持，具体表现在以下三个方面。

（1）政策目标与政策工具之间的匹配性。在同一项教育政策中，政策目标与政策工具要相互配套。围绕不同的政策目标，要选择相应的政策工具，以资源投入、行动管制等不同的方式来促进政策目标的实现。如果政策目标与政策工具之间不匹配，就会影响政策的执行。比如，政策明确提出，要"由流入地政府负责"和"以全日制公办中小学为主"解决进城务工农民子女义务教育问题，但这是一项"没有新资源"即缺乏有效政策工具作为支持的政策，流入地政府在利用既有资源执行新政策的过程中陷入困境[1]。

（2）相关领域教育政策的政策目标之间的协调性。政策系统中同一层次的政策之间，在政策目标上要共同体现上一层次政策的总体目标要求，并且相互呼应和支持。比如，培养创造性人才是我国教育政策的基本目标，高等教育政策和基础教育政策在促进创新人才培养的目标设定上需要相互衔接、逐步递进、系统培养。但实际中，中小学校长、大学校长、教育局局长等对创造性人才培养的相关问题有一些不同的理解，甚至存在相互偏离的现象，这与相关教育政策缺乏正确的引导和明确的要求是有关系的。

（3）不同领域的教育政策以及教育政策与其他领域政策之间的协调性。教育事业的发展不只是教育系统内部的事情，而且离不开社会各方面共同努力。这就涉及教育政策与其他领域政策如何协调和配套的问题，而且很多时候是教育政策如何获得其他部门和领域相关政策支持的问题。事实上，在我国教育政策实践中，各部门之间、不同领域政策之间相互冲突的现象时有发生，这也使某些政策因为缺乏配套政策支持而难以有效落实[2]。

【思考与练习】

1. 教育政策的特点、功能是什么？
2. 简述教育政策系统的层次、要素及其对政策功能的影响。

---

[1] 周佳. 2007. 教育政策执行研究——以进城就业农民工子女义务教育政策执行为例. 北京：教育科学出版社.
[2] 陈学飞. 2011. 教育政策研究基础. 北京：人民教育出版社：69-74.

第二章

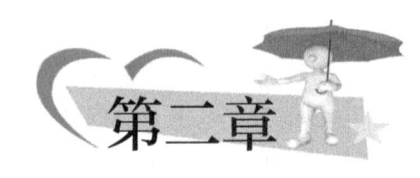

教育政策价值论

要点提示

本章在介绍教育政策价值关系及其构成要素的基础上，重点介绍了教育政策价值中的公平、民主、人本主义三种价值取向。主体的需要、客体的属性和二者之间的价值关系的构成方式是教育政策价值关系的组成要素。教育政策价值的主体包括政府、个人、教育组织，客体包括教育政策制定和执行中的物质条件和组织。教育政策的制定并不是价值无涉的，教育实践活动的性质决定了教育政策活动中应该遵循哪些维度的价值取向。一般来讲，教育政策实践中应确立公平、民主和以人为本的价值取向。

学习目标

通过本章的学习，应该了解、理解和掌握以下内容：
1. 了解教育政策的主体和客体的内涵。
2. 理解教育政策价值的基本关系。
3. 掌握教育政策价值的三种不同价值取向对教育的影响。
4. 对相关教育政策案例做出具体分析。

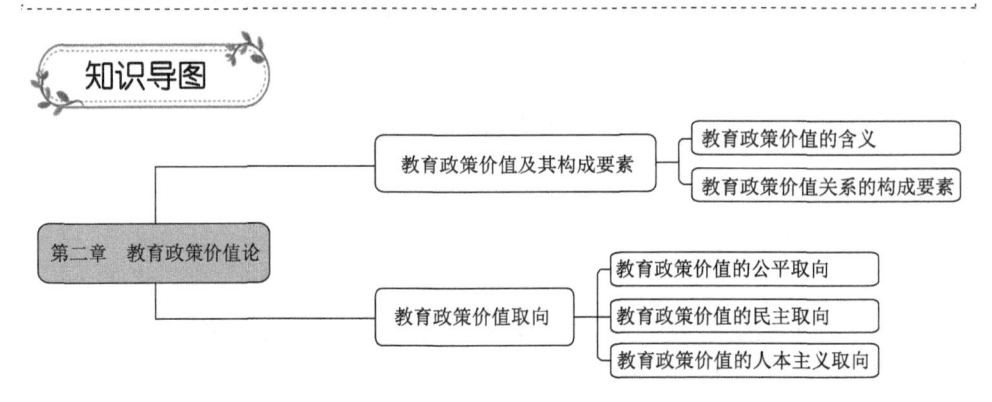

知识导图

第二章 教育政策价值论
- 教育政策价值及其构成要素
  - 教育政策价值的含义
  - 教育政策价值关系的构成要素
- 教育政策价值取向
  - 教育政策价值的公平取向
  - 教育政策价值的民主取向
  - 教育政策价值的人本主义取向

第一节 教育政策价值及其构成要素

一、教育政策价值的含义

马克思主义价值论认为，价值关系是在实践基础上"外界物（自然、社会和某种客体形式的意识形态）对主体人的需要的肯定或否定关系，主要表现为利害关系或功利关系"。马克思主义价值观作为无产阶级价值观，"代表了人类的根本利益，符合社会发展的客观规律"。[1]这是我们科学地研究和分析教育政策价值的基本理论依据。

（一）教育政策价值

教育政策价值是作为马克思主义哲学"价值"概念的下位概念。教育政策本身是主体意志对象化的产物，其价值受到主体需要的规定，受主体认识水平和实践能力的制约，并随主体构成的变化、主体价值观念的整合以及主体认识和实践水平的提高而获得新的特性。教育政策的主体需要是推动主体去追求教育政策价值的现实力量，是评价教育政策价值的内在尺度。教育政策具有客体属性，是教育政策价值的物质基础或物质承担者，这是由教育政策的内在本质所决定的，表现为教育政策具有导向、协调和控制等功能，往往作为评价教育政策价值的外在尺度。教育政策的实践活动是教育政策价值的源泉，它包括政策问题的认定、政策的制定、政策的实施和评价等环节和过程[2]。只有通过现实的实践活动，才能将主体需要和客体属性纳入同一价值关系中，并作为实践活动的固有内容，经过相互对象化才能生成合目的性和合规律性相统一的价值。

教育政策价值在实践基础上将主体需要和客体属性统一起来，从而具有丰富多样的表现形式。我们可以运用马克思主义哲学历史与逻辑相统一的方法论，来界定教育政策价值表现的基本范畴。

1. 从逻辑层面上讲，教育政策的价值表现是其本质的逻辑延展

教育政策的价值表现需要从多侧面、多角度对教育政策的本质进行立体的解读。①在一定历史范畴内，教育政策是教育政策制定者意志的表达，是一种超然存在的政治行为和政治措施。②在一定社会范畴内，教育政策是有关教育权利和

---

[1] 李连科. 1991. 哲学价值论. 北京：中国人民大学出版社：83-87.
[2] 祁型雨. 2003. 论教育政策的价值及其评价标准. 教育科学，19（2）：7-10.

利益的具体能动的反映。③在一定科学范畴内，教育政策一方面是教育理论的具体化，是教育理论转化为现实的工具和桥梁；另一方面，教育政策是教育实践的高度概括，是教育实践经验上升至理论的起点。④在一定人类学范畴内，教育的本质规定性是一种按照社会需要和人的发展需要培养人的社会活动，因而促进人类个体发展是教育政策本质的更深层的内涵。可见，政治、社会、教育以及人的发展共同构成了教育政策内在本质的逻辑存在。

2. 从历史层面上讲，教育政策是围绕政治、社会、教育以及人的发展演绎出的各种命题

从历史发展来分析，自从进入阶级社会或产生了国家，无论古今中外，教育政策都是围绕政治、社会、教育以及人的发展而演绎出的各种命题，区别不过是在于关注的焦点或者使用的范围不同。教育政策学家科根（M. Kogan）曾对英国 20 世纪 60—70 年代有关教育的关键政策、法令，各级政府发布的报告、声明和重要的教育会议纪要等第一手资料进行了详细分析，并对相关的教育政策制定者进行了访谈，在此基础上总结出这一时间段内英国 35 条主要的教育政策，并将这些教育政策按照社会、经济、教育、学校四个方面进行分类，再归纳得出蕴含于四类政策中的社会价值观、经济价值观、教育价值观和学校价值观。[①]现在来看，虽然科根关于教育政策的价值分类还不够全面，但我们可以借鉴其从多范畴来分析教育政策价值的具体表现形式。我们将教育政策价值概括为以下四种主要表现形式。

（1）政治价值。教育政策是关于教育活动的政治措施，教育政策是国家行使权力的方法和手段，是政治过程的具体体现，国家通过制定和执行教育政策发挥教育对社会政治、经济和文化等方面的能动作用，用来巩固其赖以存在和发展的经济基础和社会基础。早在公元前 300 多年，亚里士多德就认为教育活动应当是政府重要职责的一个方面，是一项社会公共事务。他认为"邦国如果忽视教育，其政治必将毁损"，城邦只有形成统一的教育政策，"采取一致的教育方案"，城邦的"公共团体"的基础稳定和整体安全才能有保障。[②]

（2）社会价值。教育政策是国家调整教育权利和利益的具体体现，它不论如何改变都紧紧围绕利益这个核心与关键。教育政策作为利益分配的"显示器"和"调节器"，其社会价值就在于能够实现公平与效率的均衡，能够使教育最终成为全体人民共同拥有的权利和利益，进而维持社会的稳定，促进社会的发展和进步。

---

① Kogan M. 1975. Educational Policy-Making: A Study of Interest Groups and Parliament. London: George Allen & Unwin Ltd.: 57-67.

② 亚里士多德. 1965. 政治学. 吴寿彭译. 北京：商务印书馆：400-410.

（3）教育价值。教育事业是一个系统性的庞大工程。组成这个系统的各个要素，例如初等教育与中等教育、中等教育与高等教育形成了教育系统的结构，这些要素之间也存在着各式各样的关系。此外，教育系统作为社会母系统的组成部分，与其他组成部分时刻发生着复杂的物质、能量和信息的交换，有时还会爆发激烈的矛盾与冲突。教育政策能够通过权力介入，化解这些矛盾与冲突，有效地对社会各种层面的教育分化予以整合，保证教育稳定、平衡、有序发展。

（4）人的价值。将追求人类发展正义作为目标的教育政策能够帮助受教育者提高和实现自身的人生价值，使受教育者获得全面、和谐的健康发展，使受教育者形成真、善、美相统一的理想人格[1]。我们可以将教育政策上述四种价值表现形式，按照价值取向的差异分为内在价值和外在价值。教育政策就可以被认为是国家在一定阶段为实现教育目标、完成教育任务而协调教育内部与外部关系所做出的全局性、战略性和准则性的规定。它对教育系统内部关系的协调重点在于解决教育活动的内部矛盾，即通过解决教育生存实际状况和发展的应然目的之间的矛盾，实现使受教育者全面、和谐发展的终极目的[2]。

协调教育系统内部关系的教育政策价值，一般被称为教育政策的内在价值或目的性价值，主要是以是否合乎教育和人的发展需要，并以合乎的程度来进行评判。其中，为了维护教育的存在，促进其发展可以被认为是这种内在价值的本体价值，为了受教育者全面、和谐的发展可以被认为是这种内在价值的终极价值。教育政策对教育系统外部关系的协调目的在于解决教育与社会政治、经济和文化等其他子系统之间的矛盾，这种协调并不是教育政策本身的目的所在，而是一种外展的社会目的，体现的是教育政策的政治价值和社会价值。我们将教育政策合乎教育外部的社会系统的目的所表现出来的价值关系，称为教育政策的外在价值。它是一种具有国家利益的价值取向，因而又被称为教育政策的工具性价值。值得注意的是，不论是教育政策的主观价值还是其客观价值，都具有蕴含其中的内在价值和外在价值，或者说都具有目的性和工具性两种价值含义，两者不是对立的关系，而只具有层次上的区别。

（二）教育政策价值的层次结构

舍勒（M. Scheler）指出，所有的价值本质上都位于一定的等级序列之中[3]。价值的这种差异性等级结构是其存在的基本形式，构成了价值领域中的内在秩

---

[1] 张琼. 2013. 我国教育政策价值观的历史赓续及启示. 中国教育学会教育管理分会学科学术委员会第十二次学术年会论文集：369-372.

[2] 郑玉清. 2007. 当代美国联邦政府教育平等政策的发展及其启示. 世界教育信息，（7）：6-9.

[3] 转引自孙伟平. 1997. 论价值原理及其意义. 人文杂志，（6）：7-12.

序。衡量价值等级的基本标准有以下五项：①持久性。较高级别的价值往往比低级别的价值更具有持久性，但这种价值的持久性并不是指价值及其载体实存时间的长短，而是指其性质或精神存在时间的长短。②不可分性和不可见性。价值越高，便越不可再分，越不可见，也就是具有越少可被感知的经验特征。③相对稳定性。较高的价值不必依赖于较低的价值，但较低的价值必依存于较高的价值，即价值等级越低，独立性越弱，依赖性越强。④满足的深度，即价值体验感越深刻，价值就越高。⑤对价值感知主体的依赖程度。这种依赖程度越高，价值越低，反之则越高。舍勒认为根据这五条判断标准，便可以构建起价值的级别秩序。构成教育政策价值关系的两个基本要素也都具有层次性，所以教育政策价值也具有等级结构或层级秩序。

1. 从主体需要上讲，教育政策的主体的利益存在差异

教育政策的主体包括三部分：居统治地位的阶级或集团的决策主体、专家和智囊团队构成的咨询主体以及作为政策具体执行者的参与主体。从主体需要方面来说，这些主体所代表的利益和他们的需要并不是同等重要、完全并列的关系，而是有主次、轻重、基本和非基本的差别。尽管这种需求的区分极其复杂，但其中包含能够反映所有主体利益的根本需要。判断一种需要是否根本，一方面要看这种需要是所有主体共有的需要，还是仅仅是某个或某部分主体的需要；另一方面要看这种需要是所有历史阶段都存在的，还是只存在于某些特定历史时期。只有在所有相关历史阶段均存在、能够满足所有主体的需要，才是教育政策的主体的根本需要。这种需要由主体在历史的和现实的教育实践活动中对利益与需要的整体认同所决定。从这个意义延伸来看，教育的生存和发展，都必将反映教育政策的主体最根本利益的需要。

2. 从客体属性上讲，教育政策在层次上有属性和本质属性的区别

如果我们将教育政策放到历史的发展进程中从宏观上加以考察，同时也将教育政策放在一个特定的历史条件下从现实角度进行考察，就不难发现，教育政策是共性与个性、一般性与特殊性的统一体。如果从教育政策的共性和一般性的方面去分析教育政策，那么教育政策的本质就是为更好地促进人类自身再生产而服务的一种管理活动，教育政策的这种属性是能够适用于任何社会形态的教育政策现象，是所有社会形态下的教育政策现象所共同具有的一般属性。如果从教育政策的个性和特殊性的方面去分析教育政策，那么教育政策的本质就是为一定社会中占统治地位的阶级或集团的特定教育目的而服务的一种管理活动，其属性只适应特定社会形态下的教育政策现象。以往这两种对教育政策属性的理解建立在从两个方面分别对教育政策现象分析和把握的基础之上，认为教育政策带有从属的性质，即教育政策要么从属于政治利益，要么从属于教育利益，因此这两种理解

都没有从根本上揭示教育政策的本质属性。

要揭示教育政策的本质属性，就需要从共性和个性相统一的角度对以上两种属性进行整体把握。教育政策可以被认为是按照一定社会的要求和教育自身的发展规律，为促进人类自身再生产，同时发挥教育的社会服务功能的一种管理活动。这种教育政策的本质属性定义是对教育政策属性的整体把握，强调教育政策在促进人类自身再生产的基础上要为国家和社会的发展和进步服务[1]，教育政策这一本质属性保证其同时适用于一般社会和特定社会的教育政策现象，反映了教育政策共性与个性的统一。教育政策本质属性的价值判断在层级上高于教育政策属性的价值判断。教育政策的价值从政治价值、社会价值、教育价值到人的价值体现出由低到高的层级结构和等级秩序。教育的价值是基本的，人的价值是非派生的，这取决于它们在整个价值系列中的地位和作用。简言之，教育政策的政治价值和社会价值并不是其终极价值，终极价值在于以实现政治价值和社会价值为中介，提高教育政策的教育价值，最终实现人的价值。

二、教育政策价值关系的构成要素

作为社会系统与政治系统的教育政策活动中的价值要素主要包括教育政策价值主体、教育政策价值客体和教育政策价值关系三个部分。

（一）教育政策价值主体

教育政策价值主体是指教育政策活动中的行动者。教育政策价值主体与广义上的教育政策的主体是一致的，指在教育政策活动中具有能动性的人和团体[2]。在广义上，教育政策的主体一般界定为直接或间接参与政策的制定、执行、评估和监控过程的个人、团体或组织，包括立法机关、行政机关、政党、利益团体和公民等。在教育政策领域，广义上的教育政策的主体表现为三类教育政策价值主体。

1. 教育政策决策主体

教育政策决策主体狭义上指的是政策制定者，主要包括政府机构和任职官员，在民主体制和机制下，教育咨询机构、教育组织和部分个人也有机会参与到教育政策的制定活动中。

---

[1] 徐赟，祁型雨. 2017. 由从属性到主体性：我国教育政策本质观的回顾、反思与重构. 教育科学研究，(11)：5-11.

[2] 刘复兴. 2003. 教育政策的价值系统. 清华大学教育研究，(2)：6-13.

2. 教育政策执行主体

教育政策执行主体主要是指政府机构和各级各类教育组织。

3. 教育政策利益主体

在教育政策运行和活动过程中，不同的价值主体具有不同的角色特征、行为活动和利益诉求。教育政策利益主体包括追求国家利益和公共利益的政府、追求群体利益的各类教育组织和追求自我利益的个人。

1）政府——追求国家利益和公共利益

在一个社会系统中，国家利益、公共利益、集体利益和个人利益之间难免存在矛盾、冲突和分歧。政府的主要角色是代表国家进行决策，政府活动就是在利益分歧背景下制定对所有个体和群体具有统一约束力的政策。政府活动就是政治活动，政治可以看作参与社会生活的个人或组织以既定的目标为导向，通过影响、获取、支配和运用公共权力做出公共决策进而对社会价值及利益进行分配的过程。政治活动，简单来说就是为在观点或利益方面存在分歧的社会群体，做出统一决策的过程，这些决策作为公共政策进行实施，对这些社会群体有约束力。所以，政府的活动特征是代表群体和个人进行集体选择或社会选择。具体到教育领域，政府活动就是通过制定教育政策来实现教育领域的国家利益（在阶级社会中代表着统治阶级的利益）和公共利益，主要方式分为对教育资源进行分配和制定相关制度及规范来对人们的现实行为进行约束两种，从而降低教育活动的成本。这两种方式均依赖政府代表国家行使教育权力和政府的强制性。如果没有权力和强制性作为保障，政府很难做出一致性的社会选择。

2）各类教育组织——追求群体利益

教育组织的主要角色是遵守和执行政府制定的教育政策，领导、管理和组织开展教育活动。教育组织的活动特征是进行集体选择（或群体选择），在实现教育领域的公共利益的同时，追求教育组织所代表的群体或团体的自身利益。教育组织实现教育领域的公共利益依赖国家委托或由法律赋予的教育权力，在组织内部对教育资源进行管理和分配，管理和规范组织内部人员的教育行为和活动。教育组织需要获得相应的权力，才能够有效控制组织外部和内部的教育资源，实现其所代表的群体或团体利益。

3）个人——追求个人利益

个人的主要角色是利益主体。个人的活动特征就是进行个体选择，个体选择的目的是实现个人利益的最大化。个人在受教育的过程中追求的直接利益是实现个人的全面和完善发展，这需要四个基本条件：①受教育的权利与机会使个人能够进入教育系统接受相关教育；②教育资源条件是保障个人在教育系统中发展的物质和精神条件；③个人发展水平和资格的认定使个人发展水平能够得到公正、合法和权威的评价；④个人积极能动地参与教育、训练和学习活动。个人通过在教育过程中获得的发展和取得的资格认定进一步在社会生活中得到物质和精神利益的满足。

综上所述，教育政策活动的本质属性，是价值主体管理教育资源、追求和实现自身利益的过程。管理教育资源是价值主体实现自身利益的前提和基础。政府必须具有代表国家行使教育权力的合法性才能实现对教育资源的管理，有效配置教育物质和人力资源，解决教育问题选择先后次序，制定教育制度和相应规范保证执行和实施效果。教育组织需受国家教育权力授权和获得相应的组织权力；个体需要受教育的权利来获取所需教育资源，实现个人全面发展。

（二）教育政策价值客体

教育政策价值客体是指教育政策具体的实践活动及其属性，教育政策价值主体的需要只有在完整的教育政策实践活动中才能得到满足，利益才会得到实现。教育政策的现象形态、本体状态、过程样态和特殊性质等属性是教育政策满足价值主体需要的客观基础。教育政策活动作为政治措施，其目的在于进行教育利益分配，包括教育政策的决策和实施两个基本环节。从价值层面上讲，决策过程是对主体价值进行选择和确认的过程，决策者依据决策的结果确定政策目标；教育政策的实施则保证政策目标的实现。

教育政策价值主体同一般意义上的政策主体具有高度一致性，但是，教育政策价值客体与一般意义上所谓的教育政策的客体并不完全相同。一般认为，教育政策的客体指的是政策产生作用的对象，包括政策所要解决的社会问题或事件和产生作用的社会成员两个方面，即政策问题和目标群体。教育政策价值客体重点强调教育政策活动作为一种实践过程和工具，满足国家、社会、组织和个体教育需要的意义。

（三）教育政策价值关系

在教育活动的开展过程中，当教育政策利益主体的需求得不到满足，或者其主观愿望与教育实际发展状况之间出现较大偏差，甚至他们的利益受到了威胁和损害，又或者不同利益主体的权利和利益产生矛盾的时候，利益主体就会利用各种方法和渠道提出自身的要求或诉求，这时就产生了各种各样的教育问题。某些广泛性问题被感知并成为教育决策的对象而成为教育政策问题。教育政策问题的内容包括教育资源的控制以及教育权力、权利、机会的获得，在教育政策问题的形成和解决过程中，教育政策价值主体之间的利益冲突和相互作用就构成了教育政策需要调节的基本价值关系[①]。这些价值要素和价值关系就构成了教育政策的价值系统。

---

① 徐景双. 2014. 晚清时期职业教育教师政策价值取向分析. 职教论坛，（13）：89-92.

在教育政策活动的过程中，教育政策必须是调整的、基本的和全局性的价值关系，主要包括国家、教育组织和个人之间的利益关系，教育权力分配关系，教育权利和机会分配关系，教育资源配置关系，教育制度特性与教育组织、个人活动的关系等。这些核心价值关系对其他的价值关系具有兼容性，具有较强的影响和制约作用。在上述价值要素和价值关系中，不同价值主体的教育需求、利益追求和活动特征的差异，会表现为他们在价值认识和价值选择上的矛盾，教育政策活动的主要内容就是调整这些价值要素和它们构成的价值关系之间的冲突。

【思考与练习】

1. 如何理解教育政策价值的含义？
2. 教育政策价值关系的构成要素是什么？

第二节　教育政策价值取向

教育政策价值取向是教育政策的主体依据自身的价值观在处理教育问题中所表现出的价值立场、价值态度和价值倾向。由于教育政策的主体的自身特殊性，教育政策最终所表现的价值取向是教育政策的主体对各种利益群体的不同价值取向的权衡和选择。因此，教育政策制定就是教育政策的主体进行价值判断和价值选择的结果，教育政策价值取向的形成是价值选择的过程。同时，教育政策的形成还受到国家政治、经济、社会和文化传统等多种因素的影响，因此，教育政策价值取向还表现出多维性和复杂性，不同社会形态的国家、地域和民族的教育政策价值取向表现出认识体系的差异[1]。

教育政策应该采取哪些维度的价值取向是由教育活动本身的性质所决定的。①对于个体而言，通过受教育机会获得全面发展是个体的基本权利。每一位受教育者都应当在教育中受到公平对待，教育政策应当具有公平的内在品质。②教育是以培养人为目的的社会活动，涉及意识形态的传播、社会规范的传导、科学文化的传承与创新、劳动力的再生产，属于公共事务，对于个体、家庭和社会发展都具有重大意义，民主是公共事务的首要特征。③教育活动是人的双向活动，人的地位和价值考量在教育活动中应当占据突出的地位，因此教育政策在解决人与其他要素的相互关系时，应该坚持以人为本的价值取向。基于教育活动的上述性

---

[1] 杨志成，柏维春. 2013. 21世纪以来中国教育政策价值问题研究综述. 现代教育管理，(11)：36-39.

质，教育政策应采取公平、民主和以人为本的价值取向。

一、教育政策价值的公平取向

公平是人类社会自古以来所追求的社会理想之一，公平所蕴含的是一种最基本的社会价值和社会关系。教育公平就是公平价值理念在教育实践活动中的具体体现，公平作为教育政策的基本价值取向，其本质是对教育公平理念的坚守和贯彻，教育公平同时也是决定教育政策合法性的主要价值因素，因此公平是教育政策的基本价值之一。

（一）教育公平的内涵及意义

教育公平的内涵具有多重性，其主要原因在于理论基础、解读视角的不同。有研究认为，教育公平是社会公平理念在教育领域的延伸和表现，包括教育权利平等和教育机会均等两个基本方面，突出的是教育公平的社会性质[1]；有研究把教育公平理解为公民能够自由平等地分享当时、当地公共教育资源的状态，突出的是教育公平的社会功能[2]；有的研究把教育公平定义为在教育实践活动中公平地对待和评价每一个教育对象，突出的是教育公平的教育性[3]；还有的研究强调的是教育公平的资源配置作用，认为现代社会中政府在将机会、权利、利益、条件等教育公共资源进行供给或配置的过程中遵循应得原则和应实现的相称关系[4]，其目的在于最大限度地实现公共教育资源的合理安排与有效利用，从而保障和促进个体或社会群体在教育实践活动中得其所应得。

从政治哲学和教育学的视野来看，教育公平是围绕教育权利、教育权力和教育资源三个关键维度展开的，其实质是教育权力对教育资源的分配，以及对这种分配是否符合教育权利平等原则的评价。

1. 政治哲学视野下的教育公平

政治哲学视野下的教育公平，是基于教育资源总量一定的前提，以维护教育权利为根本，以监督教育权力运行为保障，以合理分配教育资源为途径，将社会各个群体和阶层的利益需求统筹考虑所做出的教育选择，最终达到教育资源分配

---

[1] 杨东平. 2000. 对我国教育公平问题的认识和思考. 教育发展研究，（9）：14-17.
[2] 钱志亮. 2001. 社会转型时期的教育公平问题——中国教育学会中青年教育理论工作者专业委员会第十次年会会议综述. 清华大学教育研究，（1）：164-166.
[3] 郭元祥. 2000. 对教育公平问题的理论思考. 教育研究，（3）：21-24.
[4] 石中英. 2007. 教育哲学. 北京：北京师范大学出版社：311.

的合理化和公平化的目的[①]。同时，我们更要看到，教育公平不仅具有教育资源等经济利益分配合理化的导向，也包括政治和道德的导向；教育公平不仅是抽象的价值意义建构，也是一个实践范畴。

2. 教育学视野下的教育公平

在教育学视野下，教育活动是社会活动的子活动，教育公平的起始界定同样是由它和社会公平的关系所引发的。由于社会公平是公平正义的价值理念在现实社会生活中的体现，它不仅是一种美好的价值理想追求，更是社会政治、经济、文化、法律和日常生活秩序得以维持的现实基础，是保障社会健康、有序、和谐和可持续发展的基础条件之一；教育在整个现代社会发展中居于基础性、全局性和先导性的地位，教育公平是社会公平的基石。教育学视野下的教育公平的实质是对教育利益的合理性分配，其内涵包括受教育权利和教育机会的公平、公共教育资源配置的公平、教育质量的公平、不同群体间的教育公平等。

3. 贯彻教育公平理念应该遵循的原则

（1）教育资源配置的平等原则。平等是公平的基本内涵，对教育利益的平等分配是体现教育公平的核心要义，其具体内容包括教育权利平等和教育机会均等。教育权利平等是指公民不分家庭出身、性别、民族、经济收入、政治地位、宗教信仰等，一律享有被法律保护的平等地接受教育的权利；教育机会均等是指在教育权利平等的基础上，国家有义务保证公民在教育利益分配中获得均等的机会[②]。教育机会均等又可以分为教育机会起点平等、过程平等和结果平等。教育机会均等一般来说是一种可能性的平等，即保障每一个公民拥有获得教育利益的同等机会，但不能保障所有公民现实教育利益的同等。我国的义务教育阶段是实现教育公平的基点，其实质是兼顾可能性平等与现实性平等的教育阶段，义务教育均衡发展政策的主要目的就是实现这种现实性教育机会均等。

（2）教育资源配置的差异原则。教育资源配置时要根据受教育者的具体情况区别对待，反映的是不同现实情况差异性对待的原则，即不是完全均等地分配教育资源。教育的多样性包含受教育者多样性、学校多样性、课程多样性，是教育中差异性的表现和教育对于差异性的尊重与适应，同时也是教育公平原则的体现。

（3）教育资源配置的补偿原则。教育资源配置的补偿原则是指为了实现教育公平，任何个体或家庭在自然的、经济的、社会的或文化方面的低下状况，都应尽可能从教育政策和制度中得到补偿。与差异原则关注受教育者个体差异不同，补偿原则关注受教育者及其家庭在社会经济地位方面的差距，并对处境不利的受

[①] 王举. 2015. 教育公平：教育政策合法性的价值前提. 当代教育论坛，（1）：58-61.
[②] 高庆蓬，杨颖秀. 2011. 论我国教育政策评估的价值基础. 高教发展与评估，（4）：1-11, 121.

教育者在教育资源配置上给予补偿。这样的教育资源配置是不均等的，但却体现出公平的原则，这是教育资源配置的补偿原则的主要内涵。例如，我国政府对西部欠发达地区普及义务教育的扶持政策以及对高校困难生的资助和助学政策是教育公平原则的集中体现。

4. 教育公平对不同责任主体的意义

（1）教育公平在个体层面上的意义。从个体的角度看，教育在个体发展过程中发挥根本性的决定作用，教育公平是个体发展起点的公平。教育公平对人的这种起点性公平不仅是基于个人的发展意义而言的，也是基于人类共同发展的意义而言的，换句话说，教育公平通过促进所有人的全面发展而为个体的全面发展创造条件。在此意义上，教育不公平最终损害的不是某个个体或哪个弱势群体的利益，而是整个社会和全人类的利益[①]。

（2）教育公平在社会层面上的意义。从社会的角度看，教育公平是其发展的基础性公平，在社会发展过程中起着继承公平思想、传播公平文化、培育公平理念的作用。同时，教育公平也是缩小社会差距的有效途径，从而促进社会共同体的共同发展。在知识信息时代，教育公平有更为重要的意义。与劳动力、资本、原材料和能源等传统生产函数不同，知识作为一种新的标准生产函数，可以提高资本的相对边际生产率，增加投资回报率；知识的增长不会产生投资回报率递减的情况，反而可以增加经济保持连续增长的可能性。据此，经济合作与发展组织将以知识为增长基础的经济称为学习经济，认为学习是挖掘新技术的生产力和保持长期经济增长的关键，甚至认为学习可以决定个人、企业乃至国家经济的命运。在知识经济时代，以知识标准、知识产权、知识生产、知识传播和知识利用为核心的竞争比以往任何时期都更加激烈，而这种竞争直接体现在对教育权利、教育机会、教育资源和教育质量展开的竞争。因而，整个社会舆论对教育公平问题也比以往任何时期都更加敏感，追求更大范围和更高水平的教育公平已经成为当前世界教育改革的共同课题。

（二）教育公平的教育政策价值观

教育公平意义上的教育政策首先需要与之相对应的处于上位的教育公平的教育政策价值观来进行统领和引导。价值观是个体和组织所具有的比较稳定的价值判断标准系统，是建立在主体对于客体价值的总体认识的基础之上的，包括个体的政治信仰、主观偏好、组织目标以及政策取向。《公共政策词典》中将价值观

[①] 胡和平，马德秀，范文曜，等. 2013. 学习宣传贯彻落实党的十八大精神笔谈（之一）. 中国高教研究，(1)：1-2.

定义为"政策制定者以及其他涉及决策过程的人共有的偏好、个人愿望和目标"[①]。政策价值观与价值观是特殊与一般的关系,政策价值观具有一般价值观的内涵与特点,又具有自身的内在规定性。政策价值观指的是公共政策的价值取向模式,公共政策的价值取向就是对政策系统行为的选择,即对社会资源的提取和分配以及对过程行为管理的选择。广义的政策价值观是一种抽象的观念总体,在政策理论、政策理想、意识形态、政策评价标准等具体政策行为中表现出来。狭义的政策价值观主要指政策理想和政策评判标准。本教材主要采用狭义的教育政策价值观概念。

教育政策价值观是对教育政策活动价值取向模式总的、规范性的引导和调节,是"政策价值主体对于教育政策活动中价值关系、政策活动方式及其结果的认识与选择"[②]。在教育政策活动中,教育政策价值观的确立是首要和必需的条件与前提,它决定了教育政策活动中教育政策的主体、教育政策的客体及其政策过程的活动意义。教育政策价值观构成了教育决策的基石,它影响政策主体和政策客体的活动,渗透到教育政策制定与执行的各个环节,进而通过实践将政策主体的政策价值观念转化为现实力量。

教育公平的教育政策价值观就是要求教育政策的主体在教育政策活动中始终自觉恪守和遵循教育公平的理念,充分考虑政策客体的应然属性和政策过程的价值关系,规范、引导和调节教育政策活动,在教育政策活动中形成教育公平的价值追求,把政策主体的教育公平理想与观念转化为现实的教育公平政策实践。

(三)教育政策活动中教育公平的价值追求

教育公平问题源于教育政策,教育政策要体现公平性原则,教育公平是教育政策重要且基本的价值目标追求之一。对于教育政策公平性价值的建构和实现可以从静态理论探讨和动态过程分析两个方面进行研究。

1. 教育政策公平性价值的静态理论探讨

从形态和性质上讲,教育既不是需要政府及其附属机构垄断和包揽的纯公共物品,也不是完全交由市场来生产和配置的私人物品。它是一种由政府的公共利益、市场力量与公民社会的教育诉求之间统筹与分享的非营利性的公共事业,属于准公共物品。政府需要在保证教育公益性和公共性的同时,平衡与调整公民社

---

① E. R. 克鲁斯克, B. M. 杰克逊. 1992. 公共政策词典. 唐理斌, 王满传, 郑斌祥, 等译. 上海: 上海远东出版社: 35.

② 刘复兴. 2003. 教育政策的价值分析. 北京: 教育科学出版社: 107.

会的教育诉求与国家、政府的教育价值目标之间的关系，使教育成为改善民生的重要途径与手段[①]。

为此，教育政策应针对教育资源短缺、教育机会选择、学校竞争、弱势群体和基本的教育质量标准等问题做出公平的制度安排。基于此，教育政策中教育公平价值的建构和实现就需要从更新理念、创新机制、健全法治、完善制度、统筹协调教育利益关系等五个方面进行努力。

（1）更新理念是保证教育政策公平性的前提条件。从国家和政府的角度出发，要在教育资源总量一定的情况下，切实更新和转变教育观念，树立起从精英教育到大众教育、从以城市为中心到均衡发展、从阶段教育到终身教育的教育发展理念，运用公权力等教育资源配置手段，兼顾不同利益个体和利益群体，进一步扩大教育机会，促进教育平等，为教育政策的公平性导向提供理论前提和思想基础。

精英教育本质上是一种不公平的教育模式。从公共政策的宗旨和教育政策的公平原则来看，需要逐步破除教育效率和教育公平之间的屏障，合理分配教育资源，为社会各群体和阶层提供平等的受教育机会。目前，在我国公共教育资源较为紧张的情况下，国家和政府应该通过公平性的教育政策的引导和调节，破除原有的以城市为中心的观念，加大调整国家教育资源分配格局的力度；应运用经济和行政的多重手段，以均衡发展的理念指导教育发展实践，努力满足人民群众普遍期望，使每个适龄儿童都能平等享受高质量的义务教育，并逐步将高质量教育公平扩展到整个教育领域。另外，相对于较为封闭的以学校教育为中心的教育制度，教育公平最终的实现载体在于开放的、多元化的、有着充分教育机会的终身教育制度和社会教育环境的形成。

（2）创新机制是提高教育政策公平性的根本途径。政府是教育公平以及教育政策公平性的主要责任承担者。①要规范政府部门教育财政转移支付制度，加大中央和省级政府的教育财政转移支付力度。规范的教育财政转移支付制度以因素法为特征，即以地方实际财政能力、学龄人口数量、教育成本等客观因素为依据，确定教育经费支出的最低标准。②要制定弱势群体补偿政策机制[②]，包括各种形式的政府对家庭经济困难学生的教育津贴、教育扶贫、学生助学贷款等制度。在此基础上，要加大政府专项资金的补偿力度，通过公平性教育政策的制定、调整与完善，促进教育公平的发展。

（3）健全法治是实施教育政策公平性的法律保障。规范、健全的教育法律体系是促进教育政策公平性、促进教育公平的合法化保障。教育法律从法律程序上

---

① 阮成武.2009.论社会建设中的政府教育职能.中国教育学刊，（3）：1-4.
② 刘平秀.2010.教育公平与教育政策选择.湖北社会科学，（2）：157-160.

确保各级各类学校一律平等、所有公民的受教育权利和受教育机会平等。教育政策公平性的法律保障需要大力开展法律教育工作，以提高公民、团体自觉遵守教育法律的意识，需要建立严格的教育法律行政执法制度和教育法律执法监督制度，以充分发挥它们在日常工作中教育督导系统的作用。

（4）完善制度是促进教育政策公平性的发展策略。国家首先要加大教育投入，完善和落实教育经费统筹安排，建立更加合理公平的教育经费拨付体系，加大专项转移支付资金用于弱势群体和经济不发达地区的教育投入；其次，要积极支持和鼓励民办教育事业的发展，形成公办教育和民办教育资源互补、公平竞争、协同发展的局面，鼓励社会力量兴办教育，实现优质教育资源的有机结合，扩大教育选择。

（5）以教育利益关系的统筹协调为核心建立公共教育政策体系。公共教育政策在进行制度设计的过程中，应当将各类利益主体的教育诉求纳入决策系统中，政府统筹兼顾各类利益主体的教育权益，通过合理的制度安排使之达到一种协调和平衡。在制度设计上，应不断扩展这种利益空间，将公共利益转化为广大群众教育诉求实现的基础，通过公共教育政策将利益分化和冲突转向利益整合与共享。所以，政府应将重心放在加强对教育发展的宏观战略研究和教育政策的制定，加强教育的宏观决策、指导和管理能力，总体把握教育规模、结构和布局，制定各级教育事业发展规划，构建教育科学运行和良性发展的制度体系，保障教育的公益性和公共性[①]。公共教育政策体系的建立是教育政策公平性价值实现的制度保障。

2. 教育政策公平性价值的动态过程分析

教育政策活动是一个动态发展的过程。教育政策过程主要包括政策制定、政策执行和政策评估三个阶段。价值观念是人们判断和取舍客观事物的标准、对待客观现实的态度、筛选对象的依据和推动人们认知与实践活动的动力，它贯穿于人类活动过程的始终，所以，以动态的政策过程视角去解析教育政策中教育公平的价值实现是研究教育政策的价值基础建构的科学方法之一。

（1）教育政策制定阶段：教育公平价值的确认和选择。教育政策的根本目的是解决现实教育问题或实现教育价值诉求，教育政策的制定阶段是从公共教育问题被识别和确认开始的，而公共教育问题的识别和确认过程实质上就是教育价值诉求进行描述、可行性分析和实质分析的过程，二者是同一和统一的过程。

在教育政策的制定过程中，为了教育公平的价值实现，需要考虑各个利益主体、利益群体的利益诉求和价值偏好。这就要求教育政策的制定过程能够广泛和

[①] 阮成武. 2009. 论社会建设中的政府教育职能. 中国教育学刊，（3）：1-4.

充分地收集各个政策利益相关者的信息，并通过民主化和科学化的信息处理方式加以分析，进而制定出合理化的教育政策。

教育政策制定的科学化是教育公平价值得以实现的技术基础。政策制定模式可以分为完全理性模式、有限理性模式、渐进模式、规范最优（综合决策）模式、混合扫描模式等。对于教育政策制定的科学化来说，规范最优（综合决策）模式无疑是最佳的选择，它是在承认人的理性是有限的前提下，追求规范程序和最佳决策。这一模式将四种具有连续性的假设作为自身理论建构的基础：①最佳决策是一个认同理性、在政策中增加理性的过程。政策主体通过探求新的政策方案，精心进行政策预期和政策目标的论证，提高政策的理性程度。②人们虽然还不能达到实现思维理性所要求的充分占有全部客观资源，也不具备完全主观能力，但具有最大限度地增加理性的努力。③增加理性的努力由增加资源投入等多种方法和途径来实现，例如增加时间投入，提高政策主体的决策水平等。④应当以更加积极的态度来制定和执行公共政策，以应对日益加快的社会发展变化节奏[①]。这种科学化诉诸理性的政策制定模式充分考虑到了各个利益相关者的利益诉求，有利于对政策制定中的各种要素、信息进行技术化的分析，从而追求一种规范化的、最优的、公平的教育政策选择。

教育政策制定的民主化是教育政策公平价值得以实现的程序和前提。教育政策制定的民主化主要意味着政策制定主体的多元化。决策论认为，在决策过程中，个人在与他人的关系中蕴含一定的权力；某一特定权力关系不一定永久保持，相反，权力关系是随决策的进行而形成的，在政策制定完成后，为此而建立起的特定的权力关系就会消失，当制定另一项政策时，相应的权力关系又会形成；对个体而言，可能在某一时期参与某项政策制定，但在另一时期不一定参与另一项政策制定；精英和大众的身份也不是恒定不变的。所以，通过代表不同利益诉求和利益立场的政策主体的多元参与的教育政策制定的民主化为教育政策的公平性形成提供了制度性程序基础。目前，经常使用的程序公开、程序参与、听证会、专家咨询会议等教育政策制定途径和方法都是其主要表现形式，教育公平的价值也同时得以选择和确认。

（2）教育政策执行阶段：教育公平价值的实现。在教育政策执行阶段，其目的是教育问题的解决和教育价值诉求目标的实现。然而，我们应该看到，教育政策执行并不是一个理想化的进程，它会受很多不确定性因素的影响，政策理想能不能变成政策现实需要在政策执行过程中对政策目标、政策方式等不断进行调适，以期达到良好的政策实施效果。教育公平价值要想得以实现，就需要教育政策在执行过程中善于收集执行信息，不断关注执行动态和反馈，根据相关利益主

---

① 李孔珍，洪成文. 2006. 教育政策的重要价值追求——教育公平. 清华大学教育研究，（6）：65-69.

体对政策执行的反应和接受程度,做出相应的完善和调整。

教育政策执行过程中的信息有效反馈能够保证教育公平诉求的表达。相互调适模型认为,政策执行过程是政策执行组织和受影响群体之间就目标和手段相互调适的互动过程,政策执行的有效性与二者相互调适的程度相关。相互调适的前提条件之一就是充分收集和分析信息反馈。这就表明:①在政策执行过程中,政策执行者与政策受众之间存在着利益、观点、立场、价值等差异;②政策执行者和政策受众必须修正、妥协甚至放弃自己固有的立场与倾向才能促使政策的正常执行;③这一相互的调试过程是完全建立于平等交流的基础上的,而非单纯的"上令下行";④政策受众的观点、利益、立场、价值等会反映在政策上,进而影响政策执行者的价值倾向。同样地,对于教育政策来说,这种相互调适和相互作用、注重政策反馈的教育政策执行模式更有利于发现、调节、合理分配教育利益,尊重各个利益主体的利益表达和价值倾向,从而有利于教育公平价值的实现。

教育政策执行的信息跟踪能够保证教育公平目标的实现。由于政策制定者与政策受众群体之间存在信息的严重不对称,对于政策执行来说,最重要的是保持政策执行的反馈信息真实和有效,防止政策反馈信息偏差、失真,甚至失效。这种政策信息的偏差、失真、失效和不对称会极大损害部分利益主体的利益和诉求。所以说,仅仅停留在政策受众反馈信息的被动获取是不可行的,保持对政策执行中信息的主动追踪是解决这一问题、促进教育政策有效执行、解决其他教育问题的关键保证。政府是教育政策执行中信息追踪的主要责任者,其可以通过各种检查和督导,来收集客观的政策执行信息;同时,教育政策研究者也需要进行实地调查研究,来知晓实际的政策执行情况。信息追踪和信息反馈相结合才能保证教育政策执行中公共教育利益不受损害,进而促进教育公平价值的实现。

(3) 教育政策评估阶段:教育公平价值的最终确立。政策评估牵涉如何将事实和价值整合在一起从而成为更加系统化的分析模式的问题。教育政策评估有两个层面:一是事实层面,向人们说明政策是如何推进的,政策成本有哪些,政策结果怎样,政策目标是否达成,等等;二是价值层面,即以特定的价值标准来判断政策的实施状况和效果,比如政策程序是否公正,政策实施的结果是否体现了公平,等等。

由于价值因素是教育政策评估所要考虑的重要因素之一,必须以教育公平价值的最终确立作为教育政策评估的主要内容之一。袁振国认为,所谓教育政策评价,是指依据一定的教育价值标准,对教育政策对象及其所处环境的发展变化以及影响其发展变化的各种要素所进行的价值判断[1]。邓恩(W. N. Dunn)认为,评价的性质之一是价值中心,评价的主要特性是促成了本身具有评价性的

---

[1] 袁振国. 2001. 教育政策学. 南京:江苏教育出版社:347.

主张①。确切地讲，评价能够提供政策运行结果所产生的价值方面的信息。某项政策确实有价值，是因为它促进了既定目标或目的的实现，取得了实际意义上的成效，表明原来的政策问题已经被澄清或者得到了有效解决。综上所述，教育公平价值是否得以最终确立理应是教育政策评估中所要着力注重和解决的问题。

教育政策评估指标体系中理应加入教育公平等价值要素指标。从我国目前的教育政策评估的评价指标来看，多注重量化指标统计，而忽视价值性要素的指标介入；多注重事实陈述，而忽略价值判断。也可以这样讲，目前我国对教育状况的统计数据基本是描述性的，缺乏纵向和横向比较；同时，明显缺乏教育公平的维度分析。除了要在教育政策评估中加入涉及教育公平的维度以外，还需要以教育公平的价值追求作为评估标准去影响教育政策的制定和执行。当教育公平被确立为教育政策的重要价值追求时，教育政策的成效就要以教育公平的目标是否得以实现以及实现的程度作为评估标准，以确保教育公平价值目标的最终实现。

二、教育政策价值的民主取向

民主是国家政治进步和社会文明发展的主要标志之一。民主的发展程度是社会和国家发展样态的集中体现，民主价值是社会和国家活动的核心价值。教育民主是由政治民主引申过来的，并且是作为实现社会民主的基础和途径而存在的。教育民主具备政治民主的基本特征和基本诉求，还有自身所特有的内涵和意义。

（一）教育民主的内涵

教育民主决策是国家和政府教育决策的时代发展趋势和需要。如何看待教育民主的内涵，是研究教育民主决策的前提和基础。

1. 政治哲学视野下的教育民主

在政治哲学视野下，教育民主是不同民主社会形态在教育领域内的具体体现的结果，阶级性和历史性是其本质属性。政治学意义上的教育民主是指保障和维护社会中大多数人的教育权利与教育利益，从而促进个体的发展与社会公共利益的实现。同时，教育民主与公民培育、公民参与有着天然的紧密联系。在民族主义和民主主义的双重推动下，教育民主的公民培育和公民参与功能日益凸显，并且越来越成为教育民主化程度高低的重要标志。尤其是近代以来的英美等国，在基于本国教育实际的基础上，通过相应的教育政策制定，开始有意识地、主动地

---

① 威廉·N. 邓恩. 2002. 公共政策分析导论（第二版）. 谢明，杜子芳，伏燕，等译. 北京：中国人民大学出版社：435.

进行国民教育实践，培育合格公民，提高公民社会参与的积极性和参与度。例如，1809年德国的洪堡教育改革和美国独立战争以后杰斐逊的公共教育改革法案等都是著名案例。

从教育民主的视角，社会平等的实质是追求教育权利和教育机会平等。前者与《联合国人权宣言》所规定的"不论什么阶层，不论经济条件，也不论父母的居住地，一切儿童都有受教育的权利"价值追求一致，后者包含"任何自然的、经济的、社会的和文化方面的低下状况，都应尽可能从教育制度本身得到补偿"的弱势补偿原则。

在此基础上，许多国家以教育民主理念作为其教育政策制定的核心理论基础，并且把教育民主理念作为推动教育政策实施、发展本国教育的价值引导，教育民主化成为教育发展的潮流，其主要表现为初等和中等教育的义务化普及、职业教育的终身化和高等教育的大众化与普及化。总之，政治哲学视野下的教育民主是教育民主的本源和本质含义所在。

另外，随着社会的发展和政治文明的进步，协商民主作为教育民主的新维度也逐渐成为趋势。协商民主是政治哲学语境下与自由民主、参与民主并存的第三种民主，也是民主的一种新的表现形式与理论范畴。相对于基于自由主义的自由民主和基于社群主义的参与民主，协商民主具有更强的解释合理性。协商民主认为，稳定和具有适应性的民主要求它的成员不能仅参与正式的集体决策，不仅要关注投票结果，还要关注投票过程，包括协商、对话和辩论等阶段。协商民主更多地关注基于决策主体之间的对话、沟通、讨论等协商形式而形成的决策过程，这让协商民主也具有更多关于决策的意义。在使民主更加具有协商性的任何努力中，最重要的单个制度除了政府就是教育。因此，协商民主完全可以作为教育民主的一种新维度去解释、规范教育活动。转型期社会的主要特征就是价值与利益的多元性，这就要求公民必须具备良好的理性沟通与协作的意识和能力，进而在价值冲突与利益交织的社会情境中，求同存异，达成共赢和共识。协商民主给予民主实践的是，一方面维护了公民的利益，另一方面又赋予公民更多的参与决策过程的认同感、责任感和使命感。公民协商对话能力需要通过教育的方式去培育，教育民主是其培育的根本价值指导原则。

2. 教育学视野下的教育民主

在教育学视野下，教育民主专指教育领域和教育系统中的民主，它是教育进步的重要标志，是衡量教育活动民主性、教育理论科学性、教育实践合理性以及教育政策有效性的重要标准之一。它具体包括受教育权的平等、民主的教育决策与管理、民主的师生关系、民主的教育教学目标与内容、民主的课程设置与评价、民主的教育教学方法等。教育民主的核心是教育平等，受教育权的平等是教育民主的逻辑前提和出发点，决定着教育民主的基本走向。民主的教育决策与管理是重要的教育民主实践规范化、法规化、法律化和制度化的保障，有利于形成教育决策的民主化。民主的师生关系是教育民主的基本内涵和关系样态。师生关系由教育过程的角色关系和一般社会人际关系两部分组成。一方面，师生间存在着教育过程的角色关系，包括以知识传授为中介、以素质提升为目标的教育关系，如尊师爱生、教学相长等。同时，师生间的平等应该是教育平等，其内涵并不仅仅是人格平等[①]，而更应当是在真理、知识、教学目标面前的平等。另一方面，人际关系交往中所倡导的互相尊重、互相理解、互相信任等基本交往要求，也是师生关系所需要遵循的基本准则。民主的教育教学目标和内容、民主的课程设置与评价则是教育民主诉求得以表达及实现的重要载体，民主的教育教学方法则是教育民主原则在教育教学活动中的具体运用和实施。以上这些共同构成了教育学视野下的教育民主的理论体系和实践范畴。

3. 教育民主的科学含义

教育民主是在政治民主理念的指导下，在教育领域和教育活动中，以维护和保障公民教育权利及教育利益为基础，以教育权利平等和教育机会均等为追求，以与教育利益相关的公民的广泛参与和民主师生关系构建为主要方式，以民主的教育教学内容和方法为实施内容与路径，以期实现公共教育利益最大化的价值原则和价值目标。

（二）教育民主的教育政策价值观

教育民主价值为深入到教育政策活动中，需要建构起具有根本引导意义的教育民主的教育政策价值观，以其作为教育政策活动的民主价值体系，规范和引导教育政策活动的展开与运行。

根据教育民主的内涵和教育政策活动的主要特征，教育民主的教育政策价值观主要体现在教育政策制定、教育政策执行和教育政策评估等主要过程中，是教育政策的主体所应具备的教育民主意识、教育民主观念和教育民主信念的价值总和，并以此作为教育政策活动中的价值引导，进行教育政策民主决策、教育政策民主执行和教育政策民主评估，进而把教育民主的教育政策价值理想转化为教育民主的教育政策实践。

教育民主的教育政策价值观源于对教育民主内涵的合理认识，基于教育政策活动的教育民主实践，终于对教育政策活动民主化追求的实现。这是一个逻辑紧密的结构过程，并非单纯的形而上的抽象言说，是需要在教育政策活动的过程中

---

① 柳谦. 2010. 论教育民主的根本属性. 教育学文摘，（4）：8-9.

逐步加以推进和实践的。

（三）教育政策活动中教育民主的价值追求

教育决策是教育政策活动的核心过程。从形式上看，教育政策决策是一项技术性很强的活动，包括发现政策问题、确立政策目标、提出政策方案建议、选择政策方案等环节。教育政策决策不是一个价值中立的活动，而是一个道德选择问题，它在方法和技术层面上都蕴含着某种价值倾向。从逻辑关系上看，这种规范系统的建构是以价值的确认为前提和基础的[①]。

1. 教育决策与公共政策决策的联系与区别

（1）教育决策具备一般公共政策决策的性质和特点。教育决策源于公共政策，是社会公共政策的组成部分，教育决策具备一般公共政策决策的性质和特点。

首先，教育决策同公共政策决策一样具有价值性。一项公共政策决策的制定是价值涉入的，公共政策决策价值可以指政治价值、经济价值、文化价值等客观社会价值，也可以指公共政策决策主体主观的价值倾向性。教育决策活动是一种价值导向性的决策活动，是在复杂的社会价值影响与教育决策主体价值的冲突、调节、整合的基础上进行的。

其次，教育决策同公共政策决策一样具有政党政治性。公共政策决策本身就是政治性的决策活动，是需要通过代表一定政党利益的政府公权力制定的。教育决策也不例外，这也是教育决策合法化的主要来源之一。

再次，教育决策同公共政策决策一样具有利益性。公共政策决策过程中充满了各种利益主体的利益诉求与利益博弈。教育决策是基于教育利益诉求和教育利益博弈基础上的决策过程，需要尽可能多的教育利益相关者的参与，这是进行教育民主决策、实现教育决策民主化的需要，也是教育政策合法性与有效性的主要来源之一。教育利益性是教育决策的本质特性。

最后，教育决策同公共政策决策一样具有文化性。公共政策决策受一定社会的文化传统、社会惯例和社会规范的影响和制约。教育决策不仅是政策制定过程，同时也是一定的社会文化传统在教育决策中的反映过程，这决定了教育决策具有民族性、地域性和文化性。

（2）教育决策有别于公共政策决策的特殊性。由于教育活动和教育政策的特殊性，教育决策本身也具有其独特的品质。

教育决策具有超前性。因为教育活动的周期较长，对受教育者的培育不仅要考虑当下的情境，更要考量其对未来的适应需要。由此产生的教育决策就必须预

---

① 彭华安.2011.教育政策的伦理性：缺失与回归.中国教育学刊，（3）：34-37.

知社会的发展趋势，进而做出适合未来发展需要的教育决策。

教育决策效应具有滞后性。因为教育活动受制于社会发展条件的制约，它始终是跟随者，总是在科学发明和技术革新出现一段时间之后才产生新的学科或更新教学内容，教育内容通常落后于科学技术发展，由此造成了教育决策效应的相对滞后性，一项教育决策的效果往往需要几年到十几年才显示出来[①]。

教育决策具有复杂性。教育决策的复杂性是教育决策的基本特性，也是研究教育民主决策的最基本前提。教育决策的复杂性根源于教育活动与教育政策活动的复杂性，根源于教育组织内外环境因素的多样性、多变性和关系的复杂性，根源于教育决策主体价值倾向和教育利益诉求的复杂性等一系列教育决策因素的复杂性及不确定性。具体来说，在教育决策中，即从教育政策问题确认、教育政策议程启动到教育政策方案的设计和选择，再到教育政策的出台和合法化，其复杂性主要表现在：①教育政策问题的复杂化。教育政策问题是为了满足人的发展、教育发展和社会发展的三重需要而产生的，具有目的的多元复杂性、教育决策过程的复杂性。尽管现在有很多关于教育决策的一般模式，但教育决策过程从来就不是单一的线性递进的，它是一个复杂的交互作用式的反复过程。②教育决策信息具有复杂性。按阶段划分，教育输入信息包括学生入学能力程度、学生社会家庭经济背景、学校社区资源实际投入等；教育过程信息包括教师素质、教学方法与班级实务等；教育输出信息包括学生学习成效、教师培训质量等。这些信息大多具有潜隐性特征，缺乏相应的度量指标，再加上既得利益者的自我保护、获取信息成本较大等因素的制约，导致在教育政策制定过程中难以全面客观地掌握问题的相关信息，但却必须在一定时间内做出政策决定[②]。③教育决策主体具有复杂性。教育决策主体一般包括政治人物、利益集团代表、社会公众、专家学者和教育智库等，这些教育决策主体有着各自不同的价值倾向和教育利益诉求，这些价值倾向和教育利益诉求反映在决策过程中就造成了教育决策的极度复杂性。

2. 教育民主决策

基于教育决策的特性，从教育民主角度去研究教育决策问题，可以认识到教育决策主体与教育利益相关者的广泛参与和民主互动协作是促进教育民主决策的核心保证，也是最终实现教育决策民主化的根本路径。

从公共政策分析视角看，政策是价值和利益表达，决策是价值和利益博弈，改革则是价值和利益调整。在社会主义市场经济条件下，利益主体日益多

---

① 王晓辉. 2003. 关于教育决策的思考. 北京大学教育评论，（4）：78-83.
② 胡伶. 2012. 教育决策过程中的影响因素研究. 教育理论与实践，（9）：21-25.

元化。有时对某一教育问题，不同群体的主张可能截然相反。对于每一种主张，即使每个个体都认识到其利与弊，但依然会存在意见分歧。这主要是因为个体持有不同的价值观或代表不同的利益。近年来的教育热点问题已经越来越指向决策程序这一基础性问题。教育政策是由政府制定的，但从民主决策的要求看，政策的所有利益相关者都应参与决策，都应在决策过程中拥有相应的、适当的话语权。民主决策既是保障决策正确的必要程序，又是解决争端、办好人民满意教育的必然要求，也是发展社会主义民主政治的需要。本教材主要从政府、公民、专家学者、教师、大众媒介等教育决策主体和教育利益相关者的角度进行分析。

（1）政府是教育民主决策的第一责任者。教育政策是政府运用公权力制定、实施和评价来调节教育的活动，是实现一定时期的教育目的、促进国家教育发展的行为准则。政府在教育决策中具有首要的责任和义务。具体来讲，政府需要通过纵向的行政制约与横向的谈判协商机制相结合的途径进行教育民主决策，在此基础上，必须实现政府角色的转型，建设公共服务型政府体系，进行政府教育问责机制的建构。

首先，在纵向层级维度，采用自上而下的行政制约性的教育政策制定。作为政府权威性的教育政策制定，首先要反映强烈的国家意志，需要通过自上而下的行政制约性教育政策制定，才能体现政策的最大价值，政策才能有效率。这个维度重点强调了工具性的活动、理性选择和合法性的权威力量，关注的是公务员对政策决定施加影响的能力和水平，以及行政过程的构建和服从的方式。这种授权式科层组织结构是教育政策决策的重要和有效途径，即国家通过授权将权力下放，由下级教育行政机关和工作人员对具体教育政策问题进行识别、分析及判断，然后自下而上地进行教育决策；上级教育行政机关只对下级教育行政机关的教育决策进行指导、权衡、选择和推广。这样，整个教育决策就能够对发展变化的教育内外关系和相关利益矛盾做出迅速准确的反应，既保证了教育决策的可行性，又提高了教育决策的效率，同时减少了中央政府和国家教育行政机关的决策成本[①]。

在横向水平维度，在不同政府决策部门间构建一致性的谈判和协商机制。教育决策不仅仅是教育行政部门的责任和义务，同时也需要其他相关政府部门基于一致性认识和实践进行民主协商与合作，构建政府横向部门之间的谈判机制。目前，我国国务院积极尝试的大部制改革就是明显的例证之一。基于教育民主决策的需要，我国急需建立教育事业相关部门横向协调的机制，例如建立一种委员会和任务小组形式的协调机构，这种机构可以以正式或非正式组织形式作为非常设

[①] 祁型雨. 2010. 论教育决策的内生性品格及其提升. 华南师范大学学报（社会科学版），（2）：37-41，159.

机构存在[①]，发挥部门间的协调作用。在机构建立的基础上，制定关于政府内部行政协调机制的规章制度，相关政府部门协调合作，进而扩大教育政策资源，提高教育决策的国家战略性、规划性、系统性和有效性，发挥好政府的教育决策作用，为实现教育决策民主化打下良好的基础。

其次，从政府本身来说，必须实现政府决策角色的时代转型，建设公共服务型政府体系，建构政府教育决策问责机制。

传统型政府实施的是政府管理模式，而基于现代政治文明的发展，建设以人为本的公共服务型政府，不断改善和优化公共事务管理是进行教育民主决策的政治与制度前提。以人为本是公共管理的人性前提与基础，公共性和服务性是公共管理的本质特征。具体来说，以人为本的新型政府公共管理就是在尊重人的价值的基础上，以政府为核心的公共组织，以有效提供公共物品和公共服务、促进公共利益最大化为宗旨，民主运用公共权力并以科学的方式，依法对社会公共事务进行管理的活动。它是产生于公众直接或间接授权的、以政府为核心的公权力，是公民权利的一种特殊转化形式，其本质上是公众意志的执行形式和公众意愿的实现手段。在教育决策中，这种新形态的政府治理模式无疑从制度和程序上保障和推进了教育民主决策的发展。

政府教育决策问责机制的构建是确保教育民主决策的"防火墙"。政府工作应有问责制。一个有效率的现代政府应具备高度的责任性和负责精神、完善的责任划分和问责机制。建构政府问责制是在民主授权关系和社会基准价值的基础上，以制度对政府及其官员实施行为规范和道德规范的必然要求。问责型政府是以"善治"作为指导理念的，所谓"善治"即"公民价值体现"，彰显社会自治的能力和要求。"善治"也可指"以人为本"，即人民为促进幸福的实现而民主决定的治理方式。或者说，"善治"的本质特征是国家权力向社会的回归，是政府和公民对公共生活的合作管理，是政治国家与市民社会的一种新型关系和二者关系的最佳状态。概而言之，"善治"就是使公共利益最大化的公共管理过程。教育民主决策从根本上讲就是在基于各个利益主体教育利益的调节、分配与整合的基础上，进而实现公共教育利益最大化的政策过程。政府教育问责的精髓在于每个公民受教育权的保障和维护，任何偏离这一目标的政府教育管理行为都可以被视为"无效作为"，甚至是"不作为"。政府教育问责机制构建的关键在于责任控制机制的强化，包括：明确划分中央和地方各级教育行政管理部门的责任权限，完善和落实科学系统的岗位责任制；强化强制性的教育责任追究制度，健全教育问责制度体系；完善政府教育问责的相关法律、法规等配套措施；在教育领

[①] 王志武. 2016. 积极推进高考改革决策现代化——以《国务院关于深化考试招生制度改革的实施意见》为例. 决策与信息，（1）：68-75.

域以效能为导向建立"惩庸"制度，坚持在问责制中的效能导向，这不仅是新公共管理理论的核心，也是针对当前教育弊端的有效对策，"惩庸"制度的效能取向不仅要对教育管理部门人员的违规行为实施惩戒，还要对懒政怠政、不作为和无效能行为的人员进行惩治[①]。总之，政府教育问责机制的构建为教育民主决策提供了强制性、权威性与有效性的保证。

（2）公民的广泛参与是教育民主决策的根本途径。这里所说的公民并非是一个全指的概念，而是特指那些除了专家学者、教师等以外的与教育利益密切相关的社会普通民众。众所周知，在一个民主社会里，公民对政府的政策决策是有绝对的知情权与参与权的，公民参与政策制定的范围和程度的大小是判断一个国家政治文明程度和社会发展状况的主要标志之一。

《国家中长期教育改革和发展规划纲要（2010—2020 年）》明确指出，"提高政府决策的科学性和管理的有效性。规范决策程序，重大教育政策出台前要公开讨论，充分听取群众意见"。教育政策是与普通民众的生存、生活、发展密切相关的基础性公共政策，往往最受民众的重视和关心，民众参与政策制定的热情也最高涨。在这种前提下，民众的广泛参与就成为教育民主决策的根本保证。教育决策中民众的广泛参与可以从理论分析和对策建构两个层面进行研究。

从理论分析层面来看：①要加大对我国公民参与教育决策的现状调查分析。借助社会调查，可以在了解公民对教育政策效能预期的基础上，在教育政策制定过程中，详细认知公民参与教育决策的程度、方式以及问题症结所在。②要深化教育决策中公民参与问题的理论创新。在教育政策制定过程中，公民的广泛参与是确保教育政策符合民意，进而实现民主性、合法性与有效性的主要路径。教育政策决策过程需要在考量公共教育利益的基础上，尽量缩小教育利益相关者之间的利益差距，进而有效解决公共教育问题，其实质就是教育民主决策中公民参与问题的制度创新。③要拓展教育决策中公民参与的方式、方法研究。主要是通过借鉴目前国外发达国家的教育政策制定经验，建立健全教育政策中的民意调查制度、信息公开制度、协商谈判制度、听证制度等，形成具有中国特色的公民参与教育决策的模式与方法。④要强化对教育政策中公民参与的实证研究。主要是对公民参与到教育政策中的决策流程、决策方式、决策成本与决策收益等进行科学论证，在个案分析的基础上，建构公民广泛参与的教育决策的对策体系。

从对策建构层面来看，针对我国教育决策中的问题，依据我国公民广泛参与的教育决策历史与西方发达国家的先进理念和实践，评价公民参与政策是否完善

---

① 张秀兰，胡晓江，屈智勇. 2009. 关于教育决策机制与决策模式的思考——基于三十年教育发展与政策的回顾. 清华大学学报（哲学社会科学版），24（5）：138-158, 160.

主要应遵循以下三个标准：①公民作为政策参与主体的地位是否确立；②公民参与政策的渠道是否通畅、形式是否多样化；③公民参与政策的程序是否规范化、法制化[①]。为此，需要提出相应的公民参与政策制定的对策：①培育公民的教育民主精神，提高公民主动参与教育决策的意识与能力。公民在参与教育政策制定的过程中具有政策主体和政策客体的双重身份，通过直接或间接的方式参与并影响教育政策制定的过程，表达自身利益诉求和意愿。因此，强化公民的主体地位，使其充分意识到自己的主体作用，发挥参与政策的主动性和聪明才智，是当前工作的重要前提和基础[②]。②健全和完善公民参与教育决策的措施和机制，丰富和拓展公民参与教育决策的途径和方法。例如，美国在对教育政策决策方案进行选择时，首先要民众的广泛投票通过，才能进入下一步的决策程序确定并付诸实施。加拿大有多家民意调查公司负责相关的政策民意调查。目前，我国迫切需要健全和完善公民的教育利益诉求表达、教育决策信息公开、教育决策听证、教育决策责任追究等制度，为公民广泛参与到教育决策过程中提供制度和机制保障。③完善教育政策的各项法律法规，规范和引导公民参与教育决策活动。公共政策的最终目的是促进公共利益的最大化、教育政策法律法规的完善，其实质是在遵循《中华人民共和国宪法》（简称宪法）与其他法律所给予的公民的民主权利、自由权利的前提下，进一步明确公民参与的内容、方式、途径等权利和义务，规定和规范公民参与的权力结构及程序，为公民参与到教育决策过程中提供法律化保障。

（3）专家学者的参与是促进和提高教育决策民主性、教育决策质量的重要保证。认知心理学认为，专家学者决策的优势主要体现在其所具有的专长理论与知识能够全面、有效地提取决策中的信息，并做出合理的、科学的推理和归纳，在此基础上提出科学化的决策策略和方案，因而专家学者决策有利于决策优化和提高决策质量。目前，在英美发达国家，专家学者以及专家学者集体所形成的思想库（智库）对教育决策起到了很大的作用。总体上讲，美国的教育决策是一种典型的从研究报告到政策形成的模式，专家学者主要以智囊团和委员会的形式参与教育决策过程，并在其中发挥核心作用。在英国的教育决策的团体模式中，专家学者保持客观中立的立场，通过在专业期刊上发表文章和在学术会议上发言来表达自己的教育观点。专家学者的重要作用在教育决策中的发挥主要体现在两方面：①作为专家的高级公务员在政府内对政策的制定起到领导和把关作用；②来

---

① 朱金花. 2008. 教育政策制定过程中的公民参与. 内蒙古农业大学学报（社会科学版），（4）：165-166，170.

② 严俊雄. 2008. 论"激励·挫伤"与高校行政管理效应. 内蒙古农业大学学报（社会科学版），（4）：167-170.

自教育各个领域的专家在议会任命的专业委员会里对教育问题展开调查，对教育政策的制定起到监督的作用[①]。此外，英国的高等教育机构、科研院所的专家学者也会通过自己的独立研究，促进教育决策理论的发展。

对于教育决策来说：第一，要提高和增强决策者的决策咨询意识与决策素养，使之愿意积极地倾听专家学者的咨询意见。这是专家学者参与教育决策的基础与前提。第二，专家学者本身要积极主动进行教育决策的研究与实践，实现教育决策理论与实践的双向滋养与良性互动。一般来说，专家学者参与教育决策主要有"自上而下委托型"和"自下而上渗透型"两种形式。前者如《国家中长期教育改革和发展规划纲要（2010—2020年）》的制定，从2008年8月启动，到2010年5月5日国务院常务会议讨论并原则通过，历时1年9个月，多位专家学者参与到重大战略专题组中，在境内外多次召开座谈会和研讨会。后者如20世纪80年代，著名华裔科学家、诺贝尔奖获得者李政道博士关于我国建立博士后流动站、推行博士后政策的建议，得到了党和国家的高度重视，并且很快得以落实。目前，就我国而言，专家学者在参与教育决策中，主要采取的途径是通过发表和出版研究成果，将政策建议导入上层决策界，如袁振国教授编写的《中国教育政策评论》系列、华东师范大学范国睿教授编写的《教育政策观察》特辑系列、21世纪教育研究院杨东平教授等每年编写的《中国教育蓝皮书》系列、褚宏启教授每年编写的《教育发展评论》系列等[②]。第三，建立和完善以专家学者参与为基础的独立性的教育咨询制度和机构。现代决策理论认为，咨询子系统在决策大系统中具有十分重要的作用，"谋"（咨询）已经获得了与"断"（决策）平等的独立地位，它是决策民主性的主要标志之一，也是决策科学性的保证。为了提高民主化决策水平，决策者需要让所有利益相关者都能够表达利益诉求，由专业人员对这些利益诉求进行分类整合，使决策最大限度地符合公众利益。教育咨询作为一种咨询形式，在教育决策系统内具有同等的重要意义。它既有利于提高教育决策的科学化，为教育改革发展提供正确方向；又有利于促进教育决策的民主化，使后续教育改革实施获得最广泛的民众支持[③]。第四，建立科学的专家学者参与教育决策的路径体系。专家学者在进行教育决策研究时，要突破自我的价值倾向和预设观念，主动寻求专家学者之间的沟通与合作，从而提供跨视野的教育决策研究方法；同时，专家学者要在基础理论研究的基础上，加强应用性和实践性的综合研究，以使教育决策活动取得相得益彰的良好效果。

（4）教师参与是教育民主决策的基本实践保证。从教育活动的要素出发，教

[①] 王洪明.2008.论教育决策过程中的学者参与.教育科学，（1）：26-29.
[②] 胡伶.2012.教育决策过程中的影响因素研究.教育理论与实践，（9）：21-25.
[③] 周洪宇.2009.建立更加完善的教育决策咨询机制.教育研究，（11）：11-15.

师是最应该被纳入到教育政策决策中的群体之一。这里所说的"教师"是指除了专家学者（大学教师、科研院所研究人员等）以外的教师群体，主要指中小学教师。教师是最接近教育实践的群体，对一线教育实践有着充分的感知力和发言权，这对于教育政策方案的有效性具有十分重要的作用。另外，教师的利益同教育决策以及教育改革都有密切的联系，这在客观上促进了教师参与教育决策的积极性和主动性，愿意为之贡献自己对于教育政策的期待和观点，并且希望自己的利益诉求在教育政策活动中能够得以体现和实现。因此，教育决策中要多倾听来自一线教育实践者（教师）的声音。从国家层面讲，国家要建立相关的教师参与教育决策的制度和与之相适应的有效的教育决策机制。同时，教师本身作为教育政策决策主体，要在平时的教育教学中和通过自我教育的方式，获取有关教育改革及教育发展趋势的知识，以及有关教育决策的基本理论和研究方法，并且在形成自我认知的基础上积极参与到教育决策中，进而促进教育民主决策的发展。

（5）大众媒介参与为教育民主决策营造了良好的舆论氛围。近年来，媒体在社会问题转变为政策问题的进程中的推动力越来越显著，表明我国政治文明的进步。媒体作为政策过程中的一个行动主体，发挥着对社会问题报道和分析的作用，也是解决方案的提供者和鼓吹者[①]。大众媒介对教育决策的作用主要是通过对公众关心且与其教育利益密切相关的教育热点、教育难点和教育盲点的关注、讨论、辩论、报道等形式，影响政府以及其他教育决策主体在教育决策时的考量和选择。从我国的政治制度来看，教育政策议程主要有公众议程和政府议程两种形式。在公众议程中，包括报纸、杂志、广播和电视等在内的大众媒介作为"第四种力量"，具有传播速度快、覆盖范围广、影响程度大等特点，其可通过大量的日常性报道、调查性报道和新闻评论对教育政策决策施加一定的影响。例如，新闻媒体关于"让教师成为阳光下最温暖的职业"的报道客观上促进了免费师范生政策的出台；新闻媒体有关汶川地震中校舍大片倒塌的报道引发了社会关于校舍安全问题的大讨论，促进了新的校舍安全标准的制定和"校安工程"的启动；有关校园意外事故的新闻报道促进了《学生伤害事故处理办法》的出台；新闻媒体有关城市农民工子女就学困难的报道促使农民工子女就读问题纳入政策议程，最终促成了以"公办学校为主""以流入地的政府为主"的"两为主"政策的出台[②]；新闻媒体有关各地校车事故的报道在一定程度上促进了《校车安全管理条例》的出台；等等。所以说，大众媒介对教育决策的参与为促进教育民主决策，最终实现教育决策民主化营造了良好的舆论氛围，提供了强劲的社会参与助推力。当然，

---

① 张秀兰，胡晓江，屈智勇. 2009. 关于教育决策机制与决策模式的思考——基于三十年教育发展与政策的回顾. 清华大学学报（哲学社会科学版），（5）：138-158，160.

② 胡伶. 2012. 教育决策过程中的影响因素研究. 教育理论与实践，（9）：21-25.

也要极力避免某些大众媒介的歪曲、不实报道对教育决策造成的负面影响。

三、教育政策价值的人本主义取向

（一）人本主义的含义

人们对"以人为本"命题有许多不同的理解，如人道主义的理解、个人主义的理解等。

1. 教育思想史层面上人本主义的含义

从教育思想的历史发展来看，理论上的"人性假设"成为教育理论体系的出发点，形成教育学中诸如"人本主义"与"科学主义"、"个人本位论"与"社会本位论"、"遗传决定论"与"环境决定论"、"成熟优势说"与"学习优势说"等理论的对立和争论。本教材不拟对以上各种范畴做出分析与厘定，而是把"以人为本"定位于"以人的发展特别是作为教育对象的具体个体的和谐发展为根本"，这里的"人"专指受教育者个体。为什么教育政策要坚持"以人为本"的价值取向？"以人为本"理念是建立在现代人本主义哲学和心理学的基础上的，是现代教育发展的必然逻辑。21世纪以来，科学技术的巨大进步和生产力水平的迅速提高打破了原有社会的分散性与封闭性，导致现代社会的整体性增强，使社会逐渐发展成为一个联系紧密的完整系统。在这个系统中，个体的潜能得到极大发挥，作用和地位不断提高，人们的精神生活也日益丰富，人们越来越关注自身社会的存在，也越来越重视个体价值的实现。人们开始将教育视为个体的一种不可剥夺的基本权利，要求获得机会均等的、有利于个性丰富和全面发展的、有助于探索和开拓未来生活的教育。这些观念上的变化使教育活动中的各要素呈现出一种复杂多变的局面。

2. 教育理论层面上人本主义的含义

从教育理论来看，如何看待"以人为本"映射的是社会与个体、社会化与个性化、社会价值与个人价值之间的关系的认识。关于教育中社会和个体之间的关系问题，个体最初只是一个生命体，具有各种生物属性，还不能称为个人。只有当个体的这些生物属性在社会发展过程中具备社会的存在和发展的形式时，个体才转化为个人。在从个体到个人的社会化进程中，个人为了获得在社会生活中所需要的社会属性，就必须掌握社会文化经验，形成一定的世界观、信念和生活态度，这都要通过个人的学习来实现。因此，个人是社会的个人，个人按照社会发展的要求来活动，个人的发展受社会条件所制约，个人是社会化的结果和产物。然而，任何一个个体都是以个性的面貌而存在的。个性存在包含着两个方面的特征：与类存在相对应的个体之间的差异性、不可替代性和独特性，与社会的制约性或规定性相对应的主体的自觉性、能动性和自我性。社会的制约性或规定性是每一个社会存在的客观前提，要求处于这一社会中的每一个人都必须接受并服从。个人的自觉性、能动性和自我性则是每一个人存在的客观前提，要求个人所处的社会予以承认并正确对待。因此，那些把个人存在和发展绝对化或者否定它的现实意义的观点都是极端观点。无论是"社会本位论"还是"个人本位论"都忽视或掩盖了一个根本问题，那就是社会与个人的关系，社会的利益与需要、个人的利益与需要之间的矛盾是任何社会都存在的一对普遍矛盾，这一矛盾在有些条件下会表现突出。这种情况出现后，社会就要在社会的利益与需要、个人的利益与需要之间做出限制和进行平衡[①]。所谓的社会的利益与需要并不是一种超越所有不同的利益和需要的抽象物。社会是由存在不同需要的利益群体构成的，因此，社会的利益与需要最终还是要具体表现为社会中不同群体的利益和需要。社会发展的不同阶段提出的要求不是要不要考虑个人的利益与需要的问题，而是要反映和代表哪部分社会群体的利益与需要，以什么样的方式来实现这种利益与需要，以及在多大程度、什么范围满足这种利益与需要的问题。这些问题在不同的历史时期有着各自特殊的规定性，并且随着社会生活领域的逐步扩大、内容的日益丰富而变得越来越纷繁复杂。用以上观点来看教育政策问题，那么很清楚，无视社会要求对教育政策的制约显然是错误的。反过来，个人是具有自身发展的规律和特点、有自身利益和需要的独立实体，如果在制定教育政策时完全无视个人的因素，这样的教育政策也不可能将教育活动最终导向正确的方向。

3. 教育实践层面上人本主义的含义

在教育实践中，受教育者具有教育的享用主体和教育对象双重身份。因此，受教育者相应地具有本体形态和工具形态。如何看待受教育者以及如何确定受教育者的地位是教育政策能否坚持"以人为本"的逻辑前提。从"以人为本"理念来看，我们应该在教育实践中确立以下基本观点：①教育是每一个人都应当拥有的基本权利，应有助于每一个人探索和开拓新的生活。受教育者应该是具有个人尊严和潜在独特价值的个体，而不应当被看作被加工、塑造的原材料。②教育过程不是一种简单的外部引导和塑造，它是一种源自精神内部的活动，真正的教育必须将外部的作用通过受教育者的内部精神活动进行转化。因此，受教育者在教育过程中具有主体地位，不应作为消极被动的受体地位存在。③教育是人的个性不断自我发展和完善的过程，它使个体不断地摆脱旧我，成长为新我，不断塑造更完美的自我形象。因此，教育应当保护受教育者的主动性和积极性，发展受教

[①] 胡东芳. 2004. 论课程政策制定的价值原则与价值取向. 教育理论与实践，（8）：28-31.

育者的创新精神和求索精神，而不应压制个体这种天性的发挥。④教育能够使个体通过对比当下状况而对自我产生更美、更完善的状态的积极追求，是具有强烈个性特质的内化活动。因此，教育应有助于受教育者个性的丰富和发展，而不应抹杀差别、贬抑个性。为此，教育政策必须从它的本质、目的、内容、方法等方面重新阐明其立场，把人作为教育政策的基本价值取向。

（二）人本主义的教育政策价值观

一般来讲，规范而科学的教育政策活动是以促进人和教育的发展为目的的，在遵循人的发展规律、教育发展规律和社会发展规律的基础上，综合运用科学的教育政策活动程序、规则与方法，以追求教育意义价值实现的过程，是一个目的性、规律性和科学性有机结合的政策系统。在具体的教育政策活动中贯彻"以人为本"的价值取向，就需要建构一个具有根本引导意义的人本主义的教育政策价值观，并将其作为教育政策活动的价值准则和标准，规范和引导教育政策活动的开展与运行。

根据人本主义的内涵和教育政策活动的主要特征，人本主义的教育政策价值观主要体现在教育政策制定、教育政策执行和教育政策评估等过程中，体现在教育政策的主体所应具备的以人为本的意识、以人为本的观念和以人为本的信念的价值总和，并以此作为教育政策活动中的价值准则，进行教育政策制定、教育政策推进与执行、教育政策评价，进而把"以人为本"的教育政策价值理念转化为"以人为本"的教育政策实践。

人本主义的教育政策价值观源于对"以人为本"教育理念的全面认识，基于教育政策活动的科学实践，终于对教育政策活动中"以人为本"价值追求的实现。这是一个逻辑紧密的结构过程，需要在教育政策活动过程中逐步加以推进和实践。

（三）教育政策活动中人本主义的价值追求

与过去相比，当今时代的伟大进步之一是人的地位被尊重，人的价值被发掘，人的自由被解放，人的潜能被激发。这是一个"以人为本"的时代，科学发展观的核心就是"以人为本"，发展是人的发展。从马克思主义观点来看，发展是属于人特有的自我更新和自我生成的活动，是具有目的性的面向未来的、开放的创造过程，是属于人追求自我价值实现的活动。人的自我发展与社会的发展具有内在的统一性，个体通过价值性的活动发展自我，从而构成并推动社会的发展。

"以人为本"是将人看作社会发展的出发点和最终归宿，所有的物质生产方式以及由此而产生的制度都应该为人的发展服务，物质资料和制度都只是为人的发展提供辅助条件而不是社会发展的目的。所以，"以人为本"确立了人在人和物的关系中居于主体地位，强调将人作为一切事物的前提、本源和依据，肯定人的价值，尊重人的地位，依靠人的力量，为了人的发展。从与物相对应的意义上，"以人为本"中的"人"不是指某一个个体，而是指总体意义上的人，即全人类对物质世界的优先性。今天，我们倡导的"以人为本"就是以全部个体的利益为本，以人的主体性为本，以人的尊严为本，以人的精神自由成长为本，进而构建一个和谐而充满活力的社会。"以人为本"理念对教育事业的改革与发展提出了新的要求：教育事业中的"以人为本"应该最终定位于以学生为本，学生的发展与成长优先于家长的利益，优先于教育行政部门的利益，优先于学校管理者的利益；现代教育是面向所有受教育者的广泛教育，而不是只面向少数群体的精英教育；教育事业发展应当将受教育者的知识、情感、价值和尊严的成长作为评价标准，而不应以教育设施的现代化、学校的经济效益和学生的考试成绩数据等物化因素作为衡量指标。"以人为本"的教育需要教育政策的有力保障，将"以人为本"作为教育政策的价值根基，在教育政策中深切体现"以人为本"，才能保障教育朝着"以人为本"的方向与轨道发展。

1. 教育政策制定时应将满足受教育者的利益需求放在首位

这一点具体表现在：教育政策在协调和处理教育系统与政治、经济、人口等外部社会子系统关系时，应将教育事业的利益放在首位；教育政策在处理教育系统内人与物之间的关系时，应将人的利益放在首位，教育设施等物质条件都是为人的发展服务；教育政策在处理教育系统内人与人的关系时，应将受教育者的利益和个体发展需求放在首位，不能以牺牲受教育者的利益为代价来满足教育管理者和教育者的需要，同时，教育政策将受教育者的利益置于首位，其内涵还包括将所有受教育者的利益置于首位，不能为了部分精英学生的利益而牺牲其他学生的利益。

2. 教育政策执行时应为受教育者的发展服务

教育政策能够为教育事业的发展提供一定标准的硬件和软件保障。在硬件保障方面，要使所有的受教育者都能在一定的物质条件之下受教育，满足基本的受教育需要。在软件保障方面，要使所有的受教育者都享有一定的师资条件和教育软环境，满足学生身心健康发展的基本需要，保护个体的受教育权和尊严。教育事业促进学生的发展，应该为学生的发展提供一种有质量、有温度的教育，在这种教育环境下受教育者的身心得到健康发展，基本权利得到保障，获得现代社会生活所需的基本知识和技能；受教育者活力迸发，逐步完善个性，学会学习和独立思考，拥有反思和批判能力，获得独立精神和实践智慧[①]，为未来终身发展奠定基础。这种有温度的教育尊重人的情感、价值和尊严，重点关注人的精神成长，使受教育者享受到教育所带来的满足与幸福。

3. 教育政策需要以有效的评估机制来保障教育质量的提高

教育政策要引导教育评价体制的转变，减轻受教育者的学习压力与负担。改变以考试成绩作为主要依据的评价模式，发挥考试在促进学生发展和承担选拔方面的双重功能，而不是以选拔作为唯一目的。教育政策要引导教育界和社会各界树立新的教育质量观，克服唯分数论，关注具体教育情境中的实践对受教育者发展所产生的内在价值，主要体现在受教育者的知识、技能和实践智慧的发展，态度、情感和价值观的变化，反思、批判意识和自由精神、民主意识的成长，并据此建立教育质量监测系统。这些才是"以人为本"的现代教育应该着重倡导的核心价值，也是"以人为本"的教育政策所应追求的目标[②]。

【思考与练习】

1. 教育政策应坚持什么样的价值取向？为什么？
2. 结合以下材料，谈一谈你对教育公平的认识。

新时代推进教育公平取得非凡成就

教育公平是衡量一个国家文明程度的基本指标。党的十八大以来，以习近平同志为核心的党中央始终把教育摆在优先发展的战略位置，将促进教育公平作为国家基本教育政策，作为办好人民满意教育的重要实践，不断促进教育发展成果更多更公平惠及全体人民，为全面建成小康社会、推动实现第二个百年奋斗目标奠定了坚实基础。

新时代教育公平理论创新取得重大突破。教育公平是社会公平的重要基础，要不断促进教育发展成果更多更公平惠及全体人民，以教育公平促进社会公平正义。应不断扩大投入，努力发展全民教育、终身教育，建设学习型社会，努力让每个孩子享有受教育的机会，努力让全体人民享有更好更公平的教育。这些重要论述是习近平新时代中国特色社会主义思想的重要组成部分，充分彰显了以人民为中心的发展思想，体现出以习近平同志为核心的党中央始终把人民对美好生活的向往作为奋斗目标。习近平总书记关于教育公

---

① 周新华. 2014. 构建区域教育督导现代体系发展路径. 教育教学论坛，(44)：83-85.
② 魏峰，张乐天. 2010. 新时期我国教育政策的价值取向. 教育理论与实践，30（13）：25-28.

平的重要论述，不仅丰富和发展了教育公平理念，确立了新时期教育发展的价值追求，成为我们党对教育公平认识的重大理论创新，也引导和推动了教育实践，让新时代教育改革发展成为阻断贫困代际传递、促进全体人民共同富裕的重要手段，为深化教育高质量发展、办好人民满意教育提供了重要思想指针和行动方略。

新时代教育公平制度建设取得重大进展。在习近平总书记关于教育公平的重要论述指引下，我国教育公平政策制度体系不断完善，在不断拓展教育公平"广度"的基础上，深化教育公平的"深度"，实现从基本教育公平的全覆盖到更高质量教育公平的广覆盖。学生资助体系实现应助尽助，目前已形成政府主导、学校和社会积极参与的"奖、贷、助、勤、补、免"全方位资助体系，从制度上保障"不让一个学生因家庭经济困难而失学"。基本公共教育服务体系更加优质均衡，学前教育资源总量迅速增加，2021年全国幼儿园数达到29.5万所，比2011年增加12.8万所，且普惠性幼儿园占比83%，"入园难""入园贵"有效破解。义务教育实现县域基本均衡发展，全国2895个县级行政单位在2021年底均通过了国家督导评估，"两免一补"实现城乡学生全覆盖。区域教育协调发展的体制机制更加完善，中西部高等教育振兴发展深入推进，119所部属和东部高水平大学参加支援103所中西部高校，实现西部12个省（区、市）和新疆生产建设兵团全覆盖。通过"特岗计划"、公费师范生、退休支教和教师交流轮岗制度等多种渠道为中西部农村补充了大量优质师资。普及攻坚强力推进，西藏全面实现"两基"目标，率先实现15年免费教育，新疆喀什地区、和田地区和克孜勒苏柯尔克孜自治州率先实现学前两年至高中阶段教育资助政策全覆盖，中西部10个省高中阶段教育毛入学率十年平均提高了17.02个百分点。

新时代教育公平改革实践取得重大成果。围绕教育机会、条件、质量和保障公平，党中央出台落实一系列重大举措，着力解决人民群众急难愁盼的教育问题。教育脱贫攻坚持续推进，全国义务教育阶段20多万名建档立卡脱贫家庭学生辍学实现了动态清零，长期存在的辍学问题得到了历史性解决。连续实施特殊教育提升计划，适龄残疾儿童义务教育入学率超过95%。入学机会更加公平，义务教育免试就近入学和"公民同招"政策全面落实，优质普通高中学校50%以上的招生指标合理分配到区域内的初中，"择校热"大幅降温。高校招生向中西部和农村地区倾斜，实施面向欠发达地区定向招生专项累计录取学生20余万人。营养公平纳入教育公平，全国29个省份1762个县实施了营养改善计划，每年惠及3700万名农村学生，受益学生的体质健康合格率从2012年的70.3%提高至2021年的86.7%，农村学生健康状况有了根本改观。

教育事业既是民生工程,也是民心工程。我国教育坚持公益性发展的根本宗旨,让更多孩子拥有了人生出彩的机会。站在新的历史起点,我国教育正在向着实现更高水准的公平迈出坚实步伐,我们充满信心,以人民为中心的中国特色社会主义教育事业道路必将越走越宽阔。[①]

[①] 杜玉波. 新时代推进教育公平取得非凡成就. 光明日报, 2022-08-25(5).

第三章

教育政策过程论

要点提示

　　基于动态过程的角度，教育政策过程可以分为教育政策制定、教育政策执行和教育政策评估等阶段。教育政策制定包括教育政策问题识别和教育政策规划。教育政策执行可以划分为准备阶段、宣传阶段、试点阶段、推广阶段和总结阶段。教育政策评估可以划分准备阶段、实施阶段及结束阶段。

学习目标

通过本章的学习，应该了解、理解和掌握以下内容：
1. 理解教育政策制定、教育政策执行和教育政策评估的概念。
2. 了解教育政策制定的程序。
3. 理解教育政策执行的作用及不同阶段的重点问题。
4. 掌握教育政策评估的阶段划分与教育政策评估的方法。

知识导图

```
第三章 教育政策过程论
├── 教育政策制定
│   ├── 教育政策制定的概念
│   ├── 教育政策制定的主体
│   └── 教育政策制定的程序
├── 教育政策执行
│   ├── 教育政策执行概述
│   ├── 教育政策执行的方式
│   ├── 教育政策执行的环节
│   └── 教育政策执行偏差
├── 教育政策评估
│   ├── 教育政策评估概述
│   ├── 教育政策评估的过程
│   ├── 教育政策评估的方法
│   └── 教育政策效果概述
└── 教育政策执行效果分析
    ├── 乡村教师培训政策执行效果分析
    └── "双一流"政策执行效果分析
```

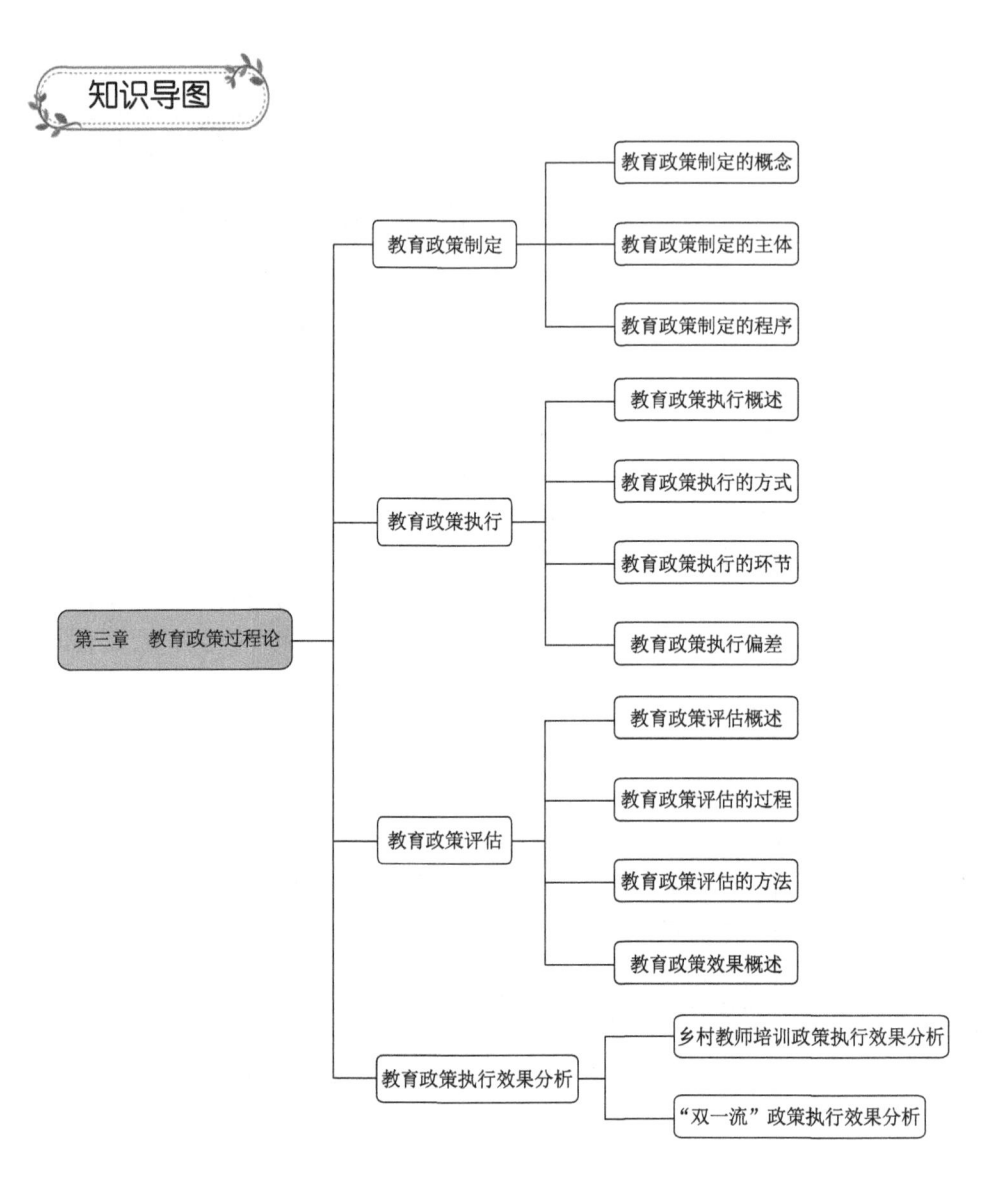

第一节 教育政策制定

一、教育政策制定的概念

教育政策制定是指教育政策制定主体基于教育政策问题，提出解决问题的备选方案，供教育决策者选择的活动。教育政策制定是将理念转化为现实的阶段，是一个科学导向和利益导向相互依存、相互作用的复杂过程。

教育政策制定的成果表现为各式各样的政策文本，我国现行的教育政策通常以如下形式予以表现：①党的教育政策文件。主要是指中国共产党中央委员会和省、市、县地方委员会发布的各种纲领和决议中有关教育的内容，以及针对教育工作做出的决定和通知等。这类教育政策依次反映在以下党的各类文件中：《中国共产党章程》、中国共产党全国代表大会的决议、党中央制定和批准的文件、中国共产党地方各级领导机关的决议和决定、党中央直属领导机关和党的地方各级领导机关所属部门制定或批准的文件。②国家行政机关制定和发布的有关教育工作的政策性文件。在实际工作中，这类由国家行政机关做出的有关教育的行政决定构成了现行教育政策的主体，在指导、规范、协调和促进教育工作方面起着十分广泛而又重要的作用。③党中央和党的地方各级领导机关所属有关部门与国务院及地方人民政府所属各部门共同制定或批准的有关教育的政策文件。④党和国家领导人有关教育问题的讲话和指示。党和国家领导人有关教育工作的重要主张是在党的全国代表大会或全国人民代表大会等全国性会议上公布的，或经过党或国家有关组织批准的，或在党的机关报刊等正式出版物上公开发表的，这些都可以列入教育政策的范畴，具有教育政策性作用。

二、教育政策制定的主体

在现代社会条件下，教育政策制定的过程是多主体共同介入、民主协商的过程。不同主体及其之间的关系构成了教育政策制定的权力结构。每个国家的教育政策规划活动都是在一定的权力结构中运行的。一般来说，教育政策制定的主体包括下面三类。

（一）执政党

执政党在教育政策制定过程中发挥核心和主导的作用。鉴于各个国家政治制度的不同，不同性质的政党在规划过程中的具体作用也有差别。在实行多党制的国家，政党通过选举来争夺政府首脑或议会中的多数席位，执政之后，政党通过对教育政策的制定和规划来体现其意图，实行其所代表的集团或阶级的利益。

（二）行政机关

行政机关依法掌握国家公共行政权力，是国家职能的直接体现者和执行者、教育政策制定的主要承担者，在国家教育政策的制定过程中具有基础性的地位和作用。行政机关进行教育政策规划的权力一般是由宪法和其他法律赋予的。行政机关可以依据立法机关的授权制定行政法规，进行行政立法。

（三）立法机关

一项重大教育政策规划只有经过立法机关的审议和通过，才能成为正式的法案予以颁布和执行。立法机关通过提案、审议等方式，在国家重大教育政策的规划中起着不可替代的权威作用。

三、教育政策制定的程序

（一）教育政策问题识别

依据词典等材料的解释，问题一般具有以下含义：要求回答或解释的题目；需要研究讨论并加以解决的矛盾、疑难；关键，重要之点；事故或麻烦等。在教育政策学研究中，教育政策文件会以不同的问题命名，在不同的文件中，问题的含义不同。

本教材中的问题是指人们所察觉到的机体内部或机体与外部环境之间的不平衡、不协调状态。从内部来看，教育内部各种因素相互交织，各种因素之间的关系错综复杂。我们知道，教育资源是有限的，而对于教育资源的需求是无限的，这样就会引发冲突，这种冲突的根源是利益分配的公平与否。

教育问题是指被人们所察觉到的教育系统内部或教育与社会其他子系统之间的不平衡、不协调状态。这一状态的存在直接影响了教育系统的正常运转与功能发挥[①]，教育问题的存在又会影响教育这一社会活动的正常进行，对与教育活动相关的各界的利益产生冲击，使原有的均衡状态受到冲击。为了回到平衡的状态，就必须对这个问题加以解决。

教育问题只有进入教育政策决策部门的视野，并被考虑解决的时候，才能够成为教育政策问题，表现为主要教育决策者对业已存在的、需要改变的公共问题及公众的教育诉求的察觉。问题察觉能否实现，不仅取决于客观条件，而且取决于相关人员的主观条件，如政治立场、思想意识、个人利益和价值观念等。

教育政策问题的认定是指政府决策机构对问题察觉并确定问题的性质、范围及其原因的过程。政府决策机构承担着监控教育现状的职责，主要关注公众对教

---

① 余秀琴，金炳燮. 2007. 中韩职业教育政策的若干比较研究. 职教论坛，（7）：56-59.

育的舆论动向，阅读研究机构对教育原理及现状进行探究的结论，了解其他国家教育动向及与本国教育的差异[①]。在此基础上，教育政策决策机构做出是否存在某种威胁公共教育发展、损害公共利益的不协调现象的判断。

（二）教育政策规划

教育政策规划是指教育政策方案的设计、整理、比较、选择等一系列工作。决策者围绕着特定的教育政策问题，将希望达到的目标、各种利益要求、未来的发展趋势、可能调动的资源、时空限制等因素加以统筹考虑、全盘规划。教育政策民主化是决策民主化的要求，也是决策科学化的要求。教育政策规划是一个综合性的研究、设计和决策的过程。它的基本程序包括确立教育政策目标、拟定教育政策方案、教育政策方案评估择优、教育政策合法化四个步骤。

从抽象意义上说，教育政策规划应该具备以下特征：第一，目的性。教育政策方案的目的指向性应该清晰合理。对教育政策问题的表述清楚明确。教育政策方案有清楚设定的目标或目标系统，有充足的理由解释为什么选择这样的目标，有可以衡量目标实现的标准。第二，前瞻性。教育政策规划着眼于未来，科学的预测分析是教育政策制定的一个重要环节。一项好的教育政策必然包含对各种可能性的预测。第三，可行性。教育政策方案最终应交给有关的具体执行部门付诸实施。教育政策方案的可行性包括政治可行性、经济可行性和技术可行性。

1. 确立教育政策目标

教育政策目标就是教育政策规划主体希望教育政策所要获得的最终成果。它不仅是教育政策设计和教育政策择优的基础，也为教育政策执行和评估提供了标准。教育政策问题对于教育政策目标的确立发挥着根本性的作用，教育政策目标就是为了消除产生问题的根本原因。在确立教育政策目标时，应注意下列几个要素：①教育政策目标是切实可行的，是从实际情况出发的，要充分考虑教育政策资源和自然、社会环境的限制；②教育政策目标应该是明确具体的，语言表达应该准确清晰，没有歧义，目标的时间期限和实现目标的约束条件都是明确的；③教育政策目标应该是规范合理的，教育政策目标既符合国家法律和社会的道德规范，又具体体现出教育政策规划主体所代表的社会利益；④教育政策目标之间应该是协调一致的，不能相互矛盾。

2. 拟定教育政策方案

拟定教育政策方案包括轮廓设想和细节设计两个步骤。轮廓设想是指运用创

[①] 田山俊，汪明. 2016. 论高校智库在教育领域综合改革中的担当与作为. 学术论坛，39（4）：138-143.

造性的思维，从不同的角度和途径，勾勒出多种实现教育政策目标的思路和方案轮廓。教育政策规划主体在设想方案轮廓时，要重视创造性的发挥，突破观念和思想的束缚，发挥自己的远见和魄力，提供新思路、新设想，要尽量撇开细节。在细节设计阶段，教育政策规划主体主要遵循整体性原则、科学性原则、创新性原则、民主性原则以及原则性与灵活性相结合的原则。

3. 教育政策方案评估择优

方案评估择优是指对拟定出来的教育政策方案，通过系统的分析，在充分比较的基础上判断、选择或综合出一个最佳方案，以形成教育政策预案。方案评估与方案择优紧密相连，评估是择优的前提，择优是评估的结果。

在现实社会中，由于社会问题的复杂化和社会利益的多元化，围绕着教育政策问题而形成的争论是普遍现象。教育政策方案的提出者要为方案作论证，教育政策方案的反对者会从相反的方向上对方案作论证，方案的采纳者要在论证的基础上选择采纳还是不采纳。

教育政策方案评估择优的过程实际充满了论证和驳论，并在两者之间寻求平衡，在此过程中教育政策论证是一个重要的环节。决策者需要向三个方面反复论证：一是向上级领导论证，二是向立法机关论证，三是向媒介或公众作论证或解释。

4. 教育政策合法化

教育政策合法化有两个层次的问题：首先是政治系统统治的正当性问题，统治的正当性构成了教育政策合法性的前提，现代政府统治的正当性来源于法定的权力；其次是教育政策的合法性问题，即教育政策的制定过程及其内容符合宪法和其他法律的规定与要求，这种合法性决定了教育政策的实施效力和运行效果，它是教育政策合法化的根本问题。

教育政策合法化的最高层次是教育政策法律化。教育政策法律化是指拥有权力的国家机关将经过实践检验的、成熟稳定的、在较长时间调整和规范社会关系的教育政策上升为国家法律，使这些教育政策获得法律效力和国家强制力的保障[1]。教育政策法律化的过程主要通过三种国家机关的运作来完成，即立法机关、享有行政职能和委托立法权的行政立法机关以及部分司法机关。教育政策法律化需要符合三个条件：对社会全局有重要影响的教育政策才能上升为法律，具有长期稳定性的教育政策才能上升为法律，只有成功的教育政策才能上升为法律。

---

[1] 陈庭忠. 2001. 论政策和法律的协调与衔接. 理论探讨，（1）：64-66.

【案例】

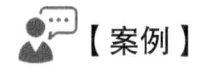

"双减"政策制度体系

2021年7月24日,中共中央办公厅、国务院办公厅印发《关于进一步减轻义务教育阶段学生作业负担和校外培训负担的意见》(简称"双减"政策),指出要全面压减作业总量和时长,减轻学生过重作业负担。为确保该政策落地见效,教育部会同相关部门密集出台了一系列配套文件,基本构建起了"1+N"的"双减"政策制度体系。

具体而言,"1"指的是中共中央办公厅、国务院办公厅印发的"双减"政策,是方向性的、宏观性的"双减"工作的总纲领,例如"现有学科类培训机构统一登记为非营利性机构""对原备案的线上学科类培训机构,改为审批制""建立培训内容备案与监督制度""学科类培训机构一律不得上市融资,严禁资本化运作"等。

"N"指的是落实过程中需要对一些概念进行科学界定,对一些工作要求进行细化,以指导各地更好地抓好贯彻落实工作。目前已出台了学科类培训范围界定、"备改审"、"营改非"、培训材料管理、培训人员管理、查处变相违规培训、加强收费监管、上市公司清理整治、课后服务、建立监测机制、培训机构登记等11个文件。

这套政策"组合拳"突出了政治性。严把培训材料"政治关",体现正确的政治方向和价值导向,提高培训材料的思想性、科学性、适宜性。明确提出从业人员从业禁止条件,对存在损害党中央权威、违背党的路线方针政策的言行,损害国家利益,严重损害社会公共利益,或严重违背社会公序良俗的,予以一票否决。

这套政策"组合拳"坚持以人民为中心发展教育。重点解决好与人民群众利益密切相关的突出问题,通过加强义务教育阶段学科类校外培训收费监管,实行政府指导价管理,坚决防止培训机构过度逐利行为;通过严肃查处隐形变异培训行为,有效缓解群众焦虑;通过推动学科类机构登记为非营利性,让校外培训回归公益属性等。

这套政策"组合拳"体现了针对性。通过研究培训机构良莠不齐、从业人员混乱、培训材料质量低下、培训收费高、"卷钱跑路"等问题,对其进行分类归因,提出针对性举措和要求;政策设计上注重抓住关键环节,化繁为简,体现便捷高效,便于尽快操作执行;在制定政策过程中,注重兼顾各方合理需求,维护合法权益,充分考虑落地难易程度,确保政策执行平稳有序。例如,"备改审"、

"营改非"、收费监管等文件，全部提出到 2021 年底完成相关任务，为各地工作留出操作时间。①

【思考与练习】

1. 如何理解教育政策制定的概念？
2. 教育政策制定的主体和程序有哪些？

第二节 教育政策执行

一、教育政策执行概述

（一）教育政策执行的概念

教育政策制定之后，进入教育政策执行的环节。教育政策执行是将教育政策落地、将目标转化为现实的过程。

关于教育政策执行的概念，不同学者的观点不同，主要有以下代表性的观点：教育政策执行是指教育政策的执行者根据教育政策的指示和要求，为实现教育政策目标、取得预期效果，不断采取积极措施的动态行动过程②；教育政策执行就是实现教育目标，将教育政策内容转变为教育现实的过程③；教育政策执行是各级各类教育行政机构及其行政人员，依据教育政策的目标，把教育政策在教育实践活动中加以贯彻、落实和推行、实施的全过程④。

教育政策执行的概念界定应当包括以下要素：教育政策执行主体、教育政策方案、教育政策执行所需的资源、教育政策执行结果。因此，教育政策执行可以界定为：教育政策执行主体在一定资源的支持下实施教育政策方案，获得执行结果的过程。

教育政策执行主体的范围较广，是指执行教育政策的机构和人员，不仅包括各级各类教育行政部门，而且包括教育政策方案指向的各级各类学校。

---

① 冯琪. 教育部推出"双减"政策"组合拳" 对教培机构全链条治理. （2021-09-23）[2022-09-24]. https://www.bjnews.com.cn/detail/163237200514874.html. （内容有修改）

② 袁振国. 1996. 教育政策学. 南京：江苏教育出版社：179.

③ 吴志宏，陈韶峰，汤林春. 2003. 教育政策与教育法规. 上海：华东师范大学出版社：59.

④ 孙绵涛. 2010. 教育政策学. 北京：中国人民大学出版社：172.

教育政策执行所需的资源是指教育政策实施所需的人、财、物，人、财、物能够保障教育政策方案涉及的利益得到划分，从而顺利实现教育政策的执行。

教育政策方案指的是教育行政执行的依据，是教育政策文本。教育政策方案一般包括教育政策目标、实施原则、实施方式、实施内容、制度保障等。

教育政策执行结果是指教育政策执行后产生的正面或者负面的功能。教育政策执行结果越接近预定的教育政策目标，越体现正面结果；如果偏离教育政策目标，就容易产生负面结果。

（二）教育政策执行的原则

1. 客观性

客观性是指教育政策执行主体在教育政策实施的过程中，要依据教育政策文本呈现的内容，依照教育政策目标的设定、实施内容的规定和实施方法的形式等要求，逐步推行教育政策文本。

2. 合法性

合法性是指教育政策执行主体在实施教育政策的过程中，要遵守国家现行的法律与法规。合法性包括两个方面，一是教育政策执行主体执行的教育政策本身经过立法机关审核或者由行政机关颁布，二是教育政策执行主体在执行过程中严守教育政策文本划定的底线。

3. 创造性

创造性是指教育政策执行主体在教育政策实施的过程中，采取灵活手段促进教育政策目标的实现。教育政策执行主体的创造性并不是随意的，而是要在充分尊重教育政策目标的前提下，采用更加简便的方法达到教育政策目标。

（三）教育政策执行的作用

教育政策执行是连接教育政策目标与教育政策结果的桥梁。任何教育政策目标都来源于教育政策问题，教育政策执行的最高境界是破解教育政策问题。因此，教育政策执行直接决定教育政策目标与结果之间的契合度。高效的教育政策执行能够缩短目标与效果之间的差距。

教育政策执行是将教育政策方案转化为教育实践的过程。任何好的教育政策方案都需要通过执行环节才能转化为现实，进而解决教育问题。教育政策执行带来的成效更多表现为教育领域的良性发展和变化，如义务教育均衡发展教育政策的执行带来义务教育均衡发展的效果。政府针对教育中的重大教育政策问题，及时、正确地制定教育政策方案，但教育政策制定并不等于直接解决教育问题。教育政策制定主要是研究问题和提出对策的过程，而教育政策执行才是直接地、实际地、具体地解决问题的过程。教育政策执行是比教育政策制定更复杂、任务更艰巨的一个过程。

教育政策执行是检验教育政策质量的关键。教育政策文本是否能够解决教育问题，是否能够协调各方主体的利益，是否符合教育发展需要，都需要通过教育政策执行检验。

教育政策执行是后继相关教育政策制定的重要依据。任何一项教育政策都只能在一定的时间范围或者空间范围起作用，即所谓的教育政策"生命周期"。超过了一定的时空范围或者教育政策所要达到的目标已经实现，那么这个教育政策就失去了效用或者完成了它的使命，就要被新教育政策代替。一项教育政策，无论其执行的情况好坏，无论是否达到预定教育政策目标的要求，都会在实践过程中形成不可逆转的现实结果。因此，制定新的教育政策必须以既定事实为依据，特别要以之前教育政策实施后社会各方面的反馈信息为依据[1]，在前一项教育政策的执行结果的基础上进行。只有认真总结前一项教育政策实施过程中的经验教训，才能使后继的教育政策的制定更科学、更正确，最大限度地减少失误。同时，只有将现有的各项教育政策较好地付诸实施，提高教育政策执行的效果，才能使后继的新教育政策有更高的起点。

二、教育政策执行的方式

教育政策执行的方式是指教育政策行政执行过程中的方法。由于教育政策执行主体的不同、教育政策执行环节的不同、教育政策方案的不同，教育政策执行的方式是多种多样的。概括起来，教育政策执行主要包括以下方式。

（一）政策宣传

政策宣传是教育行政主体对教育政策的内容进行宣传，使得各方主体了解教育政策的起源、内容和实施方法等。教育政策宣传的内容主要包括：①教育政策文本，目标是使得各方主体了解教育政策目标、实施方法等内容；②从理论上阐释教育政策的合理性与合法性，目标是使得各方主体更加理解教育政策的本质；③宣传教育政策执行的计划与时间安排，目标是使得各方主体了解教育政策进程；④报道教育政策执行过程中的成果与存在问题，包括树立典型等形式，目标是更好地贯彻执行教育政策。

---

[1] 李维青. 2001. 新疆高校招生中的民族政策述评. 新疆大学学报（社会科学版），（1）：77-82.

（二）行政方式

行政方式是各级各类教育行政部门通过制定规则或者直接行动的方式推动教育政策方案的执行。行政方式主要是在存在隶属关系的行政部门及其下属部门之间。行政方式本身带有强制性的特征。这种强制性体现在下级教育行政部门要忠实执行上级教育行政部门颁布的教育政策，学校要执行教育行政部门颁布的教育政策。行政方式具有执行效率高、执行范围广等优点。

（三）经济方式

经济方式是教育行政主体采用经济领域手段执行教育政策的方法。经济方式产生在市场经济背景下，主要强调通过资源优化配置，解决教育问题。经济方式主要包括民营化、合同外包、教育券等手段。经济方式适用于公共产品与服务的供给过程中，具有灵活性和因地制宜的特点。为了保障随迁儿童的受教育权，杭州地区试行的教育券制度就是代表。

（四）法律方式

法律方式是指教育行政主体在执行的过程中，运用法律手段推进教育政策。凭借法律本身的强制性，促进教育政策的执行。法律方式适用于现行法律明确规定的教育政策领域，如义务教育相关的教育政策都能通过法律方式执行。

三、教育政策执行的环节

基于过程的角度，教育政策执行可以划分为准备阶段、宣传阶段、试点阶段、推广阶段和总结阶段。

（一）准备阶段

准备阶段是教育政策执行的开端，主要包括教育政策解读、资源准备与制定计划等环节。

1. 教育政策解读

教育政策解读是准备阶段的首要工作。教育政策文本由起草者转交到执行者手中，执行者首先要对教育政策进行解读，了解教育政策目标和教育政策实施方式，判断既有教育政策与其他相关教育政策之间的关系，研判教育政策实施中可能遇到的问题。执行者只有在明确教育政策相关信息、把握教育政策文本的实质等的基础上，才能更好地执行教育政策。

2. 资源准备

资源准备是教育行政主体筹备执行教育政策需要的人力、物力与财力。任何有效的教育政策实施都指向一定的利益分配，只有暗含利益分配的教育政策才是好的教育政策。为了保障教育政策的执行，教育行政机构要进行人员配置，给予物质资源和相应的经费支持。

3. 制定计划

制定计划是指教育行政主体在了解教育政策的基础上，基于所处的政治、经济、文化环境，因地制宜地制定符合区域需求和实际的计划。计划一般包括目标分解、时间安排和人员安排等。制定计划要遵循以下原则：①客观性原则。计划要切实可行，清晰了解教育政策目标，把握教育政策方案各要素之间的内在联系，厘清主次，明确主要任务方向。计划既不是唾手可得的，也不是经过努力仍高不可攀的；有关人力、物力、财力等条件，必须具体精确，不可含糊笼统。②适应性原则。计划要有适应内外部环境变化的弹性机制，特别是要有应对突发意外情况的防范机制，必须预先深入开展调查研究，保证执行计划建立在区域经济、社会和教育等实际情况的基础上，使之切实可行。③全面性原则。要综合考虑计划对象系统中所有构成部分及其相互关系，按照它们的必然联系，进行统一筹划。理顺各种关系，切忌顾此失彼。④一致性原则。要求执行机构内横向各职能部门的工作目标和教育政策总目标保持一致，上下级组织的教育政策目标保持一致，对分配给各执行组织及工作人员的具体任务和职责，要明确清晰地进行陈述，不能模棱两可、似是而非。

（二）宣传阶段

教育政策的主体在理解和把握教育政策之后，需要向教育政策的客体宣传教育政策的内容。宣传阶段的目标是教育政策的客体了解教育政策目标、实施方式、实施阶段等基本问题，从而获得利益相关者的认可与支持，从而保障教育政策的顺利实施。教育政策具有专业性特点，涉及相关主体的利益，因此，需要广泛的宣传。在教育政策宣传过程中，需要注意：①忌形式主义，宣传要讲求实效，不做表面文章，不走过场；②防止夸大其词，宣传应切实到位，不要出现"过头现象"；③防止教育政策宣传不到位、软弱无力、落后于教育政策执行的"不足现象"；④避免对同一教育政策宣传和解读自相矛盾的现象。

（三）试点阶段

为了保障教育政策的顺利实施，在教育政策大规模实施之前，教育政策执行主体会选定部分地区进行试点。试点阶段的主要目标是检验教育政策的有效性，验证教育政策方案的可行性，发现教育政策执行过程可能遇到的问题。通过试点，教育政策执行主体积极地积累相关经验，改进教育政策方案，改进实施方式，防范教育政策实行过程中可能遇到的风险。

（四）推广阶段

经历过试点阶段的教育政策进入教育政策推广阶段。教育政策执行主体根据教育政策方案，大范围推进教育政策实施。在教育政策推广过程中，教育政策执行主体需要根据教育政策执行方案、试点阶段的经验与教训、本地区具体教育情况等，综合考虑各方面因素，调动不同利益主体的积极性与主动性，从而使教育政策得以顺利执行。

（五）总结阶段

总结阶段是教育政策执行的最后环节。总结阶段是教育行政主体在教育政策推广后，总结经验与教训，收集教育政策执行的相关信息，对教育政策方案进行整体盘点。总结阶段包括教育政策执行过程中的监测与教育政策执行后的调整等环节。受到人员素质、教育政策实施难度等方面的影响，部分教育行政主体注重教育政策总结，部分主体并不注重教育政策总结。关系到重要教育问题的教育政策一般需要各主体进行相应的教育政策总结。

执行结束后的客观具体事实、统计数据要从质量和数量维度与教育政策目标和实施计划中的标准进行对照，检查工作进度与实施效果是否符合预定目标，发现偏差，找出原因，总结经验和教训。为保证教育政策目标的顺利实现，必要时对教育政策和执行计划进行调整，使之得到改进、补充和完善，解决教育政策执行过程中出现的实际问题，更好地指导教育政策的贯彻实施。

在全面检查的基础上，对执行部门和执行者的工作做出评定。对执行者工作成绩的评定，根本上是以执行结果与教育政策目标的吻合程度为前提的。尤其是对教育政策而言，教育工作者有一些特殊的群体特征，如一般心理内向性较强、重理不重权势、重事实轻浮夸等。因此，评定工作要考虑教育工作者的群体特征，要有说服力，要体现公平。

执行中成功的经验要发扬，失败的教训应引以为戒。只有把执行情况上升到理性认识，形成经验教训，通过信息反馈到教育政策制定部门，不断修正、完善原来的教育政策，总结才能起到增强教育政策科学性的作用。

检查总结教育政策的执行情况，不仅要有实事求是的态度，而且要掌握一些行之有效的科学方法。在一般情况下，应采取自下而上的总结方法，首先由基层单位做起，然后由上级机关集中起来加以综合研究分析；有时也采取自上而下的总结方法，首先由上级机关做出总结，给基层单位指出方向，指导基层单位的总结。

在实践中，教育政策目标的暂时实现，并不意味着教育政策的执行取得了最好、最圆满的成果。事实上，还存在着很多有待解决的问题。因而，在教育政策目标要求基本实现后，教育政策的制定者和执行者还应进一步发现及解决存在的各种问题，提高教育政策效益：①要有防范意识，持续进行监督检查，防止各种违反教育政策目标要求的现象发生；②要有发展和改革意识，积极深化改革，不断提高教育发展的质量和水平。

【案例】

农村义务教育学生营养改善计划

民间发起的"免费午餐"公益活动引起了全国对于农村地区义务教育学生吃饭和营养问题的关心。《国家中长期教育改革和发展规划纲要（2010—2020年）》第四章"义务教育"第八条要求"提倡合理膳食，改善学生营养状况，提高贫困地区农村学生营养水平"。为使中西部欠发达地区的学生能健康成长，我国政府决定启动实施农村义务教育学生营养改善计划。《国务院办公厅关于实施农村义务教育学生营养改善计划的意见》要求，按照"政府主导、试点先行、因地制宜、突出重点、统筹兼顾"的原则，完善工作机制，健全管理制度，强化日常管理，加强宣传教育，有力有效推进营养改善计划各项工作。2011年11月24日，国务院召开部署实施全国农村义务教育学生营养改善计划电视电话会议。中共中央政治局委员、国务委员、国家教育体制改革领导小组组长刘延东对该项政策的执行做出了进一步的指示：要发挥政府主导作用，调动各方面积极性，形成共同推进的合力；坚持试点先行，点面结合，探索建立长效机制；从实际出发，因地制宜创新供餐机制，改善就餐条件，防止"一刀切"；牢固树立安全第一意识，建立健全规章制度，确保食品安全。

农村义务教育学生营养改善计划发布后，中央及地方各级教育主管部门和承担义务教育各级学校积极行动，让政策得以有效实施。①加强组织领导，健全制度机制。吉林省把稳步推进农村义务教育阶段学生营养改善计划列入《教育脱贫攻坚重点任务清单》，每月调度进展落实情况。海南省和重庆市将营养改善计划列入为民办实事项目，强力推进营养改善计划试点工作。湖北省各试点县（市）均成立了营养改善计划工作专班，建立工作例会、工作简报、监督举报和调研督查等工作机制，加强日常管理。《吉林省农村义务教育学生营养改善计划学校食堂（伙房）供餐实施办法》，规范营养改善计划试点学校管理。青海省印发《关于解决好当前我省农村义务教育学生营养改善计划实施中突出问题的通知》，进一步明确分工，夯实责任，强化试点县地方政府主体责任。陕西省开展省级营养改善计划示范县（区）和示范学校评选等活动，推动工作科学规范有效实施。云南省制定《农村义务教育学生营养改善计划学生供餐准入管理办法》《企业供餐招投标管理暂行办法》《学校家庭（个人）托餐机构管理暂行办法》等，从制度上对各种供餐模式予以规范。②开展督导检查，加强监督管理。安徽省实行省级重点督查、市级定期巡查、县级全面检查工作机制，坚持专项督导、调研督查、分片包干、专项检查和独立督察员暗访检查、人大政协委员随机抽查相结合，并委托市场监管、审计等部门和社会中介机构实施全程监管与评估，规范计划实施和资金支付。贵州省将营养改善计划纳入"县级党政主要领导教育工作督导考核"体系，落实县级政府主体责任。甘肃省将学生营养改善计划实施情况作为市（州）年度绩效考核的重要依据，开展全过程、全方位、常态化的监督检查，及时发现问题并落实整改。

各地高度重视食品安全管理工作，不断改善供餐条件，规范食堂日常管理，加大培训力度，加强监督检查，确保食品质量和安全。①改善供餐条件，推进食堂供餐。黑龙江省印发《关于推进黑龙江省义务教育学生营养改善计划学校食堂供餐工作的通知》，开展食堂供餐达标学校创建活动，推动学校食堂供餐工作。《四川省农村义务教育学校食堂（伙房）建设指导意见（试行）》，明确建设选址、布局与规模、设施配置等基本标准和要求。贵州省建立食堂工勤人员长效保障机制，严格按与就餐学生人数不低于1∶100的比例要求，足额配备4万余名食堂工勤人员，工勤人员工资社保待遇由县级财政全额保障。云南省印发《关于进一步完善农村义务教育学生营养改善计划供餐模式的通知》，要求已建好食堂的学校，必须采用食堂供餐模式，并编制《营养改善计划膳食营养指导手册》，指导各地提供科学、安全、营养的配餐。②加强制度建设，规范食堂管理。江苏省印发《关于深入开展中小学健康促进学校创建工作的通知》，将学校自建食堂、社会供应学生餐等纳入创建标准，推动学校加强食堂日常规范管理。湖北省要求学校食堂从业人员必须持证上岗，严格落实培训食堂操作员，选派卫生监督员，培养营养指导员，邀请伙食质量评判员和聘请伙食成本监管员的"五员制"管理制度，保证学校供餐营养、卫生、等值优质。广东省印发《学校学生食堂陪餐制度》《中小学校食品安全义务督查员制度》《关于进一步加强学校食品安全促进膳食营养均衡工作的通知》，指导学校建立健全食品安全各项管理制度，提高食品安全管理水平。海南省制定营养改善计划《食品安全保障管理办法》《食品库房管理制度》《食品试尝、食品留样管理制度》《食品出入库管理制度》等多项管理制度，突出重点环节，健全规章制度。③开展专业培训，提升人员素质。吉林省组建"营养改善计划试点县青少年营养指导专家组"聘请专家指导学生营膳食，并对所有的试点学校校长、后勤管理人员和食堂管理人员进行培训。广东省举办中小学校食品安全培训班，进一步强化餐饮服务具体操作规范，提高学校食品管理人员依法治理校园食品安全的能力。广西实施"送培到县，直接培训到校长"的培训计划，42个试点县所有校点（含教学点）校长或负责人全部参加培训，有效提高了试点学校的管理水平。④加强监督检查，确保食品安全。吉林省将学校食堂"阳光厨房"改造工程，纳入社会共治体系、政府绩效考核指标体系，建立了学校（托幼机构）食堂"联检、联评、联奖、联惩"监督管理机制。青海省采取厅领导联点督查、联合食药部门督查、市州交叉检查、督促自查等方式构建学校食品安全长效机制，进一步明确任务分工，落实安全责任，完善督查制度。广东省开展食品安全示范学校食堂创建活动，将中小学食堂食品安全工作纳入学校标准化建设和省教育"创强争先"工作范畴，积极推动全省学校食堂视频监控联网，确保食品安全。

影响教育政策执行成效的有很多因素，这一过程也有特定的规律和特点，各省各地区的实际情况各异，因此其在执行政策中也采取了一些灵活的措施。在该项教育政策的实施中，完善组织领导，抓好资金落实，加强示范指导，健全规章制度，专款专用、提高效益，以及加强行政监督、加强信息公开、加大宣传力度、积极开展营养健康教育就是有效执行政策的具体措施。①

四、教育政策执行偏差

受诸多因素的影响，教育政策在具体执行过程中，会出现实际执行活动及结果偏离教育政策预定目标的情况。没有完全按照教育政策目标执行，从而影响教育政策目标的实现，我们称之为教育政策执行偏差或教育政策的失真。

（一）教育政策执行偏差的表现形式

教育政策执行偏差主要有五种表现形式：教育政策偏离、教育政策表面化、教育政策扩大化、教育政策缺损和教育政策替换。

1. 教育政策偏离

教育政策偏离是教育政策在执行过程中，受到多种因素的影响，其执行效果出现偏离或背离既定目标的不良现象，判断依据就是教育政策执行的结果与教育政策目标是否产生偏离。

---

① 农村义务教育学生营养改善计划专项督导报告. （2017-08-21）[2023-12-16]. http://www.moe.gov.cn/jyb_xwfb/gzdt_gzdt/s5987/201708/t20170821_311513.html. （内容有修改）

2. 教育政策表面化

教育政策表面化是指教育政策在表面形式上得到了宣传和贯彻，但往往在实际工作中并没有针对教育政策需要解决的问题进行改进，教育政策的措施没有真正具体落实到位，而只是象征性执行。

3. 教育政策扩大化

教育政策扩大化是指教育政策在执行的过程中，人为地增加了与教育政策目标不相符合的内容，从而使得教育政策的对象、范围和作用方式发生了改变，使得教育政策的执行成为附加式执行。

4. 教育政策缺损

教育政策缺损是指教育政策在执行过程中没有得以全面、完整的实施，而使得一部分教育政策内容没有执行，从而教育政策的目标也难以全面达到，形成残缺式执行。

5. 教育政策替换

教育政策替换是指教育政策的执行者用自己的教育政策替代上级的既定教育政策，从而产生了"上有政策，下有对策"的不合理现象，形成替代式执行。

（二）教育政策执行偏差的原因

1. 教育政策本身的缺陷

教育政策是针对教育现实的问题而提出的。许多专家认为，教育政策执行失败的主要原因在于教育政策思考不详，设计不周，规划不全，可以将教育政策执行偏差归因于下面几个方面：①教育政策目标过高、过于理想化，或者教育政策目标过于模糊、笼统；②教育政策资源投入不足（包括经费资源、人力资源、信息资源和权威资源）以及对教育政策执行环境中的不利因素考虑不足；③在宣传教育政策的时候，宣传力度不够，教育政策的执行者未能完全理解教育政策；④教育政策的不稳定性及多变性，使其权威性大打折扣；⑤教育政策作为公共教育政策的一部分，会与其他教育政策共同发挥作用，所以会受其他公共教育政策的影响。

2. 教育政策执行机构和执行者的原因

教育政策执行机构的配置及教育政策执行者的自身素质对于教育政策执行的结果有着重要的影响，在教育政策具体执行的过程中，容易出现下列现象。

（1）执行组织机构的层级与幅度整合不当。我国是一个行政化社会，教育政策是由各级教育机构及各个部门具体负责执行。许多教育政策偏离现象是在执行各项教育政策时设置组织机构的层级与幅度不当[①]，出现混乱管理所致。教育政策的制定者和执行者在制定教育政策及执行计划时，要注意执行机构层级与幅度的适当性，并采取其他预防和监控措施，如加强执行机构内部、执行机构之间以及执行机构与其他机构之间的沟通和协调，将该方面的教育政策偏离控制在尽可能小的范围之内。

（2）执行者的认识缺陷与工作态度缺陷。执行者的认识缺陷和工作态度缺陷是导致教育政策偏离的主观因素。这主要表现为：①执行者对教育政策的重要意义及权威性等认识不足，对教育政策采取消极或抵触态度；②由于错误地理解教育政策而导致错误地执行教育政策；③由于对教育政策环境的认识不足，不能合理趋利避害；④由于对目标群体缺乏研究，不能采取适当措施使目标群体顺从教育政策；⑤教育政策的制定者与执行者的利益冲突导致执行者搞"上有政策，下有对策"，对上面的教育政策不是硬顶就是软拖，或是不认真履行岗位职责，执行起来马马虎虎，造成教育政策的偏差。

（3）执行者的素质不高。任何一项教育政策最终总是要靠一定的执行者来贯彻执行的。现实中的教育政策执行变形走样在一定程度上是由于部分教育政策执行者在思想观念上产生错误和个人素质不高。合格的执行者不仅应该具备较强的岗位责任意识，还应具备较高的教育政策水平、积极的执行意向和工作态度，以及合理的知识结构和较强的组织能力[②]。因而，加强对政策执行者的教育培训和加强后备人员的选拔培养，是我国教育发展和规划的重点。教育政策执行者只有具备合理的知识结构、扎实的专业知识素养、较高的教育政策水平、牢固的岗位意识，才能正确理解教育政策的内涵，使教育政策的执行达到满意的效果[③]。

（4）社会环境影响与监督检查不力。教育政策的执行者及教育政策适用人群处于一定的政治经济环境中，政治文化、民众支持和大众传媒等因素，不仅会影响适用群体对教育政策的接受程度，而且还会影响执行者采取的具体行动。如果政治环境动荡不安，经济状况不良，会引起人们在认识上、情感上以及评价上的改变而不利于教育政策执行。

虽然有上述可能导致教育政策偏离的因素存在，但如果能加强监督检查，就能适当减小或减轻教育政策偏离的程度和范围。在教育政策执行中监督不力的表现有：①在各项教育政策执行中没有切实可行的监督检查计划和措施，为个别执行者提供了钻空子的可能；②没有建立完善的信息反馈机制，上级不能及时准确地掌握下级的执行情况，直接执行者和群众没有有效反映执行情况和问题的渠

---

① 白媛媛，牛海彬. 2010. 素质教育政策执行偏差分析及对策研究. 现代教育科学，（1）：106-107.

② 郑有钢. 2008. 我国税收征管工作的探讨. 技术与市场，（7）：65-66.

③ 李浩，黎弘毅. 2019. 贵州教育改革开放40年研究. 贵州民族大学学报（哲学社会科学版），（5）：99-208.

道；③处置不严，对那些不能认真履行岗位职责、完成工作任务或有其他问题的执行者处置不严，使监督检查的权威性受到挑战和损害，从而造成其他执行者对监督检查的轻视；④监督检查效力不彰，部分监督检查不能真正地解决问题，使人们对其失去信心。

（5）教育政策执行中经费缺乏。教育政策执行需要庞大的教育经费作为支撑。有效的教育政策执行，必须有足够的资源配置作为保障。现实情况是有的教育政策方案很好，但是缺乏资源配置，导致教育政策执行没达到预期效果，从而产生偏差。

（三）教育政策执行偏差的改进措施

1. 科学地制定教育政策，重视吸取以往教育政策失真的教训

教育政策要因地制宜，符合教育的实际情况，使教育政策的制定尽量周密、具体，具有可操作性；不能朝令夕改；加强教育政策的宣传力度，使得公众认可教育政策，避免产生教育偏差的环境的出现；加强教育政策与其他公共教育政策的协调，充分发挥整体作用。

2. 提高教育执行机构的办事效率和教育政策执行者的素质

地方教育执行机构要有集体意识，当地方教育机构的利益与教育政策本身的利益发生冲突时，要舍弃自身利益，服从全局利益；同时，在不损害全局利益的前提下，适当保护地方教育执行机构的利益。教育执行机构要拥有一批既有较高的教育政策水平又具备专业素质的教育政策执行者，这就需要通过定期的培训和教育来提高教育政策执行者的知识结构、岗位意识，以更好地理解教育政策。

3. 加强教育政策监督的力度，建立健全教育政策执行监督系统

通过教育政策监督，查缺补漏，以发现教育政策的不足，并加以完善。上级教育政策执行监督者应将下级执行者的执行过程作为监督检查的主要内容，建立完善的监督检查计划和措施，保持监督检查的经常性和及时性；建立同级部门之间的信息沟通和相互监督机制，注重监督信息的采集与及时处理；严肃政纪和法纪，对于有意使教育政策执行失真的工作人员，实施严厉的纪律和法律制裁，提高监督检查的权威性和严肃性。

4. 为教育政策执行提供物质保障

政府应当为教育政策执行提供充足的资金保障，同时优化相关资源的配置，确保教育政策得以顺利执行。一方面可以通过社会筹措、企业捐助等方式，拓展经费来源；另一方面提高资源配置效率，建立资源共享机制，合理规划教育资源，

避免资源浪费。加强部门与团体之间的合作,优势互补,提高资源利用效率。

5. 加强宣传和报道

通过各种形式对教育政策进行解读和说明,增强人们对教育政策的正确理解和认识;通过对各种执行情况的及时报道,进行适当的表扬或批评,形成正确的舆论导向,激发执行者的积极性和责任感。

【思考与练习】

1. 教育政策执行的方式和环节有哪些?
2. 教育政策执行偏差有哪些表现形式?原因是什么?如何改进?

第三节 教育政策评估

一、教育政策评估概述

(一)教育政策评估的概念

教育政策评估是评估主体依据一定的标准与程序,对教育政策目标的达成度、效益及结果等进行评价的活动。其目标在于验证教育政策目标是否达成,判定教育政策应该继续执行还是进行修改或终结。

(二)教育政策评估的作用

1. 影响教育政策执行的效果

科学合理的教育政策评估可以有效地提高教育政策执行的效果。但是实际的评估中存在着评估机制未建立、评估体系不完善、信息系统缺乏、评估主体单一、评估科学性和专业性有待提高等问题,这些都制约着公共教育政策评估的有效开展。

2. 决定教育政策动向的依据

教育政策具有周期性。完整的教育政策周期包括教育政策制定、执行、评估和终结。教育政策经历评估环节后,一般有三种走向:①教育政策继续,指的是经过教育政策评估后,发现教育政策希望解决的问题仍未得到有效解决,需要继续执行，进而保障教育政策问题的全面解决；②教育政策调整，指的是经过教育政策评估后，发现教育政策执行并未解决教育政策问题，并衍生新的问题而导致新的困境，需要评估结果对教育政策进行调整，进而保障教育政策问题的解决；③教育政策终结，指的是经过教育政策评估后，发现教育政策问题得到较好的解决，不再需要继续执行教育政策。

3. 有助于提高决策的科学性

通过对教育政策的评估，可以对相关领域进行系统的把脉和诊断，精确把握这一领域的现状。借助评估能够科学客观地感知已有教育政策的效果，找出影响问题解决和工作推进的瓶颈，更有针对性地解决现实问题。通过评估可以发现教育政策实施过程中出现的目标偏离，根据教育政策评估结果及时进行调整，提高教育政策的针对性和有效性，提高教育政策的质量和执行效果，推进改革精准落地[①]。

（三）教育政策评估的类型

教育政策评估的类型是多种多样的。基于不同的划分维度会得到不同的评估类型。基于教育政策评估的组织形式，可将其分为正式评估与非正式评估；基于教育政策评估主体所处地位，可将其分为内部评估和外部评估；基于评估阶段的不同，可将其分为预评估和过程评估。

1. 正式评估与非正式评估

正式评估是由专门的评估机构和专业的人员，针对教育政策方案与教育政策执行的特性，拟定相对完整的评估方案，依据相应程序与方案进行的评估。正式评估具有专业性、系统性的特点，经常被应用到教育领域中。正式评估的结果一般用来展现教育行政执行的效果和作为下一步进行教育政策调整的依据。正式评估的优点体现在：专门的评估机构主导，具有专业性；评估方案和评估程序较为完善，评估的实施较为规范；经过专业评估，评估结果较为客观。其不足体现在评估的实施耗费相对多的资源，受到教育政策目标难以细化等方面影响，正式评估开展起来相对困难。

非正式评估是相对于正式评估来说的，非正式评估一般不设定专门的评估方案和实施程序，基于教育政策执行过程中的不同问题，教育政策的执行者或者评估机构可以随机进行相应的评估。评估获得的信息可以帮助执行者了解教育政策执行的某方面情况。非正式评估具有灵活性、实时性等优势，其缺点在于获得的信息有限并且片面，这就需要综合考虑多次评估获得的信息，一次非正式评估获

---

① 王蕊. 教育决策科学化还须政策评估来问诊. 光明日报, 2018-01-30（13）.

得的信息一般不作为教育政策改进的依据。

正式评估和非正式评估各有利弊。在教育政策评估的过程中，一般是两者结合使用。正式评估一般占主导地位，非正式评估作为辅助方式存在。正式评估的过程中可以进行多次非正式评估。对于全国领域的教育政策，基本上采取这种形式进行，即多次非正式评估获得教育政策不同方面的信息，正式评估作为总结教育政策效果的主要载体。

2. 内部评估和外部评估

内部评估是对教育行政主体中分离出来的组织或者人员进行的评估。内部评估和教育行政主体之间存在密切的关系。内部评估的特点是评估主体既是教育政策的执行者，又是教育政策的评估者。内部评估的优势是，基于评估主体与执行主体的关系，可以获得大量的教育政策相关资料，全面了解教育政策实施过程，能够较好地实施评估。教育政策的执行者可以根据评估获得信息并及时调整教育政策。内部评估的弊端是，评估主体既是"运动员"又是"裁判员"，受到部门利益、所处角度等方面影响，获得的信息容易片面，容易引起公众质疑。

外部评估是教育政策执行主体以外的评估机构进行的评估。评估机构和教育政策执行主体没有隶属关系。外部评估特点是由独立于教育政策的主体之外的专门机构进行，能够从第三方的角度，中肯、客观地进行评估。外部评估的优势是：评估主体与教育政策执行主体没有直接的利益关系，容易获得较为公正客观的结果；评估主体以其专业性获得委托方的认可，评估主体对全面的评估结果负责。外部评估的缺点在于，在特殊情况下容易出现迎合委托人，提供不公正、不全面结果的问题。

内部评估和外部评估都有其相应的优缺点。根据教育政策本身的性质、教育政策执行的需要，教育政策执行主体会选择适当的评估方式。对于范围较小的教育政策一般使用内部评估，而对于影响范围较大的教育政策，一般采用外部评估。

3. 预评估和过程评估

预评估是教育政策执行之前进行前测性质的评估。预评估带有较强的预测性。对于涉及范围广、执行比较难的教育政策，教育行政主体会采取预评估的形式，根据评估结果，及时调整教育政策执行过程中可能出现的问题，防范教育政策失误造成的损失和不良后果。

过程评估是教育政策执行过程中进行的评估。过程评估侧重对教育政策执行过程和教育政策执行行为进行评估。过程评估的特点是边执行边评估，评估教育政策执行是否偏离既定的教育政策目标，教育政策资源是否到位，从而防范教育政策执行过程中可能遇到的问题。过程评估能够根据教育政策执行过程中的情况进行分析，实时监控教育政策执行效果，根据情况的变化，建议教育政策执行主体采取相应措施，进而更好地实现教育政策目标。

二、教育政策评估的过程

教育政策评估是一项系统工作，涉及方案制定、实施与总结等环节。不同形式的评估主体，评估方法和形式可能不同，但是一般意义上，教育政策评估可以大体分为准备阶段、实施阶段、结束阶段三个阶段。

（一）准备阶段

准备阶段是教育政策评估的起点。准备阶段是为了保障评估工作的顺利进行，准备阶段越充分，越能保障评估工作有计划、按步骤地展开实施工作，避免评估工作的盲目性，预防可能出现的问题。准备阶段的主要工作包括以下几点。

1. 明确评估问题

问题是教育政策方案的起点，同样是教育政策评估的起点。评估主体首先要明确评估问题，才能梳理评估的方向，确定评估的核心内容。明确评估问题要充分吸纳多方面主体的意见与建议。

2. 制定评估方案

在明确评估对象后，要制定评估方案。评估方案是评估进行的依据。评估方案一般包括评估目标、评估内容、评估方法、评估进程和保障措施等方面。评估方案是否合理将直接影响评估的成败。因此，评估方案要清晰明了，内容翔实，便于操作执行。

3. 配置资源

评估主体依据评估工作的需求，配置评估所需的人力资源、财物资源，保障评估工作所需的物质基础。

（二）实施阶段

这是整个政策评估活动中最为重要的一个环节。从组织管理的角度而言，其主要任务就是分解并下达评估任务，做好人、财、物方面的资源配置，建立和健全有效的管理措施。

从具体实施的角度而言，其主要任务就是利用各种调查手段，全面收集相关信息，并在此基础上进行必要的加工整理。然后运用具体的评估技术和方法，对政策做出公正合理的评价。

（三）结束阶段

这是处理评估结果、撰写评估报告的阶段。撰写评估报告，可以以规范的书面形式将评估结果公之于众,也可以直接提交给政府有关部门或领导。

评估报告作为评估阶段的最终产品,对政策的延续、调整或终结会产生直接的影响。其内容除对政策效果进行客观陈述和价值分析外,还应包括政策建议,以及对评估过程、应用方法和一些重要问题进行的必要说明。

三、教育政策评估的方法

评估方法对政策评估具有非常重要的意义,从某种程度上讲,评估是否准确,往往取决于方法是否正确。

(一)前后对比法

前后对比法是将政策执行前后的相关情况进行比较,然后评估政策效果和政策价值的一种定量分析方法。它有三种基本表现方法。

1. 简单对比分析

政策对象在政策作用前后某项指标变化值就是政策效果,一般是政策对象在接受政策作用后产生的某种指标值减去此前得到的指标值。

2. 投射对比分析

将政策执行前的倾向线投射到政策执行后的某一时间节点上,代表若没有实施该政策该时间点自然发展的情况,然后与政策执行后的实际情况进行比较,以确定政策的实际实施效果。这种方法在一定程度上排除了非政策因素的影响,因而从结果来看它比简单对比分析前进一步。

3. 实验性对比分析

这种方法实际上是社会实验法在政策评估领域的具体应用。在政策执行之前就将评估对象分为两个组,一组为实验组,另一组为控制组。前者被施加政策影响,后者不被施加政策影响,然后比较这两组在政策执行后的情况,并对政策效果做出评估[1]。

(二)专家评估法

组织有关方面的专家审定各项有关政策的记录,进行实地考察,评定政策执行的效果,撰写评估报告。

---

[1] 李淑艳. 2006. 贵州省退耕还林政策效果评估与分析研究. 北京:北京林业大学博士学位论文.

（三）目标群体评估法

由政策目标群体以自己的亲身感受和对政策的个人理解来评定政策执行效果。这种方法往往需要配合社会调查方法实现。

四、教育政策效果概述

教育政策效果是指在教育政策实施后，在解决教育政策问题、平衡各方利益冲突和促进教育发展方面多维度的效益。教育政策效果是教育政策制定和执行效益的直接反映。

（一）教育政策效果的特点

依据教育发展改革的特殊性和教育发展规律的特点，教育政策效果呈现出一系列复杂的特点。

1. 教育政策效果的综合性

教育发展本身受到政治、经济和文化等多重因素的影响。任何教育政策的制定和执行都涉及多方主体和各个领域。教育政策效果的综合性是指教育政策实施后不仅包括对教育问题本身的影响，而且包括对社会的影响。例如义务教育阶段"就近入学"政策实施后，在促进教育公平等方面产生了作用，还影响所在地区的房产的价格，在一定程度上，引发了一些人口迁徙和房价上涨等社会问题。

2. 教育政策效果的发展性

教育政策随着教育行政部门的颁布实施，在一定程度上，表现出一定的稳定性，在一段时期内，不随意变更。然而，随着社会的发展，教育政策的执行力度和资源支持会发生部分变化，在这种情况下，教育政策执行也会产生一系列问题，教育政策效果随之发生变化。教育政策效果的发展性主要表现在教育政策效果的变化上。在一段时间内，随着教育发展的深化与变革，教育发展由强调数量逐渐转向强调质量。随着城市化进程加快，进城务工子女在城市接受教育，城市教育接纳的学生人数不断增多，部分地区的教育发展重新调整为增加学位数量，进而满足新增加人口的教育需要。

3. 教育政策效果的规范性

教育政策作为调解教育问题的政府决策，在一定程度上具有相应的规范性。教育政策的规范性直接导致教育政策效果的规范性。因为，任何教育政策都指向相应的教育政策问题，问题的解决具有相应的标准和依据。在关系教育重要问题的关键维度，例如义务教育阶段学生入学率和生均经费标准等方面，教育政策设定了底线标准。在标准的调整下，教育行政效果表现出规范性。由于我国地域教育发展水平的巨大差距，国家教育行政机关并不直接设定相应标准，地方教育行政部门结合教育发展实际，设定相应标准。

4. 教育政策效果的系统性

教育政策是公共政策的一部分，它既与其他公共政策共同组成了政策体系；同时，教育也因其本身的相对独立的特性，有着相对独立的体系。教育政策系统就是一个由若干相互联系又相互区别的政策子系统构成的有机整体，并不断地与外部环境进行着物质、信息和能量交换，具有整体性、动态性和开放性。教育政策效果和其他系统的效果相互影响，共同发挥各自作用，从而实现社会系统的整体运行与发展。

（二）教育政策效果的表现形式和功能

1. 教育政策效果的表现形式

教育政策效果的表现形式是指教育政策效果以什么样的形式出现，从而展示教育政策执行的效益。基于我国教育政策执行现状，教育政策效果的表现形式主要有以下方面。

（1）教育政策实施报告。教育政策实施一段时间后，教育行政部门通过评估，对教育政策实施的背景、目标、实施步骤、取得成绩与产生的问题等进行系统梳理，形成教育政策实施报告，作为教育行政效果的文本表现形式。

（2）党和国家领导人对教育政策的讲话和指示。教育政策直接指向教育政策问题的解决，有些教育政策问题的解决效益显而易见，政策效果符合预期。党和国家领导人会对教育政策表现出肯定的评价。这些口头评价是教育政策效果的表现形式。

（3）人民满意度。教育政策本质上解决人民对教育工作的诉求，人民满意不满意是衡量教育政策效果的直接标准。部分教育政策在颁布实施后就饱受争议，这些政策在实施一段时间内逐渐被中止。部分教育政策在颁布实施后，就受到人民的认可。例如随着治理校外培训机构政策的出台，通过设置黑白名单和政府指导价等形式，学生接受校外培训的成本不断降低，符合人民的教育诉求。

2. 教育政策效果的功能

教育政策效果的功能是指教育政策满足教育的需要，实现一定的教育目的所发挥的效力或所起的作用。任何教育政策的实施，都会产生正面或者负面的功能。教育政策效果导致的教育政策功能具有多重维度。

（1）导向功能。教育政策本身具有导向功能。在纷繁复杂的教育政策问题中，优先解决哪些教育问题；涉及多元主体的利益，首先保障哪些群体利益；在公平和效率等价值取向中，确定哪些价值取向；等等。上述问题都体现教育政策的导向性。

教育政策的导向性直接决定教育政策效果的导向性。从作用方式看，教育政策效果有直接导向和间接导向的划分。直接导向是教育政策对教育政策问题的解决具有直接作用。例如义务教育阶段"两免一补"政策的实施，直接提升了义务教育阶段学生的学习条件，从而更有利于学生学习。间接导向是指教育政策间接对教育政策问题产生影响。例如为了提高教师待遇，政府提高教师工资待遇和生活待遇，间接影响毕业生的就业选择，引导更加优秀的学生从事教育事业。从作用结果看，教育政策效果表现为正功能和负功能。正功能是指教育政策对教育发展方向的正确引导，在解决教育问题的基础上，促进教育整体发展。负功能是指教育政策对教育发展方向的错误引导，表现为不仅没有解决教育问题，而且产生新的教育问题，整体影响教育问题的产生。

在理想层面，任何教育政策效果都应该呈现正功能。实际上，受制于整个社会系统的制约，部分教育政策效果往往发挥负功能，从而导致教育发展的复杂性。例如，在教育产业化的影响下，部分地区将公立学校全部转变为民办学校，引发教育发展的不确定性。

（2）协调功能。教育政策效果的协调功能是指教育行政部门基于制约教育政策效果发挥的利益冲突进行调节与控制，从而协调教育内部的学校、教师、学生和家长的关系，教育外部的教育与社会的关系。任何教育政策都指向教育资源的分配，教育行政各方群体都希望通过政策实现自身利益的最大化。实际上，教育资源总体有限。为了保障有限的资源发挥最大作用，应该充分保障部分群体的利益。教育政策效果的协调功能建立在对资源的合理分配上。在办学实践中，资源对物质建设和教师队伍建设都发挥作用，应该把资源运用到教师队伍建设中，以最大限度地发挥其应有的作用。教育政策效果提供化解冲突的价值标准，从而协调多方资源与利益，保障教育事业平衡有序发展。

（3）管理功能。教育政策效果的管理功能实际上是由教育政策效果呈现的事实标准实现的，主要是教育政策制定和执行主体依据教育政策效果预设的标准开展工作。教育政策效果设立的标准通过更加细致的数据等形式，促进执行主体贯彻执行政策要求的各方面工作。受制于多方面因素，教育政策效果的预设如果不聚焦，各类主体容易产生误解，进而无法推行政策的实施。例如，治理校外培训机构政策的实施并未指明学科类培训主要包括哪些，这直接导致教育行政部门执行政策的模糊，上海市率先开始对学科培训的认定后，明确校外培训机构治理的重点，才更加有力地推动相关工作。

（三）教育政策效果的取向

教育政策效果是对教育客观规律及不同主体的需求在一定程度上的认识结果，反映了政党、政府等政治实体的偏好，集中了政党、政府等政治实体的价值取向。教育政策效果观构成了教育决策的基础。它影响、制约政策主体和政策客体的活动，渗透到政策过程的各个环节。通过政策主体的政策实践活动，观念形态的效果观转化为现实的政策力量。

教育政策效果的选择是教育政策制定者在自身效果判断基础上所做出的一种集体选择或政府选择[1]。效果的选择不是恒定的，它是一种变量，随着社会环境的变化而变化。当前，我国教育政策效果应体现以下效果理念。

1. 公平

当前，社会对劳动者素质的要求不断提高，就业竞争日趋激烈，这些使全体人民对教育机会和教育质量更加关注。随着人们民主意识、权利意识、公平公正意识日益增强，以及经济体制改革、政治体制改革和社会结构变迁加快，教育公平问题已从社会生活的边缘走向社会生活的中心，日益成为我国备受关注的热点问题。

确保人人都有平等的受教育权利、提供相对平等的受教育的机会和条件以及使教育成功机会和教育效果相对均等是人类的理想，也是社会历史发展的必然，更是现代教育发展的趋势。如果背离了平等理想就不是公平的教育，从而也会导致整个社会失去平等的信念，引发社会的不安定。教育中的许多不公平问题本身就是政策或制度缺失造成的，并且所有的教育不公平问题大都能通过教育政策进行调节，以促进教育公平的实现。

教育本身所具有的准公共产品[2]的性质，决定了公共教育资源分配不能单纯依靠市场来解决，这需要政府通过教育政策的制定、改进和调整来尽可能保障教育资源的公平分配，力争实现教育的公益性，实现个人尽可能的全面发展，通过对不平等的补偿等措施实现普遍的教育平等，进而促进教育事业发展。

2. 以人为本

"以人为本"是人类哲学思想历史发展的内在逻辑，也是现代教育发展的必然逻辑。教育的主要目的是引导每一个人自由地成为自己。20世纪以来，科学技术的极大进步、生产力水平的迅速提高以及社会整体性的增强打破了以往社会的分散性和封闭性，使社会变成一个紧密联系的完整系统。人们越来越重视自己在社会中的存在，越来越重视个人价值的实现。确认人的存在的基本特点是他的

---

[1] 刘复兴. 2003. 教育政策的价值分析. 北京：教育科学出版社：45.
[2] 劳凯声. 2003. 变革社会中的教育权与受教育权：教育法学基本问题研究. 北京：教育科学出版社：13.

绝对自由，自己选择发展道路并对结果负责。在从个体到个人的社会化过程中，个人为了获得社会生活所必需的种种社会特性，就必须掌握社会文化经验，确立一定的世界观、信念和生活态度，这就要通过个人的学习和受教育来达到。

因此，强调教育必须以人的存在和人的发展为立足点。教育应发展人的自我意识，培养人具有自由地、合乎道理地做出自我选择的能力，培养自我责任感，强调人的自我教育。人是教育的目的，个人是教育的主体，教育应该关注人自身的效果和意义，关注人的成长和发展，关注每一个人成为他自己。

3. 效益

效益是社会和教育可持续发展的客观必然要求，特别是我国教育资源与应受教育人口相比十分有限。在教育资源相对稀缺的情况下，发挥现有资源的最大效能，以最小的成本创办满意的教育就成为社会和教育可持续发展的必要条件。教育政策可以通过直接配置教育资源，降低教育活动成本以及提高管理效能和教育实践主体的积极性，以实现有限教育资源的最大效益。

4. 可选择性与多样性

目前我国基础教育以应试教育为主，缺乏可选择性。教育的可选择性体现在两个方面：①受教育者具有自主选择教育的权利和机会；②教育制度尤其是学制本身具有可选择的特征，为受教育者在不同的阶段提供尽量多样发展的可能性，在制度的多个阶段上，以及在同一阶段的不同方向上为受教育者提供多种可选择的机会和发展的可能性。可选择性的教育制度一方面实现教育的选拔功能，另一方面又在现有条件下尽可能地使更多的人经过多重选择获得接受教育的机会。教育的多样性是教育中差异性的表现和教育对于差异性的尊重和适应，是世界和人类社会生活多样性在教育领域的折射和要求，是当代人类社会发展的大趋势，也是个人完善发展所必需的条件。教育的多样性必须依赖教育政策对于多样性的效果选择。

【案例】

2018年全国义务教育均衡发展督导评估工作报告（节选）[①]

为了促进全国义务教育均衡发展工作，教育部组织专家对义务教育均衡发展工作进行专项评估，专家评估后撰写了《2018年全国义务教育均衡发展督导评估工

---

① 2018年全国义务教育均衡发展督导评估工作报告．（2019-03-26）[2022-05-26]. http://www.moe.gov.cn/fbh/live/2019/50415/sfcl/201903/t20190326_375275.html．（内容有修改）

作报告》，该报告分为基本工作情况、主要成效、主要问题和督导意见等四部分。

一、基本工作情况。全年共有 18 个省（区、市）的 344 个县申报义务教育发展基本均衡县。经组织专家审核和实地核查，有 338 个县达到国家要求。一年来，共安排国家督学和专家 528 人次，随机检查学校 3476 所，其中小学 1503 所、初中 821 所、一贯制学校 411 所、完全中学 160 所、教学点 520 个、特教学校 61 所，收到满意度网络调查问卷 15.6 万份，列举问题清单 2086 条，印发对受检省政府反馈意见 18 份，并在教育部网站公布。截至 2018 年 12 月底，全国累计 2717 个县通过国家认定；其中东部地区 869 个，中部地区 861 个，西部地区 987 个。

二、主要成效。通过翔实数据，证明工作成效。据不完全统计，自 2015 年以来，338 个县在义务教育阶段累计投入 2544 亿元，新建学校 1598 所，改扩建学校近 4 万所，新增学位 368 万个，累计建设各类校舍面积 5097 万平方米，新建体育运动场馆 4424 万平方米，新增实验室、功能室 13 万间，新增教学仪器设备价值 1194 亿元，新增图书 2.2 亿册，新增计算机 163 万台。据不完全统计，自 2015 年以来，338 个县共新补充教师约 22 万人，其中，音乐、体育、美术、科学、信息技术等学科教师约 4 万人。

通过典型案例呈现工作效果。新疆启动地方特岗计划，改革招聘方式，形成上下联动的教师补充格局，13 个县 2017 年共补充义务教育阶段教师 1.4 万人。湖南实行向农村倾斜的差别化待遇，落实了每人每月 200～1400 元不等的多项乡村教师补助政策。西藏大力实施教师"暖心工程"，为中小学建设教工之家，为偏远学校教师发放交通补贴、生活补助、防寒服，购买人身意外保险，协调解决教师夫妻两地分居问题。

三、主要问题。2018 年，实现基本均衡发展的 338 个县中，有 175 个是国家贫困县，其中 118 个属于连片贫困地区，39 个属于三区三州；有 140 个是少数民族县，有 17 个是边境县。多数县自然条件艰苦，经济和社会发展水平相对滞后，教育发展基础薄弱。虽然这些县基本达到标准要求，但仍存在不少问题和薄弱环节。

通过数据揭示问题。在城乡建设中，没有为学校预留足够用地，城市（县城）学位不足问题愈发突出，"大校额""大班额"问题严重。338 个县中，分别有 252、239、228 个县不同程度上存在占地面积不足、运动场地面积不足、校舍面积不足的问题；有 281 个县存在 2000 人以上大规模学校；大班额比例依然较高，55 人以上小学班级比例为 6.92%，60 人以上初中班级比例为 6.21%。此外，也存在学区划分不合理、择校等问题。个别地方未落实"对农村不足 100 人的小规模学校按 100 人拨付公用经费"政策。

四、督导意见。提出完善义务教育均衡发展的建议。强保障，持续强化地方政府责任，完善推进机制；重规划，精准定位发展目标，找准坐标系；补短板，大力实施标准化建设，抬高发展底部等。

【思考与练习】

1. 简述教育政策评估的作用、过程和方法。
2. 教育政策效果的特点和表现形式是什么？
3. 当前我国教育政策效果应体现什么取向？

第四节 教育政策执行效果分析

一、乡村教师培训政策执行效果分析

（一）乡村教师培训政策的出台背景

1. 国家层面

近年来，我国先后出台了一系列政策和举措，完善教师培训制度，创新教师培训模式，健全教师培训体系，促进乡村教师专业成长。2015 年 6 月，国务院印发《乡村教师支持计划（2015—2020 年）》[1]。该政策就是要把乡村教师队伍建设放在首位，合理安排教师参与培训的时间，恰当使用培训经费，注重培训质量，提升乡村教师的综合素质。同年，教育部、财政部印发《关于改革实施中小学幼儿园教师国家级培训计划的通知》，决定从 2015 年起，"国培计划"集中支持中西部地区乡村教师培训[2]。随后，2016 年《教育部办公厅关于印发乡村教师培训指南的通知》包括四份指南，全面陈述了乡村教师培训的目标任务、实施流程与职责分工等层面，极大地规范了送教下乡、乡村教师工作坊、网络研修与校本研修相结合等不同形式的乡村教师培训[3]，这也标志着我国乡村教师培训的纲领性文件的出台。2017 年 7 月，教育部发布《乡村校园长"三段式"培训指南》，

---

[1] 乡村教师支持计划（2015—2020 年）.（2015-06-01）[2022-05-30]. https://www.gov.cn/zhengce/content/2015-06/08/content_9833.htm.

[2] 教育部对十二届全国人大四次会议第 5236 号建议的答复.（2016-08-31）[2022-05-30]. http://www.moe.gov.cn/jyb_xxgk/xxgk_jyta/jyta_jiaoshisi/201609/t20160927_282434.html.

[3] 关于印发乡村教师培训指南的通知.（2016-01-14）[2020-03-20]. http://www.moe.gov.cn/srcsite/A10/s7034/201601/t20160104-228910.html.

提出要创新培训模式，提升乡村校园长的针对性[①]。在培训环节，我国逐步建立健全各教育阶段教师培训体系，通过开展分类分层、有针对性的培训，着力提升中小学校、幼儿园、职业院校和高等学校教师能力素质，缩小城乡、区域、校际差距。

2. 省市层面

2015年，湖北省人民政府办公厅印发《关于加强全省乡村教师队伍建设实施办法》，强调加大乡村教师培训力度，省政府统筹规划和支持教师全员培训，地方政府要履行实施主体责任，保障乡村教师培训经费投入。到2020年前，完成对全体乡村教师校长360学时的培训[②]。2016年，河南省人民政府印发《河南省乡村教师支持计划（2015—2020年）实施办法》，进一步深化教育领域综合改革，多举措切实加强乡村教师队伍建设。根据计划，河南将加强乡村教师师德建设，把师德表现作为教师资格定期注册、业绩考核、职称评审、岗位聘用、评优奖励的首要内容，并规范师德惩处，建立健全教育、宣传、考核、监督与奖惩相结合的乡村教师师德建设长效机制[③]。2016年，河南省启动实施乡村教师支持计划，通过"越往基层、越是艰苦，地位待遇越高"的良性激励机制，吸引更多优秀人才到乡村学校任教，解决乡村教师短缺问题。2018年印发的《河北省教师教育振兴计划（2018—2022年）》提到落实好"国培计划"乡村教师培训项目，加大省级乡村教师培训支持力度，改进乡村教师培训内容，注重新课标新教材和教育观念、教学方法培训，针对教育教学实际需要，赋予乡村教师更多选择权[④]。2021年，山西省教育厅等六部门下发《关于转发〈教育部等六部门加强新时代乡村教师队伍建设的意见〉的通知》，要组织开展好"国培计划"、信息技术能力提升培训、中小学教师全员培训等项目，改进培训方式，优化内容设计，鼓励省外优质教育机构实施我省教师培训项目，培训指标向乡村教师倾斜，鼓励乡村教师外出培训，确保所有中小学教师每人完成5年360学时的继续教育任务，促进终身学习和专业发展[⑤]。洛阳市教育局为落实《乡村教师支持计划

[①] 乡村校园长三段式培训指南. （2017-07-31）[2022-07-24]. http://www.moe.gov.cn/srcsite/A10/s7034/201707/t20170731_310426.html.

[②] 省人民政府办公厅关于印发加强全省乡村教师队伍建设实施办法的通知. （2015-09-02）[2022-07-28]. http://www.hubei.gov.cn/zfwj/ezbf/201509/t20150918_1713307.shtml.

[③] 河南省人民政府办公厅关于印发河南省乡村教师支持计划（2015—2020年）实施办法的通知. （2015-12-19）[2023-09-24]. https://www.henan.gov.cn/2015/12-29/247492.html.

[④] 关于印发《河北省教师教育振兴行动计划（2018—2022年）》的通知. （2018-12-29）[2022-07-28]. http://jyt.hebei.gov.cn/col/1410097726928/2018/12/29/1546053437789.html.

[⑤] 关于转发《教育部等六部门加强新时代乡村教师队伍建设的意见》的通知. （2021-05-10）[2022-07-28]. https://www.sohu.com/a/467598796_121106854.

（2015—2020 年）》[①]，大力发展农村教育，推进教育公平。洛阳市 2016 年乡村小学教师培训正式开班。这次培训分小学语文和数学两个学科，为期 16 天。培训期间，来自教学一线的名师、学科专家和省市教研员将重点围绕乡村教师师德师风建设、教学理论水平和教育科研能力等方面开展培训指导[②]。同年，12 月，"国培计划（2016）"——乡村教师访名校项目河南省少先队辅导员培训班开班典礼在河南师范大学思想政治理论课实践教学平台召开。2020 年 10 月，商丘市教体局发挥名师工作室的示范、引领和辐射作用，送教下乡、教学观摩、教学研讨、教材培训等活动重点向偏远乡村学校倾斜，改善欠发达地区学校办学条件，支持偏远地区义务教育学校建设，助力脱贫攻坚[③]。

（二）乡村教师培训政策执行中存在的问题

1. 政策本身模糊不清

政策是否要求明确、内容清晰、方式合理都影响着政策执行的效果。如今，大部分乡村学校较为偏远，交通不便利，这降低了乡村教师工作的吸引力，也降低了认可度。政策本身只针对培训的实施，缺少激励措施，大部分乡村教师培训政策以荣誉证书的方式激励乡村教师参与培训，却很少有实质性的激励措施，比如设立教师基金，资助乡村教师。相比荣誉证书，多元化的激励方式会更加有意义，效果也会更佳。

2. 政策执行主体胜任力不强

乡村教师培训政策执行主要在于政策执行者如何传授培训内容，政策执行者本身的态度、资历、传授方式等对培训的效果至关重要。政策执行者在此项政策实施中对乡村教师支持计划政策的内容没有仔细审视，对各个地方的具体情况不了解，就盲目地执行政策，未因地制宜。有一些培训者来自于高校，而高校培训者由于长期不在乡村教育一线，缺乏实践性经验，对教师需求方面了解较少，尤其是对乡村教师，了解得更少，甚至很多乡村参训教师反映，一些培训者的专业素养不是特别高，一些问题的见解权威度还有待提升。此外，还存在培训者盲目照搬以前的内容和方法进行培训，而作为师者之师的培训者，如果不更新知识和技能体系，那么培训将无法满足实际需求，无法与时俱进。

[①] 国务院办公厅关于印发乡村教师支持计划（2015—2020 年）的通知.（2015-06-08）[2022-07-28]. https://www.gov.cn/zhengce/content/2015-06/08/content_9833.htm.

[②] 洛阳举办乡村小学教师培训班.（2016-07-14）[2022-07-28]. http://jyt.henan.gov.cn/2016/07-14/1611027.html.

[③] 商丘市教体局：让乡村教育更具温情与活力.（2020-10-13）[2022-07-28]. http://jyt.henan.gov.cn/2020/10-13/1878913.html.

3. 政策学习者参与度不高

国家开展乡村教师培训的目的是提升乡村教师的综合素质，而不仅仅是作为晋级职称的条件，部分乡村教师的参训动机为提升个人能力，大部分乡村教师的参训动机为外部动机，其目的并不是提升自己。部分乡村学校不仅未考虑教师的需要，还把培训作为任务，把主动学习变成了被动接受，既不利于教师发挥学习的主动性，也不利于培训的顺利开展。乡村学校由于师资数量的不足，教师不仅必须承担繁重的教学任务，还得在给定的时间内参加乡村教师培训，这增加了教师的工作量，由于精力有限，甚至部分教师对培训产生心理抗拒，这是现有教育与当前教师工作情况不符的体现。

4. 政策执行方式单一

为了追求所谓的高效率，目前我国大部分教师培训采用讲授法进行。尤其是短期培训，时间短，任务重，在有限的时间内，只能通过系统讲授来完成培训任务。但纯理论灌输有很大的弊端，比如不利于教师参与思考，不利于教师将理论运用于实际工作。随着乡村教师需求的多样化，培训形式也多样化，对培训效果的要求也越来越高，其中以混合研修形式开展的培训效果较好，获得很多老师的好评，但线下培训多，混合研修式少。线下培训组织起来较为方便，但学员参与度不够、积极性不高，导致培训效果也不明显。此外，目前线下培训多，导致培训后的实施效果"无人问津"，培训效果大打折扣。

（三）政策执行存在问题的原因分析

1. 政策本身欠缺明晰性

一些政策文本具有模糊性，没有制定具体的、可实施的子计划和实施细则，造成实施过程中出现偏差。比如，国家为振兴乡村教育提供了经费保障，加大对乡村教育的投资力度，从内容来看，确实投资了经费，但是没有详细的分配细则，内容具有模糊性。政策文本的模糊性不仅容易让某些人钻空子，造成表面完成的假象，还容易导致利益冲突、上下级认知偏差，造成乡村教师培训政策执行有偏差，甚至出现推卸责任、推卸工作的问题。因此，政策本身应具有清晰、可实施性强的特点。在对政策执行者进行访谈时，他们表示每个人对政策都有不同的理解，人员的安排也是如此，没有谁能界定该怎么划分，特别是对接工作时，职责划分往往不清晰。

2. 政策执行部门落实有偏差

一些政府部门对乡村教师培训政策宣传不到位，使得部分乡村教师不了解培训政策，从而导致其参与培训的动机不强。意识是执行行为的第一步，乡村教师培训实施如何，最关键的一步是乡村教师是否具有专业发展的意识。政府部门的宣传是增强教师专业发展意识、统一教师思想的途径之一。乡村教师只有充分认识与理解政策的具体实施方案，才会积极主动地学习。

政策执行者按照文件指标进行分配，移交给下级管理部门后，应及时检查任务的完成情况，并对实施过程进行监督。国家加大对乡村教师培训经费投入，但是政策执行部门对培训效果缺乏科学有效的监督与评估，培训效果不尽如人意。比如，一些培训机构为了完成任务指标，应对上级检查，随意组织培训，甚至出现培训者也是临时顶替的现象。部分政府部门关注指标的完成情况，却忽视了完成指标的质量。同时，缺少严格的监管体系，既造成了乡村教师培训的效果不佳，又减弱了教师培训的积极性。

3. 政策执行机构施训效度低

部分校本研修缺乏条件支持。在实际的培训中，一些学校对校本研修未引起足够的重视，虽然有些学校有所涉及，但是缺乏相关规定，使得校本研修如同一盘散沙，没有凝聚力。同时，相互研讨、案例学习、教学观摩等教研活动时有时无，难以形成一个有组织的系统培训。

高校培训是乡村教师培训的主力军，但由于高校培训的聚焦度不够，乡村教师培训也存在很多问题。高校对乡村教育的关注度不够。高校教师在选择培训内容时往往根据自己擅长的领域来准备培训内容，缺乏对培训需求的调研，缺乏对乡村教师的关注，导致内容的针对性不强。大多数培训者没有乡村教学经验，只是从书面资料了解乡村教学的实际情况，但与现实相去甚远。换句话说，高校对乡村教育的关注度不够，导致培训内容与现实有偏差。高校教师一方面不太了解乡村教育实际，另一方面承担任务过多，没有太多精力专注于研究乡村教育，也就不可能为乡村教师量身定制课程，进而对乡村教师的疑问也就不能予以解答。

4. 政策学习者自身 现实困境

年轻教师大多受过普通高等教育，心怀"大理想"投身教育，其中一些人来到乡村学校后发现理想与现实的差距太大。他们处于偏远地区，承担班级里大部分的课程，工资待遇低，部分教师不愿意长期留在乡村，难以将精力集中到能力提升上。要想提升教育质量，教师需要持续不断地学习。部分乡村教师没有明确的自我发展目标，缺乏自我发展规划，满足于长期积累的教学经验，对于提供新的教育理念、先进的教育方法的教师培训和校本研修活动积极性不高，影响了培训效果与研修质量。

5. 乡村学校支持力度偏弱

有效开展教师培训对教育事业发展有积极意义，但学校领导对教师培训支持力度不够造成乡村教师培训机会少。一些学校对培训只是喊口号，走形式主义，实际上并不重视乡村教师培训，部分乡村学校还把培训名额分配给学校领导，而不是科任教师，甚至把名额分配给非教学人员。可是在学校担任教学工作的是教师，并非其他人员，只有教师才是真真切切与学生打交道的，他们很了解学生的需求，也知道自己需要学习什么，错失这么好的学习机会，对乡村教师来说是一大损失。

在过去十几年中，随着我国义务教育教师队伍数量的增加，教师短缺的问题得到了极大的改善。但是，教师队伍分布非常不均衡，在一些经济状况良好的城市，师资过剩；但在乡村地区，尤其是边远和艰苦地区师资明显不足，这就导致了乡村教师参与培训的矛盾突出。根据乡村学校的实际情况，虽然学生少，但国家要求学生要全面发展，所以开设的课程不能减少，在教师数量严重不足的情况下，学校为每位教师安排多个课程，无疑增加了教师的工作量。进一步调查发现，由于地方编制有限、乡村地区教师数量不足，出现了很多代课教师。代课教师虽然可以弥补教师的短缺问题，但流失性强，且教师资质水平通常较低，这些现象既不利于乡村教育的提高，也影响乡村学生的发展。

学校开展教师培训的目的在于实现学以致用，提升教师的工作效率。但乡村学校对乡村教师培训要求不严，因此造成培训成果转化难等问题。在访谈中我们了解到，学校缺乏完善的培训评估机制，以至于培训成果无人问津，长此以往，乡村教师的动机也越来越弱；没有严格的培训要求，部分教师对培训也抱着无所谓的态度。在落实具体的教师培训活动的过程中，一些乡村学校为了凑人数将不相关的人员集中在一起培训，这既浪费培训资源，又使得需要的教师错失培训机会。这些充分说明了乡村教师培训缺乏严格的管理，培训自然难以取得实际效果。

（四）改善乡村教师培训政策执行的对策

乡村教师培训不仅有利于乡村师资队伍的建设，还能加快我国教育事业的发展。科学的乡村教师培训对教师、学生都起着十分重要的作用。本节针对乡村教师培训政策执行存在的问题及原因，从多个角度提出相应的对策，从而改善乡村教师培训政策执行存在的问题。

1. 减少乡村教师培训政策本身的缺陷

（1）明确政策文本的指向性。理想化的政策文本目标清晰，内容可实施，评估效果也极佳。政策文本的模糊很容易导致政策执行出现偏差，如若政策文本自身不清晰，政策执行效果就会大打折扣。乡村教师培训政策大多是由国务院、教育部制定的，在全国范围适用，但各个地方的情况不同，还需因地制宜。要想保障政策执行的效果，下级政策执行部门应该根据当地实际情况制定不同的实施方案。早在很多年前，乡村教师培训政策中对"农村"和"乡村"的概念模糊不清，混淆了政策实施的范围，影响政策执行的效果。同时，乡村教师培训政策要依据当地教育情况，建立乡村教师的补助标准，使补助奖励有明确的指标或是在一定范围之内；建立乡村教师荣誉制度的后续补充政策，使奖励活动明确化；建立补充乡村教师培训政策执行效果的后续跟进政策。

（2）增强政策文本的可行性。国家政策是在纵观全国最凸显问题的基础上制定的，具体落实仍需地方政府因地制宜，但地方行政部门在制定细则时，往往会对政策执行的各种因素考虑不周全，没有权威地评估政策环境、政策效果，最终培训的效果就会减半。例如在乡村教师培训中，如果宣传不到位，有些教师可能对培训一无所知，参加的教师可能失去培训动力；一些乡村教师培训走过场，只有"空架子"，培训效果大打折扣。

（3）保障政策资源的投入。政策资源的投入对乡村教师培训政策效果的影响很大，其中政策资源包括经费、人力、信息资源等，国家投入的大量经费用于乡村教师培训，目的在于提升乡村教师的教育教学素养和专业素质。在政策实施前，应大力宣传乡村教师培训政策，政策执行者也应正确解读乡村教师培训政策，以免培训效果出现偏差。

2. 提升乡村教师培训政策学习者的参与度

（1）激发乡村教师参与培训的动力。为了激发乡村教师参与培训的动力，学校可以制定合理化的规章制度，运用制度规范教育教学行为，长期坚持，教师就会形成遵守制度的自觉性，形成工作的内在动力。随着社会价值的多元化，教师的福利待遇也备受关注，教师更关注自己的发展空间，期望获得更高的工资报酬，学校可以制定参与培训的相关约定，如培训捆绑教师奖励制度、提高教师教学竞赛奖励金额等。或者通过培训效果实施情况来调整教师的奖金，这样既可以增强教师参与培训的愿望，激发教师参与培训的动机，又可以评估教师参与培训的效果，增强教师工作的动力。

（2）保障乡村教师参与培训的机会。为了保障乡村教师参与培训的机会，政府部门以及学校应给予高度重视，加强管理监督，防止乡村教师培训经费的滥用，从而增加乡村教师参与培训的机会。政府部门应加强监督培训任务的完成情况，不仅仅对任务完成指标进行监督，也应对培训过程进行监督，比如培训过程中培训者是否讲解透彻，参训教师是否积极参与，培训管理者是否监督到位，培训目标是否到达了预期的效果，等等，避免出现培训机会浪费的情况。此外，政府部门也应做好培训经费管理监督，防止相关机构为了完成任务，滥用经费。同时，学校相关部门也要保障乡村教师参与培训的权利，必须把教师的利益放在首位，只有教师的权益有所保障，乡村教育的发展才会越来越好。尤其在培训名额分配时，应保证指标分配的均衡性、有效性，按照实际需要进行名额分配，保障培训机会能分配给有需要的教师，做到物尽其用。乡村教师作为振兴乡村教育主力军，只有高质量的乡村教师才能保证乡村教育事业的发展。所以不论是政府还是学校，都应保障乡村教师参与培训的机会，齐心协力，为学生打造更美好的未来。

（3）化解乡村教师培训的工学矛盾。工学矛盾是乡村教师培训中存在的重要问题，是决定教师能否参与培训的因素之一。因此，克服工学矛盾已经成为一个迫在眉睫的问题。目前，大部分学校开始实施校本培训，可以有效解决教师工作忙与培训难的问题。具体来说，学校可以根据实际情况，开设培训课程，这样减少了参与培训的各种成本，也可以合理调节教师培训学习的时间，大大节省了时间和经费投入。此外，学校也可以制定校本培训规则，比如培训的次数、内容、时间等，加大校本培训的支持力度，增强乡村教师培训的积极性，使全体教师在校本培训中不断提高，从而实现自我提升。校本培训能够让所有教师都处于终身学习的氛围中，逐渐形成学习型组织者，化解乡村教师培训的工学矛盾。

3. 提升乡村教师培训政策执行者的能力

（1）培育专业化的乡村一线培训者。乡村教师培训承担组织应严格筛选培训者的资质，遴选出专业化的乡村一线培训者。培训机构首先可以挑选具有一线乡村教学经验的优秀培训者，再对这些培训者进行专业化的培训，最后根据不同的擅长领域设置培训内容。这些乡村一线教师具有丰富的教学经验，更懂得乡村教学实际，传授其直接经验比城市教学内容更为实用。然而城市化的培训也应该积极学习，这就要求培训者还要对先进学习理念有所涉及。在符合乡村教师需求的同时，培训者还应与时俱进，适当学习一些城市的教学经验，体会城市教学的乐趣，扩大乡村教师的知识面，进一步促进乡村教育事业的发展。同时，政府应出台有关乡村教师培训者的政策文件，严格把好培训者入口关，逐步淘汰不符合要求的培训者，以提升乡村教师培训师资队伍的整体素质。

（2）培育乡村化的高校理论培训者。乡村教师培训师资队伍由优秀一线教师、大学教育理论知识的教授、教育行政领导等组成。如今大部分培训由高等院校来承办，高等院校培训者拥有丰富的理论知识体系以及一定的学术科研能力，能在理论高度上分析教育教学中的问题，但往往容易脱离实际。而且，部分高校理论者也只是在书本上了解乡村教学实际，真正的深入了解还是不够的，应在培训师资队伍建设中注意让高校理论者"走下去"，深入乡村，了解乡村，从而培育出乡村化的高校理论培训者。政府部门也可以建立乡村教师培训者数据库，录入所有培训者的基本信息，在每一次高校培训之前，根据培训对象、培训内容、培训主体的不同，遴选出符合本次培训的培训者，以加强教师培训的针对性。

（3）建立分管领导负责制度。政策执行是由上而下的，政策执行过程中往往因为职责划分不清晰导致工作矛盾、利益冲突。应当建立分管领导负责制度，把总任务划分给各个机构的分管政策执行的领导，由领导层逐级下发，在政策执行机构之间、内部科室之间形成有效互动，减少各部门中的摩擦现象，简化办事程序，提高办事效率，保证政策执行的时效性。

4. 突出乡村教师培训政策执行形式的多样性

（1）理论教学与实践浸润相结合。乡村教师培训形式呈现多样化的特点，但大多数培训机构主要采用专家讲座、集中授课的形式来传授知识，主要以讲授理论知识为主，但理论讲授易忽视参训教师的个体差异，不注重成人学习的主体性，没有遵循成人发展的规律。所以在培训过程中，培训机构应不断改进传统的培训形式，创新适合培养教师专业水平的培训形式。相关培训者也应该专注于优化培训形式，在培训过程中可以适当增加现场教学，激发参训教师的积极性，让参训教师参与其中，亲身体会专家传授的经验，将理论与实践相结合。或多采用实地观摩等实践性强的培训形式，让参训教师亲自实践培训内容，体会培训效果，从而产生"代入感"，更易投入学习。乡村教师培训采用理论教学与实践浸润相结合的方式，提高乡村教师的参与度，从而提升参加培训的实效性。

（2）集中培训与混合研修相结合。乡村教师是振兴乡村教育的生力军，乡村教师培训则是提高乡村教师专业水平、提升乡村教师个人能力的有效途径。在培训中，传授的新教育理念、最先进的教育方法以及有效的教学经验，为乡村教师教学提供方向，但如何用最恰当的形式传授知识非常重要。如今，大多数培训仍然采用传统的集中培训，这种培训方式可以在短时间内传授大量的知识，节省了人力、物力、财力。但这种方式也存在很多弊端，比如教师参与性差、缺乏后续跟踪评估系统、反馈困难等，而混合研修尽可能地避免了这些问题，它不仅可以集中面授、在线学习，也可以在岗研修；并针对乡村实际教学进行及时的反馈，将培训内容融入教师的日常教学中，也减少了培训效果转化难的问题。此外，混合研修也提供了更多乡村教师主动参与的机会。因此，采用集中培训与混合研修相结合的培训方式既可以学习优秀教师的经验，灵活运用培训内容，也可以结合教师个人特色，充分发挥教师的个人能力，大大提高教师的参与热情，充分挖掘学校资源，实现大跨步发展。

（3）培训者引导与学员参与相结合。信息化时代的到来，意味着乡村教师培训的知识传播和学习方式也在不断变化。乡村教师培训不再是培训者与乡村教师仅专注于培训内容的学习形式，而是培训者与乡村教师之间相互交流、共同参与的学习形式。乡村教师通过与培训者的交流、共同探讨，学习新的知识，学习其他教师的优点，从而促进自己知识增长，达到自我提升和自我实现的效果。同时，培训者应具有引导意识，积极引导参训教师参与其中。而且，培训主管部门应鼓励参训教师参与培训，引导参训教师学习新的技能。尤其是每位参训教师的知识水平、兴趣、需要、对问题的见解等方面存在差异，在教育领域具有独特技能的参训教师可以分享自己的经验，或者参训教师可以分享培训后学习到的新技能，激发其他参训教师的激情，共同营造分享的学习氛围，形成"学习共同体"，从而加快推动乡村教育发展。

5. 凸显乡村教师培训政策执行效果评价的科学性

（1）考核评价主体多元化。教师培训主体多元化指的是参与培训评价的主体要多样。乡村教师培训已不再是培训者主导的时代，然而在调研中发现，大多数培训仍然以培训者为主体，导致考核评价"权威化"。而且，单一主体评价易造成信度、效度缺失，评估结果主观性强。乡村教师培训的评价主体应由参训教师本人、同事、其他参训教师、教师培训的授课教师以及组织教师培训的管理人员共同组成。在评价教师培训效果时，应多维度考核，即参训教师本人、同事、其他参训教师、教师培训的授课教师以及培训管理人员共同评定。"一千个人眼中有一千个哈姆雷特"，每个人看问题的角度不一样，观点也不一样。多角度的评价能让乡村教师更清楚地看到自己身上的闪光点以及不足，以便乡村教师取长补短。因此，培训考核评价应增加评价主体，让更多人参与其中，这样既可以激发参训教师的动力，也可以确保乡村教师培训工作稳定、有效的进行。

（2）考核评价对象全面化。乡村教师培训考核评价对象全面化是提升培训效果的必要条件。乡村教师培训考核评价对象片面化易导致培训评价失真，所得的结果不全面。在研究中发现，影响教师培训效果的因素有培训者、参训教师、培训项目以及培训管理者等，而在考核评价时，仅对参训教师考核评价是远远不够的，培训考核评价应设置对多个对象的考核，进而全方位评价培训效果。培训考核评价主要分为以下几个方面：通过对培训者的考核，了解培训者讲课方式、讲课风格、受欢迎程度；通过对参训教师的考核，了解培训实施效果、培训内容符合程度、培训存在的问题；通过对培训项目的考核，了解培训项目执行情况、目标达成情况；通过对培训管理者的考核，了解项目实施过程。其中，对参训教师进行评价是最直接、最有效的评价。因此，乡村教师培训考核评价应从全局上评估乡村教师培训效果，增加考核评价对象，避免考核评价的科学性偏弱，进而提高乡村教师培训的成效。

（3）考核评价方式灵活化。培训考核是对培训效果进行评估和反馈，合理的评价对教师起着潜移默化的激励作用。如果乡村教师培训评价方式笼统，缺乏实践性操作，就会使教师培训脱离科学依据，偏离科学方向，所开展的教师培训也将受到影响。全面科学的考核评价对乡村教师、培训者、培训管理者都具有激励作用。因此，应设置多种考核评价方式，灵活运用评价方式来评估培训效果，从而增强培训考核的真实性。考核评价可以从以下几个方面开展：培训机构通过学员示范课、参训教师参评等方式进行考核，让多方参与其中，保证考核评价的公正性、科学性；在培训结束后，培训机构可以设置追踪评价系统，监督培训后的实施效果如何；在学校方面可以通过开展同事间案例教学、示范课等形式共同学习培训的成果，既有利于参训教师吸收培训内容，增强培训效果，又有利于学校教师学习新的知识。从以上几个方面进行改善，增加评价方式的灵活化，从而改变无效的培训考核方式。

二、"双一流"政策执行效果分析

20 世纪 50 年代以来，百废待兴，各类专业人才极其匮乏。面对世界多极化和经济全球化给我国带来的风险与挑战，面对国家重大战略调整对高精尖技术的迫切需求，面对国内经济社会发展对高层次人才的迫切需要，我国对高等教育改革的探索不断深化。经济社会的发展无疑成为高等教育发展的驱动力，同时，高等教育的发展反哺经济社会的繁荣兴盛。特别是改革开放以来，受到国家政策的鼓励和支持，国家在高等教育领域先后进行了"重点大学"战略、"985 工程"、"211 工程"的改革实践。在不断借鉴世界一流大学办学经验、总结我国高等教育发展的历史经验的基础上，高等教育的演进也在推动我国社会繁荣发展，并催生出当前如火如荼的"双一流"建设。这是一场伟大的高等教育运动，将加强我国高等教育治理体系和治理能力现代化，优化高等院校职能。在首轮"双一流"期满之际，回顾五年建设历程，国家已于 2021 年发布《"双一流"建设成效评价办法（试行）》，通过评价"双一流"建设成效，总结发展经验和教训，对第二轮乃至今后国家"双一流"建设都会提供指导性意见，对我国高等教育内涵式发展具有十分重要的实践性意义。

（一）"双一流"政策的内涵与特征

站在新的历史起点，面对新形势、新常态，我国高等教育必须要有更加跨越式的突破和更加清晰的路径选择。进入社会主义新时代，我国高等教育环境发生了翻天覆地的变化，面对社会衍生的主要矛盾的变化，高等教育方向的转变势在必行。为进一步实现"两个一百年"奋斗目标，实现中华民族伟大复兴的中国梦，实现由教育大国到高等教育强国的历史性跨越，推动我国一批大学进入世界一流水平、培养一批一流的顶尖人才成为我国高等教育深化发展的必由之路。为贯彻落实党中央、国务院关于建设世界一流大学和一流学科的重大战略决策部署，根据 2015 年国务院发布的《统筹推进世界一流大学和一流学科建设总体方案》，2017年教育部、财政部、国家发展改革委联合相继发布《统筹推进世界一流大学和一流学科建设实施办法（暂行）》（以下简称《办法》）、世界一流大学和一流学科建设高校及建设学科名单，这标志着"双一流"政策正式拉开序幕。

1. "双一流"政策的科学内涵

教育政策的制定受到社会经济、政治、文化、科技等多方面的影响，会随着社会进程的演变发生变化，做好政策制定需要把握其科学内涵。扎实推进"双一流"建设是当前我国高等教育稳步发展、走向世界的重要环节。厘清"双一流"政策的内涵、本质，是进一步分析该政策理论逻辑及价值体系的关键，也将为深入推进高等教育改革提供实践指导。所谓世界一流大学，国际上没有统一的界定。严格意义上来说，"一流"更多表达的是办学水平的概念，而非办学层次。"一流"是一个较为模糊的概念，是相对于一定范围内其他同类大学而言的。就字面意思，"双一流"顾名思义是两个"一流"，即建设世界一流大学和一流学科。就如何定义"双一流"的内涵，不同的学者阐述了不同的观点。杨岭、毕宪顺将"双一流"建设的内涵阐释为以一流的人才汇聚为核心，以一流的科学研究为基础，以一流的教育治理为支撑，以一流的社会服务为导向，以一流的经费投入为保障，走国际化必由之路[①]。潘静认为学科是大学的基本单元，"双一流"建设的核心应该是一流学科建设，而一流学科建设需要顶尖学术团队、充足的经费保障、开放协同的运行机制、卓越的产出以及突出的人才培养质量[②]。冯用军、赵雪谈到一流本科教育是一流大学的灵魂，世界一流大学是已经和正在持续培养顶尖人才的大学集群，世界一流学科是拥有一流学者队伍、一流学生质量、一流科技成果、一流学术声誉、一流社会服务、一流国际影响的学科聚合[③]。因此，"双一流"建设是以立德树人为根本，以人才培养为基准，以本科教育为基石，以学科建设为关键，以高校五大职能为蓝本，通过一流的师资队伍、一流的科学研究、一流的社会服务、一流的文化传承创新、一流的国际交流合作、一流的物质支持，打造一流的人才培养质量，为国家培养世界一流人才，铸就世界一流大学、学科建设群，引领高等教育高质量发展。

2. "双一流"政策的鲜明特征

1）弹性化

"双一流"政策出台以来，首轮评估共有42所一流大学和包括一流大学建设

[①] 杨岭，毕宪顺.2017."双一流"建设的内涵与基本特征.大学教育科学，（4）：24-30.
[②] 潘静.2016."双一流"建设的内涵与行动框架.江苏高教，（5）：24-27.
[③] 冯用军，赵雪.2018.中国"双一流"战略：概念框架、分类特征和评估标准.现代教育管理，（1）：12-18.

高校在内的 137 所大学的 465 个一级学科入围"双一流"学科，中国中央政府（中共中央、国务院及其直属机构、中央各部委或相关领导小组）等相关部门先后发布了多项纲领性、指导性政策文件。为更好地执行"双一流"建设任务，打造一流大学和学科，各大高校纷纷制定了属于各自高校的一流建设执行文本，明确了学校建设一流大学和一流学科的目标和决心。随着政策落地，执行水平及经验不断提升，政策主题不断拓宽，政策参与部门不断扩大，政策数量不断增长[1]，政策的弹性也越来越强，不同类型的高校参照世界一流大学建设经验和自身学科发展历史，具有较强的自主选择和规划的权利；"双一流"内涵也在逐步延伸，不再局限于已经选拔出的第一轮名单中的高校，而是给予更多高校参与其中的机会，让不同层次、不同类型的高校跻身到其中，通过发掘学科强项，不断突破，探寻出了属于自身学校特色的发展道路，这给予了高校更大的办学自主权，丰富了"双一流"政策执行的路径方案。各大高校不断总结建设经验，吸取发展过程中的教训，完善发展路径，不断接近高等教育强国目标，为社会主义现代化强国提供有力支撑。

2）特色化

"双一流"政策作为我们国家重大战略需求，其建设成效关系到我国高等教育战略部署和未来发展方向，也会深刻影响到中国式现代化建设的深入推进。从《办法》中我们可以看到，国家支持和引导各类高校办出特色，找准办学优势和学科特色。一方面，作为中国特色社会主义高校，建成具有中国特色的高等教育体系，总结我国大学自身发展规律和特色，把握"四个服务"的发展方向，通过扎根中国大地办教育，以立德树人为导向，走中国道路，寻中国模式，建设具有中国特色的"双一流"，真正让中国特色社会主义文化走进学生、走向世界，弘扬中华优秀传统文化和民族精神；另一方面，对于不同层级和类别的高校，办出具有学校突出特色的学科体系，加快推进新工科、新医科、新农科、新文科建设，抓住人才培养主线，深化一流本科建设，不断提升高校五大职能对社会进步的推动作用。建设"双一流"重在质量和特色，绝不是规模和数量上的比对[2]。建设"小而全"的专业特色学科群，而非盲目地向着综合大学的方向发展，形成学科发展优势带动、多元发展、交融并存的良好态势，最终以点带面、点面结合，引导高校全面优化专业结构。

3）动态化

世界一流大学应该是常新的、与时俱进的。《办法》总则中对"双一流"的

---

[1] 刘丽丽，李春林. 2019. 中国"双一流"政策文本量化分析. 黑龙江高教研究，（2）：1-6.
[2] 杜玉波. 怎样建设中国特色的"双一流". （2017-09-22）[2022-07-28]. http://www.moe.gov.cn/jyb_xwfb/moe_2082/zl_2017n/2017_zl46/201709/t20170922_315075.html.

总体规划是自 2016 年起，五年一个建设周期，实行总量控制、开放竞争、动态调整的方针。坚持扶优、扶需、扶特、扶新，按照"一流大学"和"一流学科"两类布局建设高校，引导和支持具备较强实力的高校合理定位、办出特色、差别化发展，努力形成支撑国家长远发展的一流大学和一流学科体系①。因此，"双一流"政策具有动态化的特点。首先，动态化最易于表现在评选结果的动态化。"双一流"建设认定结果并非一劳永逸，截至 2021 年，第一轮"双一流"建设收官，第二轮"双一流"名单已于 2022 年 2 月 11 日揭晓，首轮"双一流"中的 140 所高校再次入选国家队，另外又有 7 所新晋高校。动态化的评选规则也给许多"双一流"高校带来了压力和挑战，入选成员不再仅存于顶尖研究型大学之中，同时给"双非"高校带来了机遇。其次，政策评选内容的动态化。随着"双一流"政策的深入推进，规则的制定和施行也在发生着动态变革，逐步推出一流本科建设"双万计划"、《深化新时代教育评价改革总体方案》、《"双一流"建设成效评价办法（试行）》（以下简称《评价办法》）等多个文件，以改革促发展，"双一流"政策评选标准正在逐渐清晰化、细致化。因此，要不断从人才培养上下功夫，并鼓励更多高校参与到这场高等教育综合化改革的伟大工程。最后，政策评选规则的动态化。从《评价办法》中可以看出，新一轮评选更加注重党对高等教育的全面领导，注重突出中国特色社会主义高等教育的办学特色，注重主动服务国家战略需求，克服"五唯"顽瘴痼疾，不断优化评选规则，从单方面评价到多主体参与的过程性评价，结合终结性评价，不唯排名、不唯数量指标，坚持高等教育内涵式发展。

（二）"双一流"政策执行效果评估的现实诉求

2020 年 10 月，中共中央、国务院印发了《深化新时代教育评价改革总体方案》，这对整个教育行业的综合评价具有划时代的意义，彰显了新时代教育价值观，体现了当前教育的本体价值和社会价值。2021 年 3 月，教育部、财政部、国家发展和改革委员会联合发布了《评价办法》，将成效评价重点和具体要求公示，在第一轮"双一流"评估完成之际，各大高校都取得了一定的建设进展，但不可否认，也存在一些矛盾问题。对"双一流"政策执行效果进行客观分析，有助于总结政策执行过程中的可行路径及症结所在。这既是对上一阶段执行状况的评价反思，也是对接下来第二轮"双一流"政策执行给予引导性示范。以评促建，是政策动态执行的关键，是推进执行效果显著提升的必要手段，为政策执行的持续发展提供"内驱力"，全面提高教育政策工作的实效性和创新性。

---

① 教育部 财政部 国家发展改革委关于印发《统筹推进世界一流大学和一流学科建设实施办法（暂行）》的通知．（2017-01-25）[2022-07-28]. http://www.moe.gov.cn/srcsite/A22/moe_843/201701/t20170125_295701.html.

1. "双一流"政策逻辑体系相对宏观

政策制定是政策顺利实施全过程的根本保证，是政策科学的核心主题。政策体系的建立对于政策的执行起到至关重要的作用，通过积极的行动使政策方案付诸实践[①]。首轮"双一流"政策出台以后，由于没有十分明确的评选标准，评价指标的权重不够公开透明。通过对相关文献的查阅可以看出，我国当前对"双一流"政策的建设研究还停留在应然阶段，而实然层面的研究成果较为缺乏。同时，应然的标准使得部分高校出现盲目追求"大而全"办学模式的现象，朝着综合化大学方向聚力发展。高校就如何建设"双一流"均在不断探索，从"双一流"建设内涵出发，通过对部分顶尖"双一流"高校建设文本中实施路径和建设成效的分析，建设框架主要围绕人才培养、科学研究、社会服务、文化传承创新、国际交流合作、师资队伍、学科建设水平等方面，但更为具体精细化的操作模式却不尽相同。这看似给予了高校很大的自主建设权利，但同时可能导致个别高校急于求成而忘却自身优势，以其他优质高校为蓝本，效仿其成功路径，最后得不偿失。

2. "双一流"政策评估方法相对局限

在评估政策执行的过程中，选择适合的评估方式对政策执行方向的指导具有十分重要的影响。我国重点建设项目最为关注的同样是目标达成评价和成果评价，此外还比较关注项目中存在的问题，关注重点仍是项目是否按计划进行，对于项目的执行过程，特别是项目的效益、大学的引领效应和有效性等方面的关注度不够[②]。当前"双一流"政策主要以量化分析为主，质性分析较少，出现了"唯指标"、追求"学术 GDP"的功利化倾向，这导致建设过程中出现"重科研轻教学""重理工轻人文"的现象。在部分高校具体实施过程中，可以简单地将评估指标总结为以下几方面：学科建设水平指数包括一级学科评估结果和基本科学指标数；人才培养包括在校生人数、学术声誉、科研成果、教学成果等；科学研究包括科研项目、科研经费、获奖、成果转化；社会服务包括产学研转化情况、校企融合等；文化传承创新包含大学生创新创业、文化输出形式、特色化项目；国际交流合作涵盖师生海外交流学习经历、学术会议、留学生数量等方面。受到评估方法周期性和评估"唯指标"化的影响，五年内完成考核使得一些高校出现了学术功利化倾向，它们把功夫下在了显性"数据"上。十年树木，百年树人，高校学术研究是一项"坐得住冷板凳"的事业，需要将学术成果转化为课堂教学和社会产出，让学术成果发光发热，为社会服务奉献自己的一份力量。但是在当前强压考核机制及激励机制下，部分高校教师更多考虑的是完成考核任务，

---

① 史万兵. 2019. 中国当代高等教育政策分析. 北京：科学出版社：3-5.
② 刘莉，刘念才. 2018. 世界一流大学建设与中国梦. 上海：上海交通大学出版社：170.

使得部分高校现存的科研模式和科研文化并未得到根本改变，其不良的文化氛围造成了科研资源的浪费，催生了不正常的学术竞争，妨碍了创新和产出高水平成果。如果科研成果停留于显性、表面化，缺乏深层次研究，就会产生了大量学术泡沫。

3. "双一流"政策评估主体有待优化

构建完善的"双一流"评价体系是后续该项政策全面落地的必由之路，而政策评估主体的多元化是公正客观评价的必要条件。探索构建多主体协同共治的"双一流"建设评价机制与体系，既有助于优化高等教育治理体系、提升高等教育治理能力，也有助于完善共建共治共享的社会治理制度[①]。政策评估主体可以分为内部评价和外部评价，内部评价是从政策主体中分离出来的组织或个人，外部评价是政策执行主体以外的人员。从前文概述可以看出，单方面的内部评价和外部评价都不能公正、合理地对整个政策进行全面准确的评估。因此，衡量政策评估主体的类型对政策有效评估至关重要，在政策评估过程中，应当坚持内部评价和外部评价相结合的形式，优化评估主体。建设世界一流大学需要走出国门，走向世界，而通过审视《评价办法》可以看出，当前"双一流"的评估体系依然停留在国内政府部门专家团队评估、第三方评估、自我评估，建议适当增加国外高等教育影响力的评估（如国内留学生评价、国际顶尖技术应用与影响力评价、国际学者评价等）。另外，政策评估主体涉及政府、高校、教师、学生、就业单位甚至家长等多个利益主体，不同利益主体对利益诉求存在一定差异，如何平衡各主体之间的关系是"双一流"政策持续顺利进行的关键。

（三）"双一流"政策执行效果的改进路径

政策的执行效果有赖于政策评估的集中展现。在高等教育规模不断扩展的过程中，评估成为高等教育质量保障的重要举措之一。评估体系的催生既是现代社会发展的产物，也是高等教育发展的必然结果。高等教育的大发展、大变革对高等教育评估提出了强烈的要求。《2022年全国教育事业发展统计公报》数据显示，我国高等教育毛入学率为59.6%[②]，我国高等教育已全面进入普及化阶段，成为世界高等教育第一大国，这同时也意味着我国高等教育质量面临更加严峻的考验，高等教育普及化与高等教育质量滑坡存在着某种程度的相关性[③]。世界一流大学的建设作为国家层面的战略诉求，其主要目的不在于建成资源集中的一定

[①] 钟秉林，王新凤. 2020. 我国"双一流"建设成效评价的若干思考. 高校教育管理，（4）：1-6.

[②] 2022年全国教育事业发展统计公报.（2023-07-05）[2023-08-01]. https://www.gov.cn/govweb/lianbo/bumen/202307/content_6890116.htm.

[③] 张继平. 2017. 解构与重塑：高等教育评估的价值取向研究. 武汉：华中师范大学出版社：7.

数量的一流大学,而在于建设具有典范引领作用的一流大学群,进而整体提升高等教育实力。不断完善具有中国特色的"双一流"建设长效评价体系,引导更多高校跻身"双一流"。通过对比"双一流"政策施行之初与五年后首轮评估结束后的政策,我国"双一流"政策已经由"统筹推进"演变为"深入推进"。教育部、高校等部门就首轮"双一流"政策实施情况进行了较为全面的把控和分析,这为第二轮及以后"双一流"的进一步发展奠定了良好的政策基础,该项政策的评估体系也更加健全。

1. 坚持"双一流"政策评估的价值取向

"双一流"政策在意识形态领域还存在认识偏颇、盲目应对的现象。部分高校对"双一流"政策本身的根本目的、社会价值、理论及现实意义没有客观公正的认识,没有正确认识政策制定的初衷,而是将执行过程简单化,以短浅的视野驻足在评估结果上,使得评估初衷与结果背道而驰。在重构"双一流"政策意识形态过程中,首先,要厘清"双一流"政策的国际、国内背景。改变一元化的信息传播形式,建立社会与公民之间、高校与师生之间的双向信息传播网络,让"双一流"政策建设的现实意义、内涵、评选标准、指标权重、评选目的更明晰地向社会公众传达,增强政策的透明度,让其认识到高等教育内涵式发展的迫切性和必要性。认清"双一流"建设的目标不能仅仅是高层次的大学,而应该是选拔和支持高水平的大学。这样才能真正引导高等学校提高水平,而不是追求层次[1]。《评价办法》中指出,成效评价由大学整体建设评价和学科建设评价两部分组成,分整体发展水平、成长提升程度、可持续发展能力不同视角,考察和呈现高校和学科的建设成效,使得"双一流"建设成效评价指标更加明朗。国外一流大学建设指标体系的细致程度具体到各项指标权重,这仍值得我们学习,例如,泰晤士高等教育对大学排名的指标涵盖教学、研究、引文、国际化以及行业收入等方面建设情况,观测点设置包含 5 个一级指标和 13 个二级指标,兼顾了学生的学习行为、学习效果、学习环境和雇主评价等方面的评估,能够较为全面地反映高校的办学质量[2]。其次,要强化中国特色、校本特色。我国高等教育真正办出具有中国特色社会主义烙印的中国模式,在政策体系的制定、政策的执行与评估过程中,需要增强建设过程中的中国色彩,实现科学技术和学术文化的独立自主,构建具有中国特色、中国风格、中国气派的话语体系;在校园文化建设上,追溯办学历史和学科建设优势特色,弘扬校史校训,构建风清气正的校园文化氛围,打造鲜亮的具有厚重底蕴的文化名片。

---

[1] 谢维和. 时评:"双一流"政策的关键词分析. 人民日报,2017-05-18(18).
[2] 张毅. 2022. 世界大学排名对比分析及其对"双一流"建设的启示. 北京科技大学学报(社会科学版),38(2):138-145.

2. 推进"双一流"评估方法的多维结合

适当的方法会更加迅速地推进评估高质量完成，进一步推进政策执行效果的提升。如今"双一流"评估只是在一定指标体系下的横向比较，是不同起跑线的相同标准，在一定程度上加剧了高校对"双一流"政策评选指标的不正确认识。深入推进《深化新时代教育评价改革总体方案》和《评价办法》，克服"唯论文、唯帽子、唯职称、唯学历、唯奖项"的倾向，也要克服"一刀切"的片面评估方式，弱化结果利益捆绑，不与大学学科排名、论文指标等挂钩。尽量摒弃科研评价中的"短平快"，而要建立中长期考核机制，为科研人员营造较为宽松的科研环境。坚持定性与定量评估相结合，《评价办法》中指出，依据公开数据、可参考的第三方评价结果及监测数据进行定量评价。组织专家对建设高校与建设学科定期发布的进展报告、中期和期末自评报告、典型特色案例及其他写实性材料进行定性评议。定量结果与定性结论互相补充、互为印证。2015 年"双一流"政策出台以来，无论是政府部门还是各大高校，都在依据中央指示努力探索。直至 2018 年，各大高校纷纷出台了"双一流"建设年度进展报告，高校分别从年度完成情况、取得成绩、存在问题等方面分析自身情况，并给予较为中肯的自我评价。纵观五年以来的首轮建设成效，"双一流"政策大致经历了首期评价、年度评价、中期评价、终期评价，不断完善多维评估方法，其成效有一定的提升。另外，如果说成为世界一流是中国建设模式的外在标准，中国特色即是中国模式的内在灵魂。世界上每个国家都拥有自己独特的历史文化、价值体系，处在不同于其他国家的经济发展阶段从根本上决定了世界一流大学的建设路径截然不同[1]，因此，要考虑到"中国特色、世界一流"是"双一流"建设的总体标准，评价大学和学科发展水平的"尺子"有多种，既要关注评价的共性，又要关注发展性评价，以评价为工具推动大学和学科发展水平的快速提升[2]。

3. 完善"双一流"评估主体的多元发展

党的十九大报告指出：中国特色社会主义进入新时代，我国社会主要矛盾已经转化为人民日益增长的美好生活需要和不平衡不充分的发展之间的矛盾。只有办好人民满意的教育，促进教育高质量发展，才能巩固社会良性发展。随着科学技术和信息技术的迅速发展，MOOC、翻转课堂等新事物不断出现，开展高等教育多主体评价，有助于教育公平发展，提高效率，维护社会长足稳定发展。充分考虑到各评估主体之间的利益关系，持不同价值观念和评估标准的主体对同一高

---

[1] 刘莉，刘念才. 2018. 世界一流大学建设与中国梦. 上海：上海交通大学出版社：261.
[2] 刘贵华，孟照海，等. 2020. "双一流"建设研究突破. 上海：华东师范大学出版社：6.

等教育的价值判断不同[①]，必须构建多主体全面参与、平等协商的体制机制，并且在政策的制定过程必须公开、透明，不同高校和学科的建设重点千差万别，自然学科比人文社科更具有效率效果优势，人文社科发展受到一定的潜在阻碍，对此，政府如何权衡入选后不同类别高校之间的资源配置问题，也是评估主体利益合理分配的关键。另外，要注重对国外影响力的考察，例如在国际会议上发表论文情况、受聘国际教授和招收留学生情况、国际学术社会对我国一流大学的评价。同时，要注重"元评估"。开展对评估体系本身的评价与改革，探寻评估过程中真实存在的各种矛盾问题，以推进评估体系顺利改革。扎实推进评价改革是加快推进高等教育发展步伐的关键一招。

4. 落实"双一流"政策执行的监督机制

政策监督在政策执行过程中的主要作用是对公共利益分配的落实情况进行监察、督导，通过政策监控活动，排除主客观因素的干扰，整合政策运行活动的各种力量，充分发挥政策资源的潜能，提高政策效率，确保政策执行过程的有效性[②]。同时，要克服依靠国家行政主导和外力推动的影响，不断激发高等学校的内生动力和创造力，把握好监督机制的执行力度，实现我国高等教育的结构性重塑。"双一流"政策监督机制如何做到公开透明，也是当前应当思考的重要方面。《评价办法》中指出，加强政策监督机制，设立常态化建设监测体系，注重考察期中和期末建设目标达成度、高校及学科发展度，合理参考第三方评价表现度，形成监测、改进与评价"三位一体"评价模式，督促高校落实建设主体责任，治本纠偏，持续提高建设水平[③]。从政策制定、政策执行、评价机制、改进路向等多方面强化监督机制，多方参与，不断创新考核评价机制，落实"双一流"教育质量，将人才培养放在政策执行的出发点和落脚点，真正做到政策发展成果由学生共享，为国家培养堪当民族复兴重任的时代新人。

评价结果不是高校或学科建成一流与否的评判。建设"双一流"不是一蹴而就的事情，而是长远建设发展的重大事业。我们对"双一流"建设的长期性、复杂性和艰巨性要有充分认识，这是一项只有起点、没有终点的征程，只有长期积累、没有捷径可寻的改革，在这个过程中，充分发挥评估体系在构建"一流"中的重要作用。在"双一流"建设中，高校要坚持正确办学方向，坚持服务国家需求，坚持久久为功，坚持内涵式发展，不断激发自身内生动力，把精力聚焦到人才培养上，踏踏实实开展建设，用服务贡献的实绩体现特色、增强实力、展现水平，为建设高

[①] 张继平. 2017. 解构与重塑：高等教育评估的价值取向研究. 武汉：华中师范大学出版社：192.

[②] 史万兵. 2019. 中国当代高等教育政策分析. 北京：科学出版社：353.

[③] 教育部 财政部 国家发展改革委关于印发《"双一流"建设成效评价办法（试行）》的通知.（2021-03-23）[2022-06-23]. http://www.moe.gov.cn/srcsite/A22/moe_843/202103/t20210323_521951.html.

等教育强国发挥应有的引领示范作用,进一步实现向世界传播中国声音、中国理论、中国思想,让世界更好地读懂中国,走出一条建设中国特色、世界一流大学的新路。

【思考与练习】

1. 我国乡村教师培训政策执行中还存在哪些方面的问题?如何优化?
2. 我国"双一流"政策执行中还存在哪些方面的问题?如何优化?

教育法规篇

第四章

教育法规原理论

要点提示

学习教育法规，首先要对教育法规的基本概念有清晰的认识和理解，什么是教育法规？教育法规的体系如何？教育法规具有什么样的特点？本章将阐述这些问题。

学习目标

通过本章的学习，应该了解、理解和掌握以下内容：
1. 掌握教育法规、教育法律规范、教育法律关系的含义。
2. 了解我国现行教育的体系。
3. 理解教育法律规范的结构。
4. 理解教育法律关系的构成要素。

知识导图

```
                                    ┌── 教育法规的含义
                      ┌── 教育法规概述 ── 教育法规的特征
                      │             └── 教育法规体系
                      │
                      │             ┌── 教育法律规范的含义
第四章 教育法规原理论 ──┼── 教育法律规范 ── 教育法律规范的结构
                      │             └── 教育法律规范的类别
                      │
                      │             ┌── 教育法律关系的内涵
                      └── 教育法律关系 ── 教育法律关系的类型
                                    └── 教育法律关系的构成要素
```

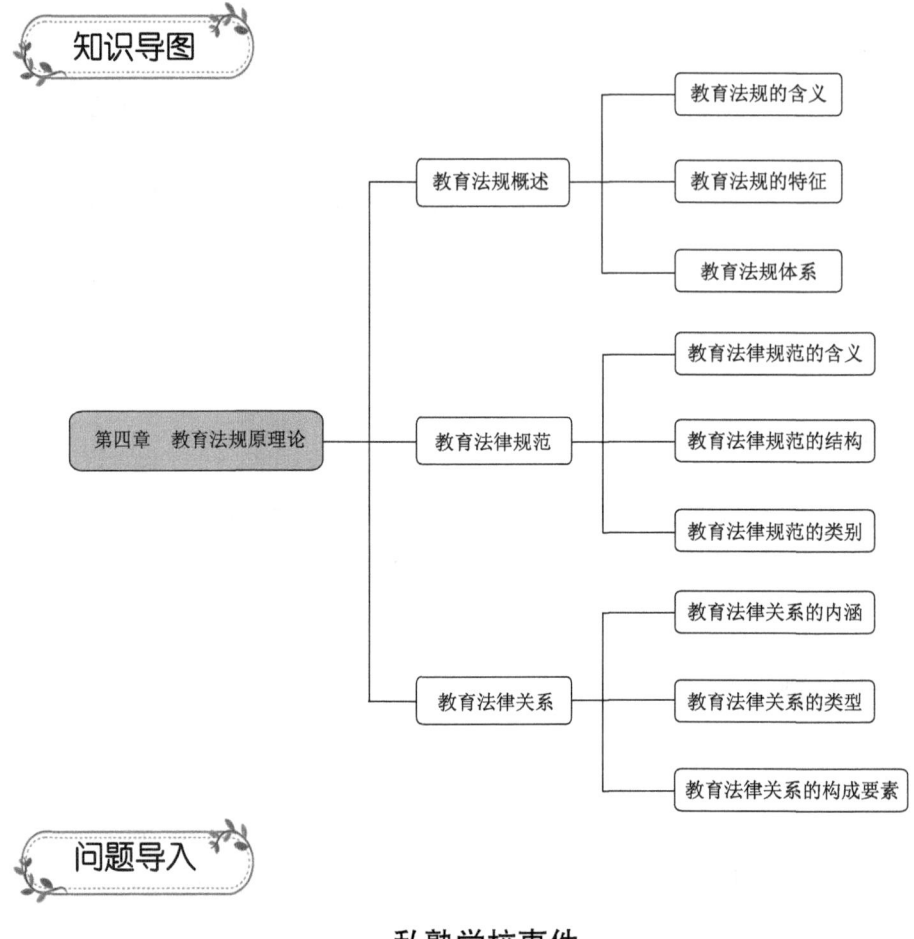

问题导入

私塾学校事件

一家全日制私塾学校，由家长们自愿组成并由家长延请教师授课，采用现代家庭教育模式，以读古代经典、背诵古文为课程核心。该校成立第二年，其所在区教育局下发告知单。告知单指出：该校属于非法教育机构，应立即停止非法行为。该校所在地的市教育委员会发言人列举了该校存在的错误：①违反办学许可的有关规定；②违反《义务教育法》第二条、第四条、第三十五条的有关规定；③违反有关教育收费的规定。私塾学校负责人则声称：学校并没有违反《义务教育法》，教育部门的告知书和公开发言，无法律依据，准备以行政诉讼和民事诉讼起诉学校所在区教育局和市教育委员会，通过法律手段维护其合法权利。这一争执引发了社会的广泛关注。之所以会产生这种非法与合理的矛盾，主要归根于现行教育法治体系、教育法律法规的不完善。

> 当前，我国已进入全面依法治教的新时期，法律作为社会关系的调节器，其对于教育领域的调控，是一种新型法律调整形式。完善的教育立法、相关的教育法律法规为教育行政管理提供了明确的依据和目标。教育法律法规的含义是什么？教育法律法规有哪些特点？什么是教育法律规范？什么是教育法律关系？其基本构成要素有哪些？这是本章要讨论的关键问题。

第一节　教育法规概述

一、教育法规的含义

教育法规是法律体系的一个子系统，理解教育法规的概念首先应了解法律的概念。

法律有广义和狭义之分。广义的法律是指法的整体，是由国家制定或认可的，体现统治阶级意志，以国家强制力保障实施的行为规范的总和[1]。广义的法律包括法律、有法律效力的解释及行政机关为执行法律而制定的规范性文件。狭义的法律专指拥有立法权的国家机关依照立法程序制定的规范性文件[2]。在我国，狭义的法律主要指全国人民代表大会及其常务委员会所制定的法律。

教育法规是指国家制定和认可，并由国家强制力保证实施，调整教育活动中各种法律关系的行为规范的总和。教育法规的制定主体是所有具有立法权的国家机关，不仅包括最高立法机关，还包括地方立法机关和各级国家行政机关。

二、教育法规的特征

教育法规作为法规的一种，既具有法律、法规的一般属性，也具有自己的特性。

（一）教育法规与其他法规共性的特征

1. 强制性

教育法规的强制性体现在它是国家强制力保障实施的，具有普遍约束力。所

---

[1] 黄崴. 2002. 教育法学. 广州：广东高等教育出版社：32.
[2]《简明社会科学词典》编辑委员会. 1982. 简明社会科学词典. 上海：上海辞书出版社：667.

有的规范都对人和组织有一定的约束力,比如道德规范、社会习俗等,但这些规范的强制约束力十分有限。教育法规则不同,它是调整教育活动中各种法律关系的行为规范,由国家相关部门做后盾来保证实施,这种强制力具有普遍性,如果违反了教育法规的相关规定,必然要承担相应的法律责任,受到相应的法律制裁。

2. 普遍性

教育法规的普遍性即教育法规适用对象和适用范围具有普遍性,它不是为某一具体的特定的人提供行为标准,任何例外情况都要在法律条文中进行规定。而且只要教育法规尚未失效,就可以反复运用,而不是只适用一次或者若干次。比如《教师法》第一章第二条规定:"本法适用于在各级各类学校和其他教育机构中专门从事教育教学工作的教师。"第九章附则第四十一条规定:"军队所属院校的教师和教育教学辅助人员,由中央军事委员会依照本法制定有关规定。"第四十二条规定:"外籍教师的聘任办法由国务院教育行政部门规定。"

3. 规范性

教育法规经由国家机关制定,具有相应的法律效力,具有法律的规范性和权威性。教育法规是国家按照一定的立法程序制定并颁布实施的行为准则,是以规范性文件的形式出现的。

同时,教育法规的法律条文要求语言具有精确性,逻辑具有严谨性,内容具有完整性,时间具有稳定性,实践具有可操作性。教育法律规范是保障教育事业良好发展的基本要求,是对教育活动中所涉及的具体行为的示范和指引。

(二)教育法规独有的特征

1. 行政主导性

随着我国社会主义市场经济的不断推进,教育活动中的法律关系变得越来越复杂,也越来越多样化。这些法律关系尽管复杂多样,但从性质上可以分为三种类型:教育行政法律关系、教育民事法律关系和教育特别法律关系[①]。在这些法律关系中,起主导作用的是教育行政法律关系,这体现了教育法规的行政主导性。

2. 教育性

教育法规的教育性主要体现在:一是国家把对教育的普遍要求转化为稳定的教育行为规范,并向人们传递这些规范,使其内化为人们的教育思想意识,借助人们的教育行为使其得以传播。二是通过教育法规的实施从两个方面对人们产生

[①] 张维平,石连海.2008.教育法学.北京:人民教育出版社:93.

教育作用：一方面，教育法规对合法的教育行为的保护和鼓励对本人及他人有示范与激励作用；另一方面，教育法规对不合法的行为的制裁会警告本人及他人，如果再做此类行为就会受到法律的制裁。

3. 广泛性

广泛性主要表现在两个方面：一是教育法律关系主体的广泛性。教育法规的调整和规范对象十分明确，始终是教育活动中的各种活动主体的教育行为及由此引起的各种教育法律关系。与其他法律相比，教育法规的调整对象具有广泛性。二是教育法规适用范围的广泛性。教育活动涉及教育行政机关、其他教育行政机关、学校、社会组织、几乎每个家庭及公民。这些公民、法人和社会组织都是教育法规调整的对象。同时，教育法规调整的不仅是教育内部的法律关系，还有教育与社会其他外部要素之间的法律关系。

三、教育法规体系

教育法规体系是指作为一个专门的法律部门，按照一定的原则，将不同部类的教育法规有机地组合成为一个具有内在协调关系的法律法规的统一体系。目前，我国的教育法律法规体系结构的框架已经基本形成。

（一）教育法规体系的纵向结构

教育法规体系的纵向结构是指由不同层次的教育法规构成立法权限和法律效力上等级有序的体系，具体如表 4-1 所示。

表 4-1　教育法规体系的纵向结构

法的层级	表现形式		制定机关
最高层级	宪法中关于教育的条款		全国人民代表大会
第一层级	教育基本法律		全国人民代表大会
第二层级	教育单行法		全国人民代表大会常务委员会
第三层级	教育行政法规		国务院
第四层级	地方性教育法规		省、自治区、直辖市人民代表大会及其常务委员会，省会市、自治区府市、计划单列市人民代表大会及其常务委员会
第五层级	教育规章	部门教育规章	教育部及国务院有关部委
		政府教育规章	省、自治区、直辖市人民政府，省会市、自治区府市、计划单列市人民政府

1. 宪法中关于教育的条款

宪法是我国的根本大法，在整个法律体系中处于最高的法律地位，由我国最高国家权力机关——全国人民代表大会制定，是其他法律规范制定的根本依据。宪法中关于教育的条款是我国教育法的渊源，在教育法律体系中处于最高地位。其他任何形式、任何类型的教育法律法规都不能与之相抵触。

2. 教育基本法律

我国的教育基本法律是 1995 年由第八届全国人民代表大会第三次会议审议通过的《教育法》，它与国家宪法相配套，对整个教育事业的全局起到宏观调控的作用，被称为"教育宪法"或"教育母法"。《教育法》对我国教育的地位、性质、基本方针政策、基本制度以及学校、教师等教育活动中各主体的法律地位、权利义务等都作了相应规定。《教育法》自 1995 年 9 月 1 日起实施，至今经历了 3 次修改，分别是 2009 年第十一届全国人民代表大会常务委员会第十次会议《关于修改部分法律的决定》，2015 年第十二届全国人民代表大会常务委员会第十八次会议《关于修改〈中华人民共和国教育法〉的决定》，2021 年第十三届全国人民代表大会常务委员会第二十八次会议通过了《关于修改〈中华人民共和国教育法〉的决定》。

3. 教育单行法

教育单行法是根据宪法和教育基本法律制定的针对教育某一领域或某一方面教育工作的教育法规。例如，已颁布的《学位条例》、《义务教育法》、《教师法》、《中华人民共和国职业教育法》（简称《职业教育法》）等，与教育基本法律相比，这类法律调整的对象一般范围较小，内容较为具体。

4. 教育行政法规

教育行政法规是我国最高行政机关即国务院根据宪法和法律制定的关于教育行政管理的规范性文件。其法律效力和地位都低于宪法和教育法律，教育行政法规涉及的内容广泛，是教育法规体系的主体，例如《中华人民共和国义务教育法实施细则》《中华人民共和国学位条例暂行实施办法》《中华人民共和国教师资格条例》《学校卫生工作条例》《学校体育工作条例》等。

5. 地方性教育法规

地方性教育法规是指省、自治区、直辖市人民代表大会及其常务委员会和省会市、自治区府市、计划单列市人民代表大会及其常务委员会依据宪法和其他法律，结合本地实际制定的规范性文件。地方性教育法规只在本行政区域内有效，例如 2013 年 5 月 30 日河南省第十二届人民代表大会常务委员会会议审议通过的《河南省实施〈中华人民共和国义务教育法〉办法》。

6. 教育规章

教育规章按照制定发布机关的不同可以分为两类：一类是部门教育规章，是由国务院教育行政部门制定的有关教育方面的规范性文件，其法律效力低于宪法、教育基本法律和教育行政法规，以国务院教育行政部门令或国务院教育行政部门与国务院其他部、委联合令形式发布。常用的名称为规定、办法、规章、大纲、标准等，例如《未成年人学校保护规定》（2021年6月1日教育部令第50号公布）、《学生伤害事故处理办法》（2002年6月25日教育部令第12号发布）等。另一类是政府教育规章，是指由省、自治区、直辖市及省、自治区人民政府所在地的市和经国务院批准的较大市的人民政府所制定的有关教育工作的规范性法律文件。其法律效力低于宪法、教育基本法律、教育行政法规、地方性教育法规，以政府令的形式发布，只在本行政区域内有效。

（二）教育法规体系的横向结构

依据调整教育关系的对象和具体内容的不同，教育法规又有不同的类别之分，这些类别构成了教育法规体系的横向结构。

1. 教育基本法

教育基本法是以宪法为依据制定的教育基本法律，是制定其他教育法的依据。它对教育的性质、地位、任务、基本原则、基本制度等做出全面的规定，是调整根本性、全局性的教育关系的法律。《教育法》是教育基本法。

2. 基础教育法

基础教育法是调整基础教育中法律关系的教育法。它包括学前教育、初等教育、中等教育、义务教育及未成年人教育等方面的教育法。《义务教育法》在基础教育法中起着重要的作用。

3. 高等教育法

高等教育法是调整普通全日制高等学校教育中法律关系的教育法。它又分为专科、本科、研究生教育的法规。有的国家的高等教育还包括夜大、电大、函大、职大、自学考试制度等多种形式。因此，高等教育法与成人教育法产生交叉关系。

《高等教育法》对我国高等教育的发展原则、方针、任务、办学体制、管理体制、基本制度、学校的设立、学校的组织和活动、教师和其他教育工作者、学生、投入和条件保障等做出了全面的规定。

4. 职业教育法

职业教育法是指调整各种职业教育涉及的法律关系的教育法。《职业教育法》对我国职业教育的方针、发展原则、管理体制、教育体系、职业教育的实施、保障条件等做出了规定。

5. 民办教育促进法

民办教育促进法是指对国家机构以外的社会组织或者个人，利用非国家财政性经费，面向社会举办学校及其他教育机构中的法律关系进行调整的教育法。《中华人民共和国民办教育促进法》对我国民办教育的宗旨、办学条件、教师权利、条件保证等做出了规定。

6. 教师法

教师法是指调整教育教学活动中教师的权利、义务等法律关系的教育法。《教师法》对我国教师的权利和义务、资格和任用、培养和培训、考核、待遇、奖励、法律责任等做出了规定。

第二节 教育法律规范

一、教育法律规范的含义

法是规范人们行为的规则，法对具体主体的行为规范是通过法律规范来完成的，法律规范是由国家制定和认可，并以国家强制力保证实施的一种特殊性的行为规范。换言之，法律规范就是法所确定的行为规则以及对违法者的制裁。

教育法律规范是法律规范的下位概念。教育法律规范也称教育法律规则，是教育法的重要构成要素，是通过一定教育法律条文表现出来的具有内在逻辑结构的一般行为规则。教育法律规范通过一定的法律条文表现出来，它规定了教育主体的权利和义务。

二、教育法律规范的结构

教育法律规范的结构是指教育法律规范的有机组成和排列。从逻辑结构上看，法律规范通常由法定条件、行为准则和法律后果三个要素构成。

（一）法定条件

法定条件又称"假定"，规定适用某一行为规则的情况和条件，它表明在什么条件下，这一规则生效。例如《义务教育法》第十一条规定："凡年满六周岁的儿童，其父母或者其他法定监护人应当送其入学接受并完成义务教育；条件不具备的地区的儿童，可以推迟到七周岁。"这里的"凡年满六周岁的儿童"就是法律规范的假定部分。

（二）行为准则

行为准则又称"处理"，是指法律规范中明确规定的某类行为的基本要求，是法律规范的核心部分，也是规则的主要内容。它规定了当教育法律规范中规定的条件和情况出现的时候，人们应该做什么，可以做什么，禁止做什么。例如《义务教育法》第十一条规定："凡年满六周岁的儿童，其父母或者其他法定监护人应当送其入学接受并完成义务教育；条件不具备的地区的儿童，可以推迟到七周岁。"这里"其父母或者其他法定监护人应当送其入学接受并完成义务教育"就是法律规范的行为准则。

（三）法律后果

法律后果又称"奖惩"，规定人们在做出符合或者违反教育法律规范的行为时应承担的法律责任。它包括遵守教育法律规范的肯定性奖励和违反教育法律规范的否定性制裁，例如《义务教育法》第五十八条规定："适龄儿童、少年的父母或者其他法定监护人无正当理由未依照本法规定送适龄儿童、少年入学接受义务教育的，由当地乡镇人民政府或者县级人民政府教育行政部门给予批评教育，责令限期改正。"

但是这三部分并不一定都明确地规定在同一法律条文中。虽然有的法律条文没有叙述假定部分，但可以推论出来；有的法律条文将假定和处理部分结合起来，有的未直接规定制裁，而在其他部分（一般在罚则部分或者在其他法律）表明，如违反宪法的制裁是在其他法律、法规中规定的。

三、教育法律规范的类别

按照不同的标准，教育法律规范可以有不同的类别。教育法律规范的常见分类如下。

（一）按照调整方式不同划分

按照调整方式的不同，教育法律规范可以划分为义务性规范和授权性规范。义务性规范：规定法律关系主体必须、应该、不能做什么的法律规范，带有强制性。义务性规范在文字表述形式上通常采用"必须""应当""义务""禁止""不准""不得"等字样。例如《义务教育法》第五条规定:"适龄儿童、少年的父母或者其他法定监护人应当依法保证其按时入学接受并完成义务教育。"第十四条规定:"禁止用人单位招用应当接受义务教育的适龄儿童、少年。"第十六条规定:"学校建设,应当符合国家规定的办学标准,适应教育教学需要;应当符合国家规定的选址要求和建设标准,确保学生和教职工安全。"

授权性规范:法律关系主体可以做什么、允许做什么的规范。授权性规范在表述形式上通常采用"可以""有权""不受干涉""有……的自由"等术语。例如《义务教育法》第十一条:"凡年满六周岁的儿童,其父母或者其他法定监护人应当送其入学接受并完成义务教育;条件不具备的地区的儿童,可以推迟到七周岁。"《义务教育法》第四十八条:"国家鼓励社会组织和个人向义务教育捐赠,鼓励按照国家有关基金会管理的规定设立义务教育基金。"

(二)按照法律规范的法律后果不同划分

按照法律规范的法律后果不同,教育法律规范可以划分为制裁性规范和奖励性规范。

制裁性规范是指规定对法律关系参加者做出违反"行为模式"的行为进行制裁的规范。这种规范是否定性的,在事前起到预警作用,在事后起到惩戒作用,是必不可少的。例如《义务教育法》专立专章规定法律责任,分别从国务院有关部门和地方各级人民政府、教育行政部门、学校或者教师、父母或者其他法定监护人等层次,对各种违反教育法规的行为做出制裁规定。

如:第五十七条 学校有下列情形之一的,由县级人民政府教育行政部门责令限期改正;情节严重的,对直接负责的主管人员和其他直接责任人员依法给予处分:

(一)拒绝接收具有接受普通教育能力的残疾适龄儿童、少年随班就读的;
(二)分设重点班和非重点班的;
(三)违反本法规定开除学生的;
(四)选用未经审定的教科书的。

奖励性规范是指规定对法律关系参加者做出特别有益于社会的"行为模式"时给予奖励的规范。这种规范是肯定性的,具有指引人们行为的导向作用。例如《教师法》专列第七章,章名为"奖励",从国务院、地方各级人民政府、有关部门和学校四个层次规定了对教师的奖励。

如:第三十三条 教师在教育教学、培养人才、科学研究、教学改革、学校建设、社会服务、勤工俭学等方面成绩优异的，由所在学校予以表彰、奖励。

国务院和地方各级人民政府及其有关部门对有突出贡献的教师，应当予以表彰、奖励。

对有重大贡献的教师，依照国家有关规定授予荣誉称号。

第三十四条　国家支持和鼓励社会组织或者个人向依法成立的奖励教师的基金组织捐助资金，对教师进行奖励。

【思考与练习】

1. 简述教育法律关系的构成要素。
2. 简述职权与权利的联系与区别。

第三节　教育法律关系

一、教育法律关系的内涵

马克思主义认为，人的本质是一切社会关系的总和，人总是处在一定的社会关系中，如政治关系、婚姻关系、劳动关系等。这些在社会生活中形成的各种社会关系，并不都是受法律调整的，只有那些受法律调整的社会关系可以成为法律关系。法律关系是一个基本的法律概念。

教育法律关系是教育法律规范在调整教育社会关系中所形成的法律上的权利、义务关系。理解教育法律关系的内涵需要把握以下几点。

（一）教育法律关系是以教育法律规范为前提产生的社会关系

教育法律关系是根据教育法律规范建立的一种社会关系。教育法律规范是教育法律关系产生的前提，如果没有相应的教育法律规范的存在，就不可能形成教育法律关系。例如，教师和学生之间的友谊关系并不受教育法律规范的调整，因此这种友谊关系不能成为教育法律关系。

（二）教育法律关系是以法律上的权利和义务为纽带形成的社会关系

教育法律关系是以法律上的权利和义务为纽带而形成的社会关系，它是教育法律规范的内容在教育社会关系中的体现。没有特定法律关系主体的实际法律权利和法律义务，就不可能有法律关系的存在。

（三）教育法律关系是以国家强制力作为保障手段的社会关系

教育法律关系中的权利、义务与责任都是国家意志的体现，违背了教育法律相关的规定，必然受到相应的法律制裁。

二、教育法律关系的类型

（一）教育内部的法律关系和教育外部的法律关系

依据教育法律关系主体的社会角色不同，教育法律关系可以分为教育内部的法律关系和教育外部的法律关系。教育内部的法律关系主要是指适用教育法律规范调整的教育系统内部各类教育机构、教育工作人员、教育对象之间的关系，如学校与教师、学校与其管理人员、教育行政机关与其工作人员之间的关系等。

教育外部的法律关系主要是指适用教育法律规范调整的教育系统与其外部社会各方面之间发生的法律关系，这种关系的具体表现也是多种多样的。

（二）平权型教育法律关系和隶属型教育法律关系

根据教育法律关系各主体关系之间的相互地位是否平等，教育法律关系可以划分为平权型教育法律关系和隶属型教育法律关系。

1. 平权型教育法律关系

平权型教育法律关系是存在于法律地位平等的教育法律关系主体之间的权利义务关系。主体之间法律地位平等，是在平等、自愿、独立的基础之上形成的法律关系。平权型教育法律关系与一般的民事法律关系一样，具有横向的平等特征。平权型教育法律关系主要以民事诉讼的途径进行救济。随着教育民主化的发展，平权型教育法律关系的范围将会逐步扩大。

2. 隶属型教育法律关系

隶属型教育法律关系是存在于法律地位不平等的教育主体之间的权利服从关系，也可以理解为一方当事人可以利用职权直接要求对方当事人做出一定行为或不做出一定行为的法律关系。隶属型教育法律关系具有纵向隶属的特征，权利主体双方是管理与被管理的关系。这种教育法律关系存在于具有职务关系的上下级之间，也存在于依法享有管理权限的国家机构与其管辖之内的各法律关系主体之间。隶属型教育法律关系主要通过行政法律关系表现出来[1]。

---

[1] 杨颖秀. 2014. 教育法学. 北京：中国人民大学出版社：47.

（三）调整性教育法律关系和保护性教育法律关系

根据教育法律规范的职能，教育法律关系可以区分为调整性教育法律关系和保护性教育法律关系。

1. 调整性教育法律关系

调整性教育法律关系是按照调整性教育法律规范所设定的教育关系模式，主体的教育权利能够正常实现的教育法律关系。例如，教师按照《教师法》允许或要求的限度行使教育教学职权。

2. 保护性教育法律关系

保护性教育法律关系是在教育主体的权利和义务不能正常实现的情况下，通过保护性教育法律规范，采取法律制裁手段而形成的教育法律关系。

三、教育法律关系的构成要素

教育法律关系的构成要素有主体、内容和客体，三者相互制约、缺一不可，其中任何一个要素的改变都会导致原有法律关系的变更。

（一）教育法律关系主体

1. 教育法律关系主体的内涵

教育法律关系主体，亦称权利主体或权义主体，指的是教育法律关系的参加者，也就是教育法律关系中享有权利和承担义务的公民和组织。在现实教育活动中，教育法律关系主体是多种多样的。从理论上讲，凡是能够参与一定的教育法律关系的个人和机关、组织和机构都可以成为教育法律关系主体。

在每一个具体的教育法律关系中，尽管主体的数量各不相同，但大体上都归属于相互对应的双方：其中一方为权利的享有者，亦称为权利人；另一方则为义务的承担者，亦称为义务人。在具体的教育法律关系中，到底谁是权利人，谁是义务人，则要具体情况具体分析。

在我国，根据各种法律规定，教育法律关系的主体包括以下几类。

1）自然人（公民）

自然人即公民。这里的公民包含两类：一类是中国公民，另一类指居住在中国境内或在境内活动的外国公民和无国籍人。具有中华人民共和国国籍的中国公民是多种教育法律关系的参加者，公民与公民之间，公民与社会团体、企事业组织、国家机关以及国家之间形成多种形式的教育法律关系。外国公民和无国籍人参加教育法律关系的范围是有限制的，必须以中国有关法律以及中国与有关国家签订的条约为依据。

2）社会组织（法人）

法人包括三类：一是各种国家机关（立法机关、行政机关和司法机关）；二是各种企事业组织和在中国领域内设立的中外合资经营企业、中外合作经营企业和外资企业；三是各政党和社会团体。这些组织和机构主体在法学上笼统地称为法人。

3）国家

国家作为一个整体，既可以是国家所有权关系、刑法关系的主体，也可以是国际关系的主体。

2. 成为教育法律关系主体的条件

公民和法人要能够成为教育法律关系主体，享有权利和承担义务，就必须具有权利能力和行为能力。

1）权利能力

权利能力又称权义能力，是指能够参与一定的教育法律关系、依法享有一定权利和承担一定义务的法律资格，它带有公民属性，是教育法律关系主体实际取得权利、承担义务的前提条件。参加任何教育法律关系都需要具有权利能力。权利能力带有国家"公民"的属性，只要是国家公民都拥有权利能力。

2）行为能力

行为能力指由法律确认的，教育法律关系主体能够通过自己的行为为实际取得权利和承担义务的能力。在一些特定类型的法律关系中，主体不仅要具有权利能力，还必须具有行为能力。例如，儿童拥有受教育的权利，但是只有达到国家法律规定的年龄才具有接受学校教育的行为能力。所以行为能力更具有"行为"的属性，表述的是一种行为上的可能性。确定公民是否有行为能力的主要依据有两个：年龄和智力状况。因此，公民是否达到一定年龄、其智力是否正常，就成为公民享有行为能力的标志。

在法律上，行为能力必须以权利能力为前提，无权利能力就谈不上行为能力。

（二）教育法律关系的内容

教育法律关系的内容是指教育法律关系主体之间的法律权利和法律义务，它是教育法律规范所规定的法律权利和法律义务在实际社会生活中的具体落实。

1. 教育法律权利

教育法律权利是指教育法律关系主体依法享有的某种利益。它通常的表现形式为行为权、要求权和请求权。

（1）行为权：行为权是指教育法律关系主体自身做出或不做出某种行为的权利。这种教育权利可以以作为的方式进行，也可以以不作为的方式进行。

（2）要求权：教育法律关系主体还可以要求他人相应的做出或者不做出一定的行为，以保证权利人要求义务人停止侵害以维护自己的利益，或者要求负有积极义务的义务人做出积极行为，以满足权利人的利益要求。

（3）请求权：当教育法律关系主体的利益受到不法侵害时，权利人有请求国家提供法律保护的权利。这一权利直接体现了国家的强制力。这种权利主要体现在诉讼教育法律关系之中，表现为对受侵害者的一种法律救济，可以通过申诉、控告等不同途径来实现。

不同的教育法律关系主体所享有的法律权利也不完全相同。例如，学校或者其他教育机构享有办学自主权，学生享有受教育权，教师享有教育教学权。一般的法律权利可以放弃、让渡，但是不能被非法剥夺或免除。

2. 教育法律义务

教育法律义务是指教育法律关系主体依法所承担的某种责任。义务是对法律关系主体必须做什么和必须不做什么的约束，义务对法律关系主体而言是强制的，不履行义务将受到国家强制力的制裁。法律关系主体承担的义务可以依法免除，但是不能放弃。

教育法律义务主要包括不作为、积极作为和接受国家强制三种形式。

（1）不作为：义务人不为一定的行为。这一义务与权利人的行为权利相对应。

（2）积极作为：义务人应该按照法律的规定或权利人的要求，做出积极的行为以满足权利人的利益要求。这一义务与权利人的要求权利相对应。

（3）接受国家强制：义务人不履行义务时，必须接受国家强制，这一义务与权利人的请求权利相对应。权利人请求权利的行使引起国家强制力的发挥。

3. 教育法律权利和教育法律义务之间的关系

教育法律权利和教育法律义务的关系可以理解为结构相关、数量相当、功能互补和价值主从的关系[①]。

（1）结构相关：指任何一项教育法律权利的取得都必须有相对应的教育法律义务，权利和义务是相互关联、对立统一的，在现实中既没有无义务的权利，也没有无权利的义务。

（2）数量相当：指教育法律权利和教育法律义务在数量上总是大体相等的。如果教育法律权利总量大于教育法律义务总量，那么有些教育法律权利就是虚设的；反之，如果教育法律义务总量大于教育法律权利总量，就会有

[①] 杨颖秀. 2014. 教育法学. 北京：中国人民大学出版社：56.

人享有特权。

（3）功能互补：指教育法律权利和教育法律义务对主体都具有自己独特的贡献。教育法律规范在调整教育社会关系时是通过权利和义务的双向机制来调整人们的行为的，权利和义务在总体上呈现出相互补充的功能。在不同的条件下，权利和义务的突出作用不同，权利表征正向利益，义务表征负向利益。在教育法律关系中，主体只有在教育法律权利和教育法律义务的互动关系中，才能形成良好的教育秩序。

（4）价值主从：指教育法律权利和教育法律义务在价值选择上并不绝对平衡，而是有主次之分的。对于权利和义务何为主要、何为主导，人们有不同的观点，如权利本位论、义务本位论、权利义务并重论。

（三）教育法律关系客体

教育法律关系客体是教育法律关系的基本构成要素之一。教育法律关系客体也称权利客体、权义客体，是指教育法律关系的权利和义务所指向的目标或对象。教育法律关系客体是联系教育法律关系主体的权利和义务的纽带。如果法律关系的客体不存在，那么教育法律关系主体所享有的权利和承担的义务就会失去目标，教育法律关系也就不复存在。

1. 教育法律关系客体的类型

一般来说，教育法律关系客体包括物、行为和智力成果三种类型。

1）物

物是指一切财产权利对象。法律上所说的物包括一切可以成为财产权利对象的自然之物和人造之物。物又包括动产和不动产两部分，同样作为教育法律关系的物也包括动产和不动产两部分。动产主要包括学校的各种资金、教学仪器、小型设备等。不动产主要包括学校占有的土地、房屋和其他建筑设施。

2）行为

行为指法律关系主体所表现出的各种活动，即指主体的权利和义务所指向的作为或不作为。作为又称积极行为，不作为又称消极行为或者抑制行为，例如，教师热爱学生（作为），禁止体罚学生（不作为）。行为是教育法律关系客体中最为重要的内容，它主要包括行政机关的行政行为、学校及其他教育机构的管理行为和教育者与受教育者的教育教学行为等，具体包括教育拨款、贷款、学校招生、教师的教育教学、学生学习、教育社会实践等行为。

3）智力成果

智力成果指人们在智力活动中创造的精神财富。教育活动中的智力成果主要包括出版的教材、著作，教师各种有独创性的教案、教法、专利等。

2. 成为教育法律关系客体的条件

成为教育法律关系客体应具备以下基本条件。

（1）客体必须是一种资源，能够满足人们的某种需要。如果不能满足人们的利益需求，对教育法律关系主体来说就不具有"利益"属性，因而不被认为具有价值，也不能成为教育法律关系客体。

（2）客体必须具有一定的稀缺性，因而不能被需要它的人毫无代价地占有利用，具有"代价"属性。能够被人无代价地占有利用的，如空气等不具有稀缺性，因此不能作为教育法律关系客体。

（3）客体必须具有可控性，可以被需要它的人因为一定目的而加以占有和利用。只有可以控制或部分控制的东西才能适用法律调整，才能成为主体的权利和义务作用的对象，因而具有"为我"属性。

【思考与练习】

1. 简述教育法律关系的构成要素。
2. 简述职权与权利的联系与区别。
3. 试分析下述案例中涉及哪些法律关系主体、客体和内容。

2019年的某天，某初级中学下午第三节课，任课教师让学生上自习，自己在教室内批改作业。原告康某与被告李某同坐在一排，相互玩笑。康某用圆珠笔戳李某脸部，李某戳回去，刺中康某右眼，导致康某右眼视网膜脱落，眼球被刺穿，经法医鉴定为七级伤残。

第五章

教育法规价值论

要点提示

本章在介绍教育法规价值内涵和价值标准的基础上，重点介绍了教育法规价值中的教育秩序、教育自由、教育平等、教育效益四种价值范畴。价值合理性和工具合理性是构成教育法制建设的两类相互关联的基本标准。教育法规的终极价值是公民受教育权，如果教育法的制定离开了对公民受教育权的终极价值的追求，教育法便失去了存在的基础与合法性。了解教育秩序、教育自由、教育平等、教育效益的内涵以及我国教育法制建设在教育实践问题上面临的选择，有助于更好地理解教育法规价值。一般来讲，教育法规实践中应确立秩序、自由、平等和效益的价值范畴。

学习目标

通过本章的学习，应该了解、理解和掌握以下内容：

1. 了解教育法规价值内涵。
2. 理解教育法规的基本标准和终极价值。
3. 掌握教育法规的四种价值范畴及其对教育的影响。
4. 对相关教育法规案例做出具体分析。

知识导图

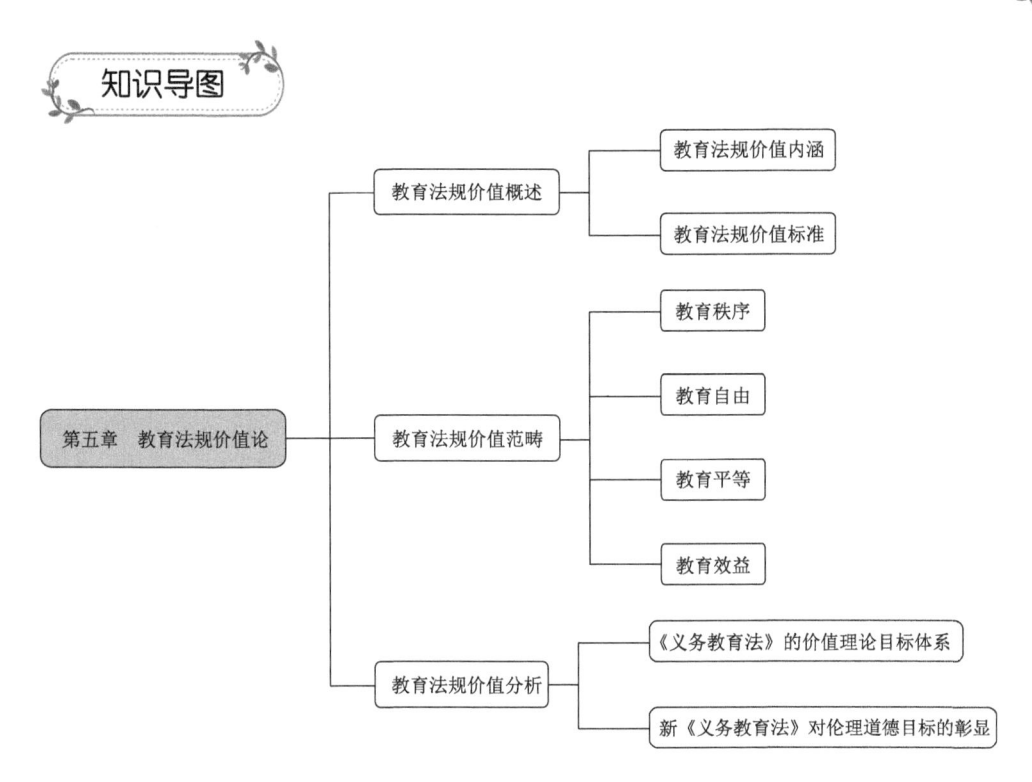

```
第五章 教育法规价值论
├─ 教育法规价值概述
│   ├─ 教育法规价值内涵
│   └─ 教育法规价值标准
├─ 教育法规价值范畴
│   ├─ 教育秩序
│   ├─ 教育自由
│   ├─ 教育平等
│   └─ 教育效益
└─ 教育法规价值分析
    ├─《义务教育法》的价值理论目标体系
    └─ 新《义务教育法》对伦理道德目标的彰显
```

第一节 教育法规价值概述

如果说教育法规原理论解决的是"什么是教育法规"的问题的话，那么教育法规价值论解决的是"什么是好的教育法规"的问题。教育法规是有关教育方面的法令、条例、规则、规章等规范性文件的总称，也是对人们的教育行为具有法律约束力的行为规则的总和。

一、教育法规价值内涵

研究教育法规的价值，有助于明确教育法规活动的指导方向，有助于审视现实的教育法规，分析在教育法规制定过程中各种利益相关者的价值诉求对教育法规制定的最终结果所产生的影响。"价值"是"教育法规价值"中的核心概念，明确价值的内涵有助于更好地理解教育法规的价值内涵。

（一）价值的内涵

价值的概念首先是在经济学理论发展中获得确切含义的，不同的经济学派对价值的理解有所区别。

古典经济学的理解：古典经济学派在构建劳动价值论体系时，对价值的概念做了系统的论证，使之成为一个具有明确含义的概念，并开始在人们的观念和社会生活中起作用。古典经济学派从生产过程的角度考察价值，认为生产过程、劳动过程本身是客观的，因此价值是客观的。

效用经济学的理解：19世纪中叶产生的边际效用学派创建的效用价值论把价值区分为主观价值和客观价值，并从交换环节中考察价值，认为表现为交换能力的客观价值也是建立在主观价值基础之上的，而主观价值则是以"效用"为来源；"效用"就是产品能满足人的欲望的能力，它是在产品与人的关系中产生的，而不是产品所固有的。产品是否有用或用途的大小取决于人的需要以及建立在这种需要基础之上的主观判断。边际效用学派认为，因为人的需要是主观的，人对建立在需要基础上的判断也是主观的，因此价值是主观的。

马克思主义的理解：马克思主义经济学提出了主、客观相结合的价值理论，该理论不仅克服了客观价值论仅强调劳动决定价值、不能涵盖非劳动产品的弊端，也克服了主观价值论完全忽视劳动对价值形成的决定作用的缺陷，为我们认识作为一般意义上的价值概念提供了一种思路。

马克思主义的价值理论认为，价值概念具有两重含义。

其一，价值是关系范畴。它存在于主体与客体的关系之中，既决定于客体本身的属性，又决定于主体特定的需要模式，是作为主体的人和作为客体的物之间的需要与满足的对应关系。比如，君主制在古代农业社会是有必要的，因为人们要依靠集体的力量才能更好地生存，它与社会发展的要求有一致性；但在现代社会，这种制度与国家主权在民的思想是相违背的，与人民大众的需要是不一致的，所以它也就失去了价值。

其二，价值是属性范畴。价值是价值客体的一种属性，即其所具有的性质和特点，这种属性通过对主体所产生的各种作用和影响表现出来。价值实际上是主体与客体相互作用的结果，这种相互作用又是在人的实践活动中进行并表现出来的。人们按照自己的需要、目的、方式，通过认识活动和生产活动来影响、改造客体，从而使客体满足主体的需要，表现为客体对主体的作用和影响。可见，价值是以人的需要为基础，并通过人们的相关实践活动而产生和获得的，一切客观事物只有对人才具有价值的属性，也只有通过人才能获得价值的属性。

在经济学中，价值是指凝结在商品中的一般的、无差别的人类劳动，是商品的基本属性之一。商品之所以可以相互交换，其中必然有一个可以比较的共同的基础。这一基础不是商品的使用价值，而是抽象的、无差别的人类劳动，即价值。价值的通常反映是价格，即商品的价值越大，通常价格越高；商品的价值越小，通常价格越低。在市场经济条件下，价格是随着供求关系的变化而变化的，供大于求，价格就低；供不应求，价格就高。但总的来说，价格主要还是围绕价值上下波动。马克思从使用价值的角度认为，"在商品的交换关系或交换价值中表现出来的共同东西，也就是商品的价值"，"物的有用性使物成为使用价值"。[1]

在哲学中，价值概念所肯定的内容是指客体的存在、作用以及它们的变化对于一定主体的需要和发展的某种适合、接近或一致。也就是说，价值是主体与客体之间的一种特殊的关系范畴，价值离不开主体，也离不开客体，价值存在于主客体的相互作用之中，是客体的存在、作用与变化同主体的需要和发展的关系[2]。

无论是在经济学还是哲学中，价值表示的都是客体属性对主体需要的满足状态[3]。总之，价值是作为主体的人与作为客体的物之间的关系中表现出来的客体对主体的效应。

（二）教育法规的价值内涵

根据对价值概念及其观点的分析，应当在教育法规与教育主体的关系之中，从主体的需要出发来认识教育法规的价值。

教育法规的价值就是指在教育法规与教育主体的关系中，作为客体的教育法规以教育主体的需要为基础而对其产生效应的属性。教育法规的价值作为教育法规所具有的性质和特点，通过教育法规所确立的追求目标、教育法规实施过程中所体现出来的实际效果以及主体依据目标对效果所作的评价等方面具体表现出来。从教育法规本身和教育主体需要的角度来认识教育法规的价值，具有主观性与客观性相统一的特点。

（1）教育法规的价值具有主观性。因为教育法规是由一定主体按照主观需要制定出来的，它以主体的需要为参照系产生，这体现了主体对一定教育利益或教育秩序目标的期望，并且根据这一期望形成对教育法规的评价标准。这使不同历史时期、不同社会条件下产生的教育法规从内容到形式均具备不一样的特点，其中有一个特点表现为教育法规反映了其制定者的需求与价值取向。换句话说，教育法规本身就体现着政策制定者的意志，本身就是有价值的，反映着特定阶级、社会对教育的理想。不同的时代、不同的国家或民族，其教育法本身就体现了那

---

[1] 马克思. 2004. 马克思资本论（第一卷）. 中共中央马克思恩格斯列宁斯大林著作编译局编译. 北京：人民出版社：51，48.

[2] 何杰. 2006. 论基础教育课程政策的价值特征和时代诉求. 教育理论与实践，（10）：42-44.

[3] 何杰. 2006. 论基础教育课程政策的价值特征和时代诉求. 教育理论与实践，（10）：42-44.

个时代和那个国家或民族的利益和追求。

（2）教育法规的价值又具有客观性。因为一方面，主体需要是以教育生活实践为基础而产生的，它并不是主体头脑中臆造的产物；另一方面，教育法规一旦制定出来，就转化成为客观存在的一部分，作用于主体的教育行为，以保障在制定教育法规时所确定的教育利益或教育秩序目标的实现。这使教育法规价值的存在从客观上可以得到验证。教育法规另外一个特点即教育法的目标是促进教育价值的实现。例如，任何社会的教育法都强调教育活动的秩序化，而不是教育的无序化；现代社会的教育法都强调教育的民主、自由、平等受教育的机会等，它与教育特权化是对立的。

（3）教育法规价值的主观性与客观性获得统一的基础是教育生活实践。我国通过总结教育发展中历史经验和教训，认识到了依法治教的必要性，从而开始研究、制定教育法规。期望以法律手段保障教育事业的健康发展，使之更好地为我国提高全体社会成员的科学文化素质，加快物质文明与精神文明建设，早日建成富强、民主、文明、和谐的社会主义现代化国家服务。可见，教育立法目标根据教育实践的需要而提出，而这种需要又是人们在实践中逐步认识的。人们通过立法实践将需要转化成为教育法规目标，并通过建立教育法规体系及其实施来实现这一目标。

二、教育法规价值标准

教育法规是否需要关涉价值，需要关涉什么样的价值，这两个问题分别诠释了教育法制建设的两个基本标准以及教育法规的终极价值。

（一）教育法制建设的标准：工具合理性与价值合理性

当前我国教育立法的首要任务就是建立和健全教育法制，而进行法制建设首先需要考虑的问题就是我们要建立什么样的教育法制，也就是首先要考虑教育法制建设的标准问题。如果没有一个明确的标准，任何教育法制建设都可能是无序的、无目标的，因而必然是效率低下的，甚至会导致教育法制建设的结果与我们最初的愿望相背离。

一般来说，教育法制建设具有两类相互关联的基本标准：一是工具合理性，即教育法制的形式化标准，包括法律规范的严密性与确定性、法律体系的完整性与和谐性、司法过程的程序性以及教育法律机制运行的高效化等方面；二是价值合理性，即教育法制的价值标准，指的是教育法制系统赖以建立的并在自身运作过程中随时体现出来的价值体系，它由真实反映法律价值本质和时代要求的法价值观构成，是教育法制建设的出发点和归宿[①]。要理解教育法制建设的价值基础，主要探讨教育法制的价值合理性，即认识和明确教育法制建设的价值标准。我们从理论主张和历史考察两个方面分析教育法制建设的价值合理性与工具合理性。

在理论主张方面，关于法制建设和实践过程中是否需要价值判断和价值因素的这个问题，法学界一直存在争论。"价值中立"是否存在于法的创制与法的实现中？法价值观是否能够成为法之要素？这是造成自然法学派和分析实证主义分歧的重点。自然法学派的观点是，人定法必须要有自己的价值倾向，必须要以既定的价值为归宿。该派重视法律体系的价值合理性，趋向价值至上。分析实证主义反对法学研究关注价值，既否认法律本身之价值因素，也排斥价值判断。譬如，纯粹法学的代表人物凯尔逊（H. Kelsen）认为："真正科学的法学，只能是客观地把实在法律规范作为唯一的研究对象，而绝对地排除任何社会学、政治学、伦理学、心理学的因素，尤其要绝对地排除任何价值判断因素。"[②]分析实证主义法学重视法律规范，也就是工具合理性，具有价值中立或价值虚无主义的倾向，由分析实证主义的思想观点出发，必然得出"恶法亦法"的结论[③]。

事实上，自然法学派和分析实证主义都只强调了某个方面，法律的价值合理性与工具合理性是法律价值的两个基本方面：价值合理性追求的是法律正义，体现着法的实质价值；工具合理性追求的是法律秩序，体现着法的形式价值[④]。从人类法律实践的宏观历史来看，一方面，法律具有严格的非人格化的规范形式，从而保证它成为所有人的行为必须遵守的具有强制性的一般模式；另一方面，法律也在不断地反映人类所公认的基本价值原则并对其进行解释、维护和实践[⑤]。

在历史考察方面，可以从纵向和横向两个角度考量人类法制现代化进程中的特征。

从纵向上看，古代社会的法律形态看重法律的实质价值即价值合理性，近代以来的法制现代化往往重视法律的形式价值（即工具合理性）。关于这一点，韦伯（M. Weber）曾认为，形式主义原则是一切近代法律的重要特征，而一切前近代社会的神权政治所具有的法律形态的最大特点是关注实质原则[⑥]。

从横向上看，因为自然法学派有较大影响力，西方国家的法律传统倾向于价值至上：在近代，自然法的价值理想在天赋人权论、社会契约论、分权制衡论、法治论等理论中得到完美的体现；第二次世界大战结束以来，人们通过对战争的

[①] 刘复兴. 2002. 实质与形式：两类基本的教育法价值. 中国教育法制评论，(1)：200-213.
[②] 吕世伦，文正邦. 1999. 法哲学论. 北京：中国人民大学出版社：458.
[③] 奥斯丁（J. Austin）是分析法学派的创始人，"恶法亦法"是其一个重要的结论。
[④] 徐敏. 2006. 依法治教价值定位的思考. 福建广播电视大学学报，(3)：8-11.
[⑤] 刘复兴. 2002. 实质与形式：两类基本的教育法价值. 中国教育法制评论，(1)：200-213.
[⑥] 李楯. 1999. 法律社会学. 北京：中国政法大学出版社：256.

反思，逐步认识到人类理想与价值体系对社会发展和科技进步具有指导意义，于是曾经日渐衰落的自然法学派又开始得到复兴①。在新中国成立前，中国社会长久的法律传统是，法律只掌握在统治者手中，牺牲人格化的价值理性，看重法律的工具价值。其典型的表现就是"轻视价值理想和不适当把法律作为手段而将法律的使用价值极端化"②。法律的价值合理性和工具合理性客观存在于人类法律实践中，随着时间与空间的变化，思想主体或学派之间对其认识、实践与倾向存在差异和片面化。

对于我国来说，在教育法制建设的进程中，全面理解法的价值合理性与工具合理性的关系是至关重要的。首先，价值合理性（实质价值）要通过工具合理性（形式价值）体现出来，法律正义要通过法律秩序来实现；其次，价值合理性是工具合理性的依据与基础，工具合理性自身的形式中蕴涵价值合理性的特征，也就是说，法律秩序必须是正义的秩序③，只有承认这一点，才能彻底消灭"恶法亦法"的现象；最后，价值合理性从某种意义上来讲优先于工具合理性，原因是所有工具合理性或法律秩序必须在法律规范被社会成员普遍认可、接受并自觉遵守时，才能形成客观的法律秩序，而社会成员能否认可、接受并遵守法律规范的一个前提就是法律规范本身所追求的法律秩序必须蕴含全体社会成员所追求和理解的社会正义的价值理想，否则法律体系就可能丧失其权威性和有效性④。

因此，在教育法制建设和实践的进程中，引入价值因素与价值判断，是全面认识教育法制建设两个基本标准的必然要求。我们思考的重点并非是否需要"价值涉入"，而是思考如何处理价值合理性与工具合理性的关系，教育法制建设中价值如何涉入，教育法制建设需要确定什么样的价值标准等问题。

（二）教育法规的终极价值：公民受教育权

价值是一个主客观相互的关系范畴，虽然在价值范畴内，主体始终处于主导地位，客体服务于主体，但也不能因此而忽视客体的客观性，不讲原则、规则和方法而人为建构一些法律的价值，把价值单纯归结为主观化的活动，这种做法只会导致价值体系的混乱，自然也就丧失了对法学理论研究和法律运行的指导功能，失去了其存在的价值和意义⑤。因此，我们应该首先探讨如何确立社会终极价值。在古代社会，权威决定如何确立社会终极价值；近现代社会以来，权威选

---

① 刘复兴. 2002. 实质与形式：两类基本的教育法价值. 中国教育法制评论，（1）：200-213.
② 吕世伦，文正邦. 1999. 法哲学论. 北京：中国人民大学出版社：445.
③ 徐敏. 2006. 依法治教价值定位的思考. 福建广播电视大学学报，（3）：8-11.
④ 刘复兴. 2002. 实质与形式：两类基本的教育法价值. 中国教育法制评论，（1）：200-213.
⑤ 袁伟. 2009. 教育法的价值探析. 高等教育研究，（4）：15-19.

择逐步过渡到民主选择，以此来决定如何确立社会终极价值。然而民主选择，尤其是未经理性思索的民主抉择还不如权威抉择，有些民众只顾眼前利益，缺乏缜密思考，由此很可能走向暴动的民主，因为民众感性的抉择更多地表达的是一种"众意"，而不能体现出"公意"；为了解决这一难题，在大众抉择之前加入理性的程序参与，实行公开化的理性讨论与民主抉择相结合的方法，于是促进了现代立法制度的诞生[①]。国内外立法比较理性的做法是向广大民众公开征求意见、提出方案、讨论辩论、形成清晰观念，整个过程中有广泛的群众基础和清晰的逻辑理路，最终确立法律价值。

根据价值哲学的原理，终极价值一般应具备以下条件：①普适性，该价值可给每个人带来好处，不会因人而异；②综合性，该价值内涵比较丰富；③可行性，经过努力，社会能不断趋近被确定的终极价值；④无限性，该价值目标需要永无止境地追求[②]。哲学家康德认为，应该把人视为目的，从人自身去探寻社会的终极价值。在马克思眼中，个体全面而自由的发展是社会的终极价值。价值哲学与哲学家们对社会终极价值判定的原理与方法为我们探寻教育法的终极价值指引了方向：首先，教育法是面向全体社会成员的权利法，并非为个别人群制定的特权法；其次，教育法的制定是为了给全体社会成员带来益处，其目的是以人为本、人人受益，而非管制束缚、带来不利；最后，教育法的制定是为了促进个人的全面发展以及社会的不断进步。

结合以上标准，只有公民受教育权能够承担教育法终极价值的使命，才能理所应当成为教育法的终极价值。这不仅是价值哲学的推论，同时还契合法哲学的原理。在法的价值体系中，人权居于最高层次，是法的终极价值。人权本身就是一种包容性很强的权利束缚，它是普遍的、无所不包的[③]。国际人权公约的起草人之一，加拿大学者汉弗莱（J. Humphrey）认为："人权是保持人的尊严必不可少的权利，人权一词仅指由于人的属性而具有的个人权利和自由，包括公民权利、政治权利及经济、社会和文化权利。"[④]人权体系中公民的文化权利在教育法的框架中可以理解成公民受教育权。我国宪法第四十六条规定："中华人民共和国公民有受教育的权利和义务。"此条款是公民受教育权和一切教育法规制定的宪法依据。教育法规内容的设计与建构应该以公民受教育权为核心，它处于教育法规价值体系的尖端，体现着教育法的终极价值。

公民受教育权是任何国家的全体公民都应享有的一项基本权利，若制定教育

[①] 袁伟. 2009. 教育法的价值探析. 高等教育研究，（4）：15-19.
[②] 袁伟. 2009. 教育法的价值探析. 高等教育研究，（4）：15-19.
[③] 约翰·汉弗莱. 1992. 国际人权法. 庞森，王民，项佳谷译. 北京：世界知识出版社：11.
[④] 转引自袁伟. 2009. 教育法的价值探析. 高等教育研究，（4）：17.

法时脱离了对公民受教育权的终极价值的追求,教育法便丧失了存在的基础与合法性;公民受教育权的终极价值是人权在教育法律体系中的具体化,其余价值与其相比处于工具或从属的地位;当几种价值发生冲突并不能兼顾时,公民受教育权应当优先于其他价值[①]。

【思考与练习】

1. "从教育法规本身和教育主体需要的角度来认识教育法规的价值,具有主观性与客观性相统一的特点。"对这句话应该如何理解?
2. 如何理解教育法规的价值合理性和工具合理性?
3. 为什么说公民受教育权是教育法规的终极价值?

第二节 教育法规价值范畴

秩序、自由、平等、效益是教育法规价值范畴中重要的四个方面,是教育法规体系一直追求并维护的价值目标。为了充分实现和对接教育法规的终极价值,需要进一步学习教育法规的四个主要的价值范畴——教育秩序、教育自由、教育平等、教育效益,以更好地保障和实现公民受教育权。

一、教育秩序

美国法学家博登海默(E. Badenhaimer)认为秩序"意指在自然进程和社会进程中都存在着某种程度的一致性、连续性和确定性"[②]。换句话说,某种程度的一致性、连续性和确定性是秩序的具体特征。也就是说,秩序根植于自然界与人类社会的发展进程或内部结构之中,自然界和人类社会的内在规律是秩序的本质[③]。

(一)秩序是法的价值

秩序与法之间存在密切联系:法是实现秩序的工具、手段和途径,秩序是法的目标、追求和理想。秩序是任何法律都要追求的最基本的价值。具体来说,法

---

① 袁伟.2009.教育法的价值探析.高等教育研究,(4):15-19.
② 埃德加·博登海默.1999.法理学:法律哲学与法律方法.邓正来译.北京:中国政法大学出版社:227.
③ 袁伟.2009.教育法的价值探析.高等教育研究,(4):15-19.

的秩序价值表现在以下几个方面：首先，法律可以建立和维护统治阶级秩序；其次，法律在建立和维护社会经济秩序方面有着不可替代的作用；最后，维护社会的正常秩序、促进社会的团结统一是法律所追求的基本价值之一。

秩序之所以成为法的基本价值之一，主要原因如下。

第一，社会统治的建立往往伴随着某种统治秩序的形成。因为法律首要且根本的任务是确保统治秩序的建立，所以秩序被称为法的基本价值。

第二，秩序本身的性质决定了秩序是法的基本价值。秩序是人们在社会生活中相互作用的正常结构、过程或变化模式，它是人们相互作用的状态和结果。无论人们处于什么时代的哪个社会，均期待行为安全和行为的互相调适，因此要求通过法律确立惯常的行为规则模式或形成某种秩序。

第三，秩序是法的其他价值的基础。法的其他价值包括自由、平等、效率等，都要以秩序价值为基础。尽管秩序是法的基本价值，秩序自身的内容还要合乎人性、符合常理。如果秩序是以牺牲人们的自由、平等为代价的，那么这种秩序就是不可喻的秩序。也就是说，现代社会提到的秩序需要接受正义的规制。比如，教师为了维持教育教学秩序，通过体罚来强迫学生遵守纪律。此种秩序的获得是以牺牲学生的尊严和人格为代价的，不符合正义之要求。

需要注意秩序与规则的关系。第一，有秩序必有规则，没有规则就没有秩序。换句话说，规则是秩序形成的必要条件而不是充分条件。此规则包括习俗、规范、法律等。第二，有规则未必有秩序。规则若想形成秩序，需要附加某些条件。比如，规则必须被严格实施，而且被严格实施的规则必须是稳定且具备可操作性。

（二）教育秩序的内涵

教育秩序是社会秩序的一种，是指在教育实践过程中存在的某种程度的一致性、连续性和确定性[①]。教育秩序是通过一定教育行为规则的调节而达到的。这种调节教育行为的规则可以是多种性质的，如教育政策规则、教育道德规则等。任何运用于保障教育秩序的规则都必须与产生于教育规律基础之上的教育规则相结合，或者说成为教育规则的特殊表现形式，才可能发生实际效用。现代社会的教育秩序主要是运用法律手段来保障实现的。

维持一定的教育秩序，避免教育活动的无序与混乱，是教育事业和教育关系健康、和谐发展的重要条件，也是个人获得普遍教育自由的保障。比如，"文革"时期教育的混乱无序导致我国教育的停止甚至倒退，而"文革"结束后我国对于法

---

① 埃德加·博登海默. 2004. 法理学：法律哲学与法律方法（修订版）. 邓正来译. 北京：中国政法大学出版社：251.

治建设的重视就是对反对"文革"时代的社会失序①。因为教育秩序意味着纪律和责任,要求教育关系按照一定的轨迹运行,而不是教育主体随心所欲的行为。比如,公民有选择享受高等教育的权利,但要通过参加平等竞争考试的方式来获得,一旦获得这一权利,还必须完成规定的学业才能获得学业证书,并借此得到社会的承认。

教育秩序可以分为宏观的教育秩序、政府管理的教育秩序和学校内部的教育秩序。宏观的教育秩序一般是指在立法宗旨中规定维护谁的秩序以及怎样的秩序;政府管理的教育秩序是指政府实施、管理、督导义务教育;学校内部的教育秩序包括学校应该实施素质教育,教师应该因材施教等。

教育秩序也可以分为教育行政秩序、学校管理秩序、教育教学秩序。比如,政府不依法划拨教育财政经费,学校便可通过法律的强制手段迫使政府履行义务,以维护教育经费供给的正常秩序;为维护学校的秩序,学校对违法违纪的教师和学生予以惩戒,以此达到一般预防与特殊预防的效果;如果政府、教师、学生及其他社会主体违反了教育法而没有受到相应的法律责任追究,那么教育的正常秩序也就难以得到很好的保证②。教育若得不到秩序保障,公民受教育权、教育教学质量的提高、教育强国的实现就无法得到相应的保证。

(三)教育秩序的实现

为了促进良好教育秩序的形成,教育法应该在以下三个方面做出努力。

首先,建构完备的教育法律法规体系,实现有法可依:建构完备的教育法规法律体系是形成良好教育秩序的首要条件,完备的教育立法是实现教育秩序的观念形态、文字描述、实施蓝图;完备的教育立法一旦完成,就可以借助法律所固有的稳定性和强制性,将文字的法定秩序转变为实然的法律秩序③。我国的教育法体系暂不完善,应该查漏补缺。一些教育实践领域如学前教育、职业教育、继续教育依然存在一些问题,反映出相关法律法规建设的缺失。教育立法应该全方位覆盖各级各类教育,规范教育行为,调整教育利益关系,形成严谨完备、疏而不漏的教育法网,通过逐步完善法律形成全面而有效的教育秩序。

其次,强化违反法律规范的责任追究,促进教育法律秩序的形成:即便有体系完备、内容合理的教育立法,或者说尽管解决了有法可依的问题,但如果执法不严、违法不究,法律文本中所描绘的美好秩序也只是"镜中月,水中花",难以转化成现实秩序④。教育法必须做到令行禁止,具备严谨性和权威性,才有助

---

① 褚宏启. 2013. 教育法的价值目标及其实现路径——现代教育梦的法律实现. 教育发展研究,(19):1-8.
② 袁伟. 2009. 教育法的价值探析. 高等教育研究,(4):15-19.
③ 褚宏启. 2013. 教育法的价值目标及其实现路径——现代教育梦的法律实现. 教育发展研究,(19):1-8.
④ 褚宏启. 2013. 教育法的价值目标及其实现路径——现代教育梦的法律实现. 教育发展研究,(19):1-8.

于形成良好的教育秩序。

最后，规范教育行政权力，解决政府主导教育发展模式下教育行政权力过度膨胀和无序的问题：政府主导是我国典型的改革模式，部分地方政府频频"改革"，一旦花样迭出，违反了教育规律，侵害了学校办学自主权，使学校不能安安静静办学、教师不能安安静静教学，无序的权力干预成为破坏良好的教育秩序的罪魁祸首[①]。

二、教育自由

金生鈜认为："在教育中，自由是造就良好的个体的核心条件。教育不仅保障个体的免于强制的消极自由，而且必须促进自我实现的积极自由。教育自由是人接受教育中所享有的独特的自由。教育自由为了保证个人通过教育生活而实现自我引导的精神成长，既维护求教育者自我创造的责任，又解除任何为个人的自我引导和自我创造设置的障碍。"[②]教育自由是通过教育实现自我创造和自我发展，解除人为设置的障碍的可能性。

（一）自由是法的价值

法的自由价值是法对于人的意义。自由是法的价值，这主要体现为：法为自由确定范围，为自由提供保障，法是实现主体自由的主要社会机制和制度工具。自由是法的重要价值内容，是法发展的衡量标准与指导精神。

1. 自由何以成为法的重要价值

自由是评价法律进步与否的标准。从价值方面而言，法律是自由的保障。虽然法律是承载多种价值的规范综合体，然而其最本质的价值则是自由——"法典就是人民自由的圣经"[③]。所以，法律只有体现并保障自由，才能够使"个别公民服从国家的法律也就是服从他自己的理性即人类理性的自然规律"[④]，最终实现国家、个人和法律的统一。就法的本质来说，它以自由为最高的价值目标。法律的目标是捍卫以及维护人民自由，而不是限制自由，限制自由是对人性的某种践踏。

---

① 褚宏启. 2013. 教育法的价值目标及其实现路径——现代教育梦的法律实现. 教育发展研究，（19）：1-8.
② 金生鈜. 2004. 论教育自由. 南京师大学报（社会科学版），（6）：65-70.
③ 马克思. 1995. 马克思恩格斯全集（第1卷）. 2版. 中共中央马克思恩格斯列宁斯大林著作编译局编译. 北京：人民出版社：176.
④ 马克思. 1995. 马克思恩格斯全集（第1卷）. 2版. 中共中央马克思恩格斯列宁斯大林著作编译局编译. 北京：人民出版社：228.

自由是人之本性，所以自由能够成为一个评价标准，以此衡量一个国家的法律是否是真正意义上的法律。"法律只是在自由的无意识的自然规律变成有意识的国家法律时，才成为真正的法律。哪里法律成为实际的法律，即成为自由的存在，哪里法律就成为人的实际的自由存在。"[①]所有不符合自由意蕴的法律，都不能称得上是真正意义上的法律。

自由是法的价值表现在自由既是评价法律进步与否的标准，也体现出人性最深刻的需求。人类活动通过满足自由的需求，实现自由的欲望，同时达成自由的目的。这体现在法律上，就是要尊重和维护人的自由权利，以主体的自由行为作为联结主体之间关系的纽带。"自由是做法律所许可的一切事情的权利。"[②]也就是说，如果没有自由，法律仅仅是一种强制性规则，它限制人的某些行为，却无法促进个人价值的提升和尊严的维护。

2. 自由的定义与自由的限度

自由在法律中指的是人的权利，也就是自由权。作为法律权利，自由指权利主体的行动与法律规范的一致以及主体之间的权利和义务的界限[③]。正如法国启蒙思想家孟德斯鸠所说："自由是做法律所许可的一切事情的权利；倘若一个公民可以做法律所禁止的事情，那就没有自由可言了，因为，其他人同样也有这个权利。"[④]英国古典自然法学派的主要代表、自由主义的奠基人洛克（J. Locke）指出："但是自由，正如人们告诉我们的，并非人人爱怎样就可怎样的那种自由（如果任何人的一时高兴可以支配一个人的时候，就不可有谁自由），而是在他所受约束的法律许可范围内，随心所欲地处置或安排他的人身、行动、财富和他的全部财产的那种自由，在这个范围内他不受另一个人的任何意志的支配，而是可以自由地遵循他自己的意志。"[⑤]通常，民众关于"自由"有两种主要观点：第一种观点是自由等同于不受束缚的为所欲为，想干什么就干什么；第二种观点是自由相当于"自由主义"，往往与资产阶级自由化相关。事实上，以上观点均是极端的：其一，自由并非不受束缚的为所欲为；其二，自由并非资本主义的专利，社会主义同样且必须拥有自由。根据马克思的看法，每个人的自由发展是一切人的自由发展的条件，人的全面而自由的发展是社会发展的最高目标。

自由的定义学说众多，各家意见也不尽统一，重点是把握法律与自由的关

---

① 马克思. 1995. 马克思恩格斯全集（第 1 卷）. 2 版. 中共中央马克思恩格斯列宁斯大林著作编译局编译. 北京：人民出版社：176.

② 孟德斯鸠. 2007. 论法的精神. 申林编译. 北京：北京出版社：166.

③ 袁伟. 2009. 教育法的价值探析. 高等教育研究，（4）：15-19.

④ 孟德斯鸠. 2007. 论法的精神. 申林编译. 北京：北京出版社：166.

⑤ 洛克. 1964. 政府论（下篇）. 叶启芳，瞿菊农译. 北京：商务印书馆：35-36.

系。第一，法律是自由的保障，自由是法律好坏的判断标准之一，良法必须是自由之法。第二，自由有一定的限度和范围，这种限度和范围由法律设定，法律未禁止的即是自由的。综上所述，法律不仅保障自由，而且限制自由。什么情况下法律限制自由是正当的？关于这个问题有以下几种学说。

（1）伤害原则。在《论自由》（On Liberty）一书中，穆勒（J. S. Mill）把伤害原则定义为"人们若要干涉群体中任何个体的行动自由，无论干涉出自个人还是集体，其唯一正当的目的乃是保障自我不受伤害。任何人的行为，只有影响他人的那一部分才必须对社会负责"[1]。也就是说，穆勒认为只有伤害别人的行为才是法律干预的对象，社会干预个人行动自由的唯一目的是自我保护。

（2）法律家长主义原则。法律家长主义原则也称政府父爱主义，指的是像父亲一样对待他人的行为[2]，也就是指政府像父亲一样对待公民的行为，即政府出于维护人民利益的考虑对个人的自由或自主权进行干预，从而提升人民整体福利的行为[3]。

（3）冒犯原则。哈特（H. L. A. Hart）认为除了损害之外还有其他理据可以限制人们的自由，比如冒犯[4]。冒犯原则指的是除了对他人的损害之外，国家权力限制个人自由的界限在于对他人的严重冒犯[5]。也就是说，该原则为法律禁止那些未伤到却冒犯到他人的行为提供了合理依据，从而防止各种冒犯行为的发生，比如那些有损道德信念和社会风尚的放肆行为。

（二）教育自由的内涵

教育自由是指人们对教育选择的自由，以人们对自己所具有的教育权利可以进行选择为具体表现。教育法规的立法目标之一是使人们在现有条件下最大限度地获得教育自由。教育法规通过提供选择的机会，为人们实现教育自由创造条件。教育法规给予每个人的教育自由是平等的，也就是说，教育法规所保障的教育自由是一种普遍的自由，而不是少数人的特权。这就意味着每个人在享有教育自由时不能损害他人的自由，每个人都不能把这种教育自由看作是一种可以凌驾于他人之上而任意行使的权力。教育法规给予个人的教育自由是有限度的，它是在一定教育秩序中的自由。人们在享有教育自由权利时，还有必须遵守教育秩序的义务。

---

[1] Mill J S. 1977. On Liberty. In Collected Works of John Stuart Mill. Toronto: University of Toronto Press: 223.
[2] 张文显. 1996. 二十世纪西方法哲学思潮研究. 北京：法律出版社：549.
[3] 李瑞昌，马心怡. 2020. 政府父爱主义：干预多少是适合的？. 复旦政治学评论，（1）：173-196.
[4] 石元康. 2000. 当代西方自由主义理论. 上海：上海三联书店：65.
[5] 乔尔·范伯格. 2014. 刑法的道德界限（第二卷）——对他人的冒犯. 方泉译. 北京：商务印书馆：2.

自由是人的主体性的体现，是人的尊严与价值的确证。教育通过引导学生学会独立自主，帮助学生提高主观能动性、学习积极性与创造创新性，提升学生的主体性与责任感，从而促进其自由而全面发展和自我价值的实现。联合国教科文组织在《学会生存——教育世界的今天和明天》中指出，教育的目的在于使人成为他自己——"变成他自己"，应该把"学习实现自我"放在最优先的地位；教育要把一个人在体力、智力、情绪、伦理各方面的因素综合起来，使他成为一个完善的人；个人成为他自己文化进步的主人和创造者；教育要解放人民的才能，挖掘他们的创造力[①]。

学生在受教育的过程中，通过充分发挥自主性、创造性和主体性，才能达到实现自由而全面发展的目标。自由的教育有助于培养受教育者的自由、自主人格，因而自由是受教育者的潜能与创造性得以充分发挥的重要条件。教育自由的主体包括学生、教师、学校和教育行政机关，学生享有受教育的选择自由和学习自由，教师享有教学自由和学术自由，学校享有办学自由权，教育行政机关享有必要的裁量自由权等。

（三）教育自由的实现

法律意义上的自由是指受到法律认可或者得到法律保障的、人们按照自己的意志进行相应活动的权利，自由即法定权利[②]。洛克宣称："法律的目的并不是废除或限制自由，而是保护和扩大自由。"[③]

我们可以从广义和狭义两个方面理解教育自由。

第一，广义的法定教育自由，即教育法所确定的教育主体的权利或者权力，如学生、教师、学校的权利，以及教育行政机关的权力等[④]。譬如，我国《教育法》中对学生享有的五项权利进行了规定，这五项权利就是学生在受教育过程中所享有的教育自由。

第二，狭义的法定教育自由是广义的法定教育自由的一部分，亦即教育法所确定的教育主体的权利或者权力的一部分，特指法定权利或者权力中，在文字表述上带有"自由"两字或者相关词汇的权利或者权力[⑤]。譬如，某些国家在教育法规中提到的教师、学生、学校、教育行政机关的权利：教师享有的学术自由权

---

① 联合国教科文组织国际教育发展委员会. 1996. 学会生存——教育世界的今天和明天. 华东师范大学比较教育研究所译. 北京：教育科学出版社：14，202，251，169.
② 褚宏启. 2013. 教育法的价值目标及其实现路径——现代教育梦的法律实现. 教育发展研究，（19）：1-8.
③ 埃德加·博登海默. 2004. 法理学：法律哲学与法律方法（修订版）. 邓正来译. 北京：中国政法大学出版社：299.
④ 褚宏启. 2013. 教育法的价值目标及其实现路径——现代教育梦的法律实现. 教育发展研究，（19）：1-8.
⑤ 褚宏启. 2013. 教育法的价值目标及其实现路径——现代教育梦的法律实现. 教育发展研究，（19）：1-8.

与教学自主权、学校享有的办学自主权、教育行政机关享有的自由裁量权等。

教育自由的实现可以从以下几个方面考量。

第一，在立法层面，做到有法可依。在权利时代，在经济、政治、文化等社会条件越来越成熟的情况下，应该把一些还没有被法律承认的应得自由（亦即利益和权利）纳入法律的框架之中，通过法律手段来予以确认和保护[①]。

第二，在执法层面，真正落实法定的教育自由或权利。譬如，教育法律规定学校享有办学自主权，但现实中一些地方的学校并没有享受到充分的办学自主权。究其原因，跟少数地方政府及执法人员在教育法规执行过程中对法规政策理解不到位，或理解存在偏差等有关系。因此，加强执法，提高执法效果，才能真正落实教育自由。

三、教育平等

现代国家对平等的追求要求其对公民利益和机会的分配以平等为内蕴，教育方面亦然。追求并保障教育活动的"平等"价值，是现代国家的教育法规"与生俱来"的重要使命。理解教育平等，必须从教育活动本身的特殊性出发。教育活动是培养人的活动，而人与人之间是有差异的。既然人与人之间存在差异，且教育应当"以人为本"，尊重差异、培养个性，那么所谓的平等就不应该是以同一的方式对每个人进行同一的教育，并要求其达到同一水平。考虑到人的全面发展对教育提出的培养共性和发展个性的双重任务，对教育平等更为理想的要求是：教育能够平等地促进受教育者有个性地全面发展，培养受教育者在现实生活中所需的共同能力和价值，并且引导受教育者养成独立的理性精神和创造力。

（一）平等是法的价值

通常认为，平等兼具原则和权利两种属性，即宪法规范意义上的平等。对于国家层面而言，平等表现为一种"平等原则"；对于个人层面而言，平等意味着一种"平等权利"。法律一般通过立法、执法和司法等活动来确保平等能够实现。首先，平等被法律确立为一项基本的法律原则，平等贯穿于一个国家的整个法律体系中，如宪法、民法和程序法领域确认的平等原则等。其次，法律确认和保障主体地位平等，而主体地位的平等是法律实质平等的前提，也是形式平等的重要体现。

作为法的本质价值之一，平等是法的所有价值里不可缺少的部分。法律的平

---

① 褚宏启. 2013. 教育法的价值目标及其实现路径——现代教育梦的法律实现. 教育发展研究，（19）：1-8.

等价值表现在平等对于人的价值和平等对于法律本身的价值两个方面。

平等对于人的价值在于，平等使个体之间的社会关系得到对等相待。人与人之间真正的平等需要相应的规则来制约。法律作为一种能使人与人之间的社会关系得以平等对待的规则，其本身的平等就是人与人之间是否真正存在平等的前提条件。若想真正实现个体之间平等相待的社会关系，制定法律时应包括对平等的要求，立法所要求的"人人平等"即是重要前提。其主要包括以下四个方面的内容：第一，法律的平等性要求人的社会机会的平等；第二，法律的平等性要求人的政治权利平等；第三，法律的平等性要求人们的经济生活平等；第四，法律的平等性要求人们法律上的平等对待。

平等对于法律本身的价值而言，主要表现在：首先，法律的平等与法律是否在人们的社会生活中具有至高无上的权威密切相关；其次，法律的平等是一块试金石，用来衡量法律能否促进社会发展；最后，法律的不平等是对法律本身的否定。

需要注意教育平等、教育民主、教育公平的关系。教育民主在外延上是最为广泛的概念。教育民主是"民主这一范畴在教育领域中的体现"[1]。教育民主包括两个方面的内容，教育平等是教育民主的主要方面，另外教育民主还包括教育管理关系以及师生关系民主化。教育平等是反映教育活动现状的事实概念，而教育公平是对现状做出判断的动态的、历史的主观概念。平等未必公平，而公平未必以平等为标识[2]。

（二）教育平等的内涵

平等是从正义理想中引申出来的最基本的原则，正义的实质就是平等[3]。在罗尔斯（J. B. Rawls）对正义的解释和他提出的关于正义的两个原则中，其基本的思想就是平等和不平等的补偿原则。在中外哲学和教育思想关于人性的理论中，对于平等的认识经历了一个历史发展过程：在人类认识的早期，个人曾被分为高贵和低贱、上智和下愚的不同等级，并且这种不同是先天的或者是神创的（这是对个人差异的一种片面的认识，它为社会不平等提供了思想依据）；18世纪的启蒙思想家喊出了"人人生而平等"的口号，打破了传统等级思想，他们认为人的差异都是后天的社会环境造成的，人在智力和能力上的不平等实际上是社会不平等的反映，并从"类"的意义上强调一种抹杀各种差异而天生平等的同质

---

[1] 教育大辞典编纂委员会. 1992. 教育大辞典：第6卷. 上海：上海教育出版社：101.

[2] 钱志亮. 2001. 社会转型时期的教育公平问题——中国教育学会中青年教育理论工作者专业委员会第十次年会综述. 教育理论与实践，（2）：5-6.

[3] 皮埃尔·勒鲁. 1988. 论平等. 王允道译. 北京：商务印书馆：43.

的平等观；20世纪以来的科学发展肯定了人与人之间智力或能力的差异，但这种差异一般并不表现为好坏、高低、贵贱之间的差异，而是多样化的表现，进而承认差异、适应差异的平等才是真正的平等[①]。

同质的平等观与差异的平等观是两种不同程度的平等，前者代表着原始的平等，后者以多样性为基础，肯定个体的自身价值和实现这种价值的权利，代表着更高程度的平等。由此，个体愈加重视自己的社会存在，并强调个人价值的实现。因此，教育逐步成为个体实现价值的基本权利。此种教育始终视平等为价值追求，成为面向全体社会成员的大众教育，而非面向少数人的精英教育。

追求教育平等是人类社会历史发展的必然，也是现代教育发展的趋势。迄今为止，人类教育的发展实践中存在一个从教育不平等到追求教育平等的历史轨迹。奴隶时代、封建时代的教育就是以不平等为理论依据的等级制教育。等级制教育的本质就是以人格意义的不平等（如高贵、低贱、上智、下愚等）为依据，进而剥夺被统治阶层人们平等的政治权利、平等的教育权利和平等的教育机会。文艺复兴以后，"天赋人权"和"社会契约论"在理论上并最终在法律上确认了人的人格平等和政治平等的权利，为教育平等的权利提供了哲学和政治基础。特别是近代工业革命以后，现代国家实施普及义务教育，不仅在理论上、法律上确认了人人平等的教育权利，并且把机会均等作为教育的基本原则；同时在教育实践中，现代国家不断地把教育平等的意义推向更高的水平，从同质的平等走向差异的平等，从数量的平等走向质量的平等，从形式的平等走向内容的平等，从教育外部的平等走向内部的平等，从接受教育权利的平等到参与、选择教育权利的平等。当代社会通过提出终身教育和"学习社会"理念，在人的整个一生和全社会的范围内对教育平等提出了新的要求。然而，无论过去还是现在、国内还是国外，尽管法律早已确认了人人具有平等的受教育权利，但是由于种种原因，人们特别是弱势人群仍然面临着受教育机会的不平等。例如，在我国，城乡之间、健康儿童与残疾儿童之间的教育机会平等还有待进一步增强，地区之间由于教育机会问题而引发的教育发展不均衡还有待改善。这种现实说明，一是教育平等仍然应该是我国教育追求的重要目标，二是在理论上和法律上对平等教育权利的确认并不等于现实中教育机会的平等。"教育平等"是一个具有强烈的实践性的概念。它的完整的意义应该是指建立在人格平等和政治权利平等基础上的教育权利平等和教育机会平等的现实状态。

关于平等的含义，美国的萨托利（G. Sartori）认为可以从以下几方面理解：法律政治平等、社会平等、平等利用的机会平等、平等起点的机会平等、经济相

[①] 劳凯声，刘复兴. 2000. 论教育政策的价值基础. 北京师范大学学报（人文社会科学版），（6）：5-17.

同性[①]。其中，法律政治平等强调每个人具有相同的法律、政治权利；社会平等强调每个人具有相同的社会尊严；平等利用的机会平等强调使每个人具有相同的进取机会，为平等能力的人提供平等利用的机会；平等起点的机会平等则强调平等地发挥个人潜力，为每个人提供相同的机会；经济相同性强调要么大家都有相同的财富，要么一切财富归国家所有。这些认识对于我们理解教育平等都具有重要的启发意义。

人们对于教育平等概念的理解不尽相同。在国内的相关领域研究中，有些研究从法律意义上的受教育权利方面理解教育平等[②]；有些研究视教育平等为教育机会的均等；还有一些研究把教育机会平等等同于教育机会均等，几乎不做两个概念的特别区分。国外相关领域对教育平等问题的研究中使用"教育机会均等"这个概念较多，具体分为保守主义、自由主义和激进主义等三个分歧较大的阶段。其中科尔曼（J. S. Coleman）提出的一种观点较为典型，他认为教育机会均等有四个标准：一是进入教育系统的机会均等，二是参与教育的机会均等，三是教育结果均等，四是教育对生活前景机会的影响均等[③]。

结合国内外有关教育平等的文献综述，我国学者劳凯声、刘复兴先生对有关教育平等的观念做了以下七个方面的概括[④]。

第一，教育实践主体的尊严与人格平等。教育实践主体包括教育者、受教育者、教育管理者等，均须享有同样的尊严和人格，即"本体论上的平等"[⑤]。

第二，教育权利、义务平等与教育权力、责任平等。也就是说，所有教育组织和个人（包括代表国家的政府及其机构）在教育权利与义务、教育权力与责任方面必须是平衡的。

第三，平等起点的教育机会平等。也就是说，接受教育或入学的机会平等，这既是教育民主化运动最早追求的平等目标，也是相对比较容易实现和把握的平等目标。教育机会平等的程度与接受教育的起点年限应该随着义务教育的普及年限发展变化。

第四，平等利用的教育机会平等。常用于非义务教育领域的选拔进程，也就是说以能力为本位，给予同等能力的受教育者相同的发展机遇和进取机会。

第五，接受教育过程中的机会平等。也就是说，在相同阶段或相同层次的教育中，所有受教育者应该在同类型的学校中，从同等师资力量的教育者那里，接

---

① 乔·萨托利. 1993. 民主新论. 冯克利，阎克文译. 北京：东方出版社.
② 教育大辞典编纂委员会. 1992. 教育大辞典：第6卷. 上海：上海教育出版社：100.
③ Coleman J S. 1968. The concept of equality of educational opportunity. Harvard Educational Review, 38(1): 7-22.
④ 劳凯声，刘复兴. 2000. 论教育政策的价值基础. 北京师范大学学报（人文社会科学版），(6)：5-17.
⑤ 巴什勒（J. Bashile）提出"本体论上的平等"的概念，认为任何存在的东西都是真实的，每一个自然复合体都具有同样的优先性。所以，人们要摒弃一切歧视，接受客观存在的一切有区别的东西。

受相同学习年限和教学内容的教育。

第六,取得学业成功的机会平等。也就是说,"保证各级各类教育中入学受教育人口的比率大致相当"。这一水平的平等跟科尔曼提出的"参与教育的机会均等"(指不同社会出身的组别,有相同比例的人数,得到同样的教育机会[①])是一致的,两者都表达了这一平等水平的量的标准。科尔曼提出的"教育结果均等",即"每一性别每一社会阶层都有一定量合比例的人,从每学年的教育进程和整体的教育经验中得到相似的教育成效"[②],则给予这一平等水平质的内涵。

第七,对不平等进行补偿。此种不平等既包括受教育者因出身、生活背景、社会地位等原因接受的有差异的教育不平等,还包括受教育者在接受教育的过程中面对的教育机会不平等。应对此种不平等采取补偿性教育措施,来弥补一定程度的教育损害。

以上内容中,第一条和第二条是所有教育平等的基础内容,属于绝对平等的范畴;第三至第七条的教育平等内容,是按照一定的顺序排列并不断发展,根据平等的理想化程度由低到高、由形式到内容、由数量到质量,并受到国家教育发展水平的制约,属于相对平等的范畴。

(三)教育平等的实现

以上教育平等相关的概念是目前为止与教育平等相关的理想观念。以历史的眼光看"教育平等",人们不断寻求教育平等的历史就是普及教育和不断提高普及义务教育年限的过程,不同历史阶段教育平等所达到的水平是不同的。任何一个国家的教育立法在追求教育平等的价值取向的过程中,均需以教育平等的理想观念为指导,并结合国家当前的教育发展实际,从而确定教育平等之详细内容和具体形式。我国目前的教育立法在无条件遵循"主体人格、尊严平等""教育权利、义务平等与教育权力、责任平等"两项基本原则的基础上,应重点从以下三个领域考量如何实现教育平等的问题。

(1)义务教育领域。通常认为,义务教育的性质决定了义务教育是针对所有社会成员所实施的一种基础教育,实施和接受义务教育是一个国家社会及其所有成员能够正常生存和发展的前提条件,接受义务教育是公民的一项基本教育需要

---

① 转引自袁振国. 1999. 论中国教育政策的转变——对我国重点中学平等与效益的个案研究. 广州:广东教育出版社:67.

② 袁振国. 1999. 论中国教育政策的转变——对我国重点中学平等与效益的个案研究. 广州:广东教育出版社:67-68.

与基本权利[①]。因此，教育平等体现在义务教育领域里，首先应该以同质的平等观为出发点，既要确保受教育者在平等的起点所获得的教育机会是平等的（换句话说，入学机会是平等的），还要确保受教育者在接受教育的过程中所享有的机会平等[②]；其次，义务教育领域的教育平等必须关注受教育者自身的差异，而在面对"均等不相容性"[③]问题时，应该坚持平等机会对差别原则的优先性，也就是说，坚持同质的平等观。

（2）非义务教育领域。相较于义务教育，非义务教育在不同国家和地区均突出教育的"人才选拔"作用。因为非义务教育肩负着为国家、社会选拔人才的要务，须结合社会分工现状及具体的人才素质需求，鉴别并选拔出合格且合适的受教育者。在此过程中，鉴别和选拔人才的有效性是关键所在。因此，讨论非义务教育领域的绝对平等基本无意义，教育平等并非绝对意义上的平等，它指的是受教育者应该面对相同的评价标准以及均等的被选拔机会。也就是说，非义务教育领域的教育平等应保证利用教育机会平等（能力本位或机会均衡）和受教育过程中的机会平等[④]；当面对"均等不相容性"问题时，则必须坚持差别原则对于平等机会的优先性，即坚持差异的平等观[⑤]。

（3）全民教育领域。顾名思义，全民教育的目标是实现全民的基本教育需求。不同于传统的家庭教育和学校教育，全民教育的范围已经扩大到整个社会的全体社会成员，因而面对的教育平等问题也更加复杂。全民教育是一种完全不同于传统学校教育的更为普遍和理想化的教育形态，是从平等理想出发对差异性的某种补偿，全民教育的出发点决定了它必须追求理想与现实的统一，追求平等、差异和补偿的统一[⑥]。具体而言，首先坚持平等起点的机会平等，建立机制保证所有受教育者接受基础教育的机会均等；其次，坚持差异原则，保证包括儿童、青少年、成人等在内的不同人群能够接受与之匹配的教育类型；最后，坚持全方位覆盖原则，保障社会成员中的弱势群体接受教育的权利或进行相应补偿。从发展的眼光看，全民教育亦即某种程度的终身教育，包括人生各个阶段接受教育之综合，在动态的教育过程中追求"教育机会平等"与"教育结果平等"。

---

① 劳凯声，刘复兴. 2000. 论教育政策的价值基础. 北京师范大学学报（人文社会科学版），(6)：5-17.
② 李江源. 2004. 论教育机会平等. 当代教育论坛，(12)：30-35.
③ 托尔斯顿·胡森. 1989. 平等——学校和社会政策的目标//张人杰. 国外教育社会学基本文选. 上海：华东师范大学出版社：208.
④ 李江源. 2004. 论教育机会平等. 当代教育论坛，(12)：30-35.
⑤ 劳凯声，刘复兴. 2000. 论教育政策的价值基础. 北京师范大学学报（人文社会科学版），(6)：5-17.
⑥ 劳凯声，刘复兴. 2000. 论教育政策的价值基础. 北京师范大学学报（人文社会科学版），(6)：5-17.

四、教育效益

传统的法理学对正义的理解并不包括效益的观念,但是随着现代法律对社会经济生活的影响日益增强,效益优化的观念逐渐成为法律的价值合理性的基本目标。在这里,我们把效益优化理解为"正义"的题中应有之义,作为传统"正义"内涵的重要补充。

(一)效益是法的价值

效益作为现代社会一项基本的价值目标或价值原则,自然会影响到法律领域。法律的效益状况直接反映法律的权威性的程度。这是通过法律实施后的社会效果来确证法律自身的价值,法律的高效化是法治社会的必然表现,而法律的低效化则表明人治主义居于主导地位,法律的权威性未能得到社会成员的高度认同,社会成员及其组织没有形成对法律的信赖感,因而也就不能自觉地以法律来规范自己的行为[1]。所以,效益是一种尺度或标准,法律效益的高低可以衡量出一个国家法律制度文明或科学化的程序。当代社会经济发展的最大主题之一就是最大限度地优化资源配置,法律作为社会关系的调整机制,有利于人的解放和发展,有利于社会资源的保护、合理配置与高效利用,因此效益是法的一项基本价值[2]。

社会的不断进步往往是经济利益与社会效益相互协调的结果,倘若二者严重失衡,必将引起社会混乱。任何一个国家的法律体系都不能仅仅追求经济效益,而是需要在全面考虑经济效益与社会效益的基础上建立起来。我国的市场经济法律体系既有利于促进市场经济建设,又有助于社会保障。

在效益价值中,效益是以社会为基准而不是以当事人为参照的。比如,一场交通事故发生了,对社会(对当事人同样如此)是一种损失。从有利于社会效益的立场来看,法律会对那个能够以最低成本避免事故却没去避免的人做出判罚,为今后的当事人创造最大社会效益的行为进行刺激。效益价值观促使人们改变以往概念式的法律思维,将眼光更多地投向复杂多样的社会现实,这具有非常重要的意义[3]。正如庞德(R. Pound)所说:"通过经验来发现并通过理性来发展调整关系和安排行为的各种方式,使其在最少的阻碍和浪费的情况下给予整个利益方案以最大的效果。"[4]

---

[1] 公丕祥. 1993. 法律效益的概念分析. 南京社会科学,(2):73-77.
[2] 尚明登. 2009. 论民事诉讼效益——以当事人的诉讼成本和诉讼收益为视角. 开封:河南大学硕士学位论文.
[3] 公丕祥. 1993. 法律效益的概念分析. 南京社会科学,(2):73-77.
[4] 罗·庞德. 1984. 通过法律的社会控制:法律的任务. 沈宗灵,董世忠译. 北京:商务印书馆:71.

效益价值具备可量化的优势。效益本是注重数据分析的经济学中的术语，而法律虽然是调整人们相互关系的行为规范，却难以对人的行为进行定量分析。效益观则是运用经济学的原理和方法分析和评论法律制度，其对法律的分析在可能的条件下不仅是定性的，而且是定量的，从而使人们可以比较精确地了解各种行为之间经济效益的差异，进而有助于改革法律制度，最大限度地实现经济效益[①]。

（二）教育效益的内涵

1. 教育效益与效益优化

围绕教育资源配置的问题，我们经常使用效益、效率等词陈述各自的观点。一般认为，效益的内涵包括效率，效益的意义除了效率所包含的"投入与产出比例"以外，还表明人们活动的结果（效果或产出）能够符合和满足社会、个人的需要，即人们活动的结果具有正价值；效率则不关注活动结果的性质[②]。所以说，教育效益比教育效率在外延上更为广泛，教育效益的内涵包括教育效率。在教育实践中，二者有时是一致的，即效率越高，效益越大；有时是相互背离的，即效率越高，效益越小[③]。此外，影响教育效益的因素既复杂又多样，我们仅在教育资源配置的合理性即教育投资经济效益的意义上进行讨论。

基于此，我们可以这样定义教育效益优化的内涵：教育资源配置应遵循"教育利益生产原则"，保证教育资源配置和使用的最大效能，不断提高教育资源利用效率，追求教育效益最大化[④]。效益优化最主要的判断标准是：其一，教育活动保持最佳的投入-产出比例，把代价控制在最低水平；其二，教育活动的结果具有正价值以及正价值量的最大化[⑤]。

效益优化是任何教育立法和教育法制建设必须面对的一个严肃问题，它要求教育法律体系以价值最大化或最优化的方式分配和使用教育资源。为了实现教育的可持续发展，必然要求教育效益的优化，尤其是我国当前受教育人口与教育资源比例失衡的情况下，只有充分发挥出教育资源之最大效能，才能促进教育的可持续发展。一般来说，实现教育效益优化的途径主要有三个：一是实现教育资源的宏观的、中观的和微观的合理配置，如果资源配置不合理，就预示着教育活动

---

① 尚明登.2009.论民事诉讼效益——以当事人的诉讼成本和诉讼收益为视角.开封：河南大学硕士学位论文.
② 张康华.2006.地方教育财政政策价值分析.苏州：苏州大学硕士学位论文.
③ 教育大辞典编纂委员会.1992.教育大辞典：第6卷.上海：上海教育出版社：304，326.
④ 教育大辞典编纂委员会.1992.教育大辞典：第6卷.上海：上海教育出版社：325.
⑤ 张康华.2006.地方教育财政政策价值分析.苏州：苏州大学硕士学位论文.

目标或方向的偏差或错误；二是降低活动成本，如果活动成本过高，就会降低活动的效率；三是提高管理效能和教育实践主体的积极性，如果微观领域的教育活动管理不善或者教育实践主体消极活动，人们利用教育资源的主观能力比较低下，也会造成隐形的教育资源浪费[①]。合理配置教育资源可以理解为在教育内部根据原则、依据合适的比例分配教育资源，从而实现效益最大化。实际上，在现代社会中，教育政策法规除了担负着合理配置教育资源的任务之外，对人们在具体教育活动中利用教育资源的主观能力也具有决定性影响。

2. 法律与教育效益最大化的关系

法律和教育资源利用效率和效益最大化的关系可以用科斯定理来说明。经济分析法学派的奠基人科斯（R. H. Coase）在1960年提出了科斯定理，运用交易成本理论分析了法律制度对资源配置的影响[②]。科斯定理的第一律是，在零交易成本的条件下，法律规定无关紧要。也就是说，当交易没有成本时，活动的效益不会受到法律分配权利和资源的影响。科斯定理的第二律是，如果存在实在的交易成本，有效益的结果就不可能在每个法律规则下发生。也就是说，选择适当的法律规则，可以减少或降低交易成本，从而达到资源的优化配置和使用，取得最大的效益。从科斯定理中，我们又可以引申出处理法律制度与资源配置之间关系的三个价值选择基本命题：一是"在未经法律界定、权利界限不明的情况下，交易活动无法进行，相关行为的效益最差"，这说明了法律制度对于效益的重要意义；二是"在不相容使用的关系中，权利的安排或分配应以效益最大化为依据"，也就是说，在不相容问题存在时，法律面对不同形式的权利安排和资源配置进行价值选择应以效益最大化为基本标准；三是"解决外在性问题，既可以用市场手段，也可以用国家手段，法律应能够促使人们作有利于效益优化的选择"，这强调了法律制度应选择和肯定更能够降低交易成本的手段。

（三）教育效益的实现

如何处理教育资源配置中的"均等不相容性"是实现教育效益的关键所在。教育资源配置的合理性往往与教育资源配置过程中的"均等不相容性"密切相关，在现实的教育活动中，教育资源的有限性与教育平等之间往往存在不相容性，即有限教育资源的有效利用往往与追求教育平等的目标相矛盾[③]。此"均等不相容性"表现在理论上指的是平等和效益之间的矛盾。平等和效益之间的关系

[①] 张康华. 2006. 地方教育财政政策价值分析. 苏州：苏州大学硕士学位论文.
[②] 吴杰. 2000. 民事诉讼机制改革与完善的法律经济分析. 政治与法律，（2）：26-29.
[③] 劳凯声，刘复兴. 2000. 论教育政策的价值基础. 北京师范大学学报（人文社会科学版），（6）：5-17.

也出现了价值转向。这在经济领域已作了充分的讨论，"效益（率）优先，兼顾平等（公平）"已成为经济政策公认的选择。为了缩小我国区域之间、城乡之间、群体之间的差距，缓和和解决社会矛盾，进入 21 世纪，我国开始从效益优先、兼顾公平走向同时关注效益与公平。教育领域同样如此，我国也经历了从优先关注教育效益到今天的把教育均衡发展作为首先关注价值的历程。

我国学者劳凯声、刘复兴先生把教育资源配置的层次性具体分为宏观和微观两个方面。

宏观资源配置是指不同层次教育整体比重安排，即教育资源（主要表现为教育投资）在不同层次的教育部门（如初等、中等以及高等教育等）之间的分配；按照效益优化的标准，追求教育资源的最大利用效率是确定教育投资优先领域的基本标准[1]。在宏观资源配置上，由于不同时代及教育水平的差异，教育投资于不同教育部门中产出的教育效益之比会随着时间和教育水平的发展而变化。所以，客观情况是教育平等和教育效益或许相当统一，或许相互矛盾。若是前者，追求平等与效益的最大化就有可能；若是后者，"效益优先，兼顾平等"理应成为价值选择。

微观资源配置是指同一层次教育中不同组织或个人之间的资源分配，在微观领域教育资源具体化为教育的条件（或办学条件）[2]。微观领域的教育效益表现在不同组织和个人怎样分配教育条件、怎样高效利用教育资源获得高质量教育。有关的实证研究表明，在这个层次上平等与效益的事实关系呈"象限模式"，即存在"平等水平高，效益水平高"、"平等水平高，效益水平低"、"平等水平低，效益水平高"和"平等水平低，效益水平低"四种情况，每种情况都有相对应的学校[3]。因此，在微观资源配置中，教育平等和教育并没有必然矛盾，在此层面是有可能追求平等和效益最大化的。效益与平等矛盾状况的存在只能从办学条件、管理效能、政策失败和立法不足或不当方面去找原因。

总之，面对"均等不相容性"问题，教育立法处理教育资源配置关系价值选择的基本原则是降低活动成本，追求效益与平等的最大化。在宏观的教育资源配置中，若平等与效益互相矛盾时，须遵循"效益优先、兼顾平等"原则，并根据对社会经济、教育发展水平的实证调查确定效益重点和教育投资优先领域，而且应建立调整机制对教育投资优先领域及时进行调整；在微观的教育资源配置中，因为平等和效益不是必然存在着矛盾，公立教育办学条件的平等分配与提高管理

---

[1] 劳凯声，刘复兴. 2000. 论教育政策的价值基础. 北京师范大学学报（人文社会科学版），(6)：5-17.
[2] 劳凯声，刘复兴. 2000. 论教育政策的价值基础. 北京师范大学学报（人文社会科学版），(6)：5-17.
[3] 袁振国. 1999. 论中国教育政策的转变——对我国重点中学平等与效益的个案研究. 广州：广东教育出版社：80.

效能、降低活动代价以获取最高的教育质量就成为教育立法价值选择的核心[①]。私立或民办教育中，则应以教育市场手段调节资源分配为主，以教育政策法规调节为辅。

【思考与练习】

1. 教育秩序与教育自由之间的关系是什么？
2. 教育平等和因材施教之间的关系是什么？

第三节　教育法规价值分析

1986 年，我国制定了《义务教育法》，该法为义务教育的有效实施奠定了法律基础。经过近 40 年的发展，我国义务教育取得了长足进步，基本解决了"有学上"的问题。2006 年，我国对 1986 年《义务教育法》进行了第一次修订，2015 年、2018 年先后对 2006 年《义务教育法》进行了修正。2006 年来，我国聚焦义务教育发展中的新矛盾、新问题，在《义务教育法》修正与实施中以解决"上好学"为目标诉求，在实现基本均衡的基础上，进一步追求优质均衡，彰显了均衡发展的时代价值。本节以 2018 年修正的《义务教育法》（以下称新《义务教育法》）为例予以分析。

一、《义务教育法》的价值理论目标体系

（一）首要伦理价值：走向公平

教育法律对公平的追求，其实质是在公平与效率之间进行价值选择。改革开放初期，鉴于我国既有资源的匮乏，而且百废待举，国家采取了"效率优先、兼顾公平"的教育发展战略。无论是当时还是现在看来，这个战略都是正确的。但实践中却陷入了"只顾效率，无视公平"的巢穴，结果造成区域之间、城乡之间与群体之间的教育差距不断拉大。如何通过法律制度来推进区域教育均衡发展，解决农村教育问题，保障弱势群体的教育权益，实现教育公平，是教育法律制度设计，包括新《义务教育法》关注的首要问题，也是基本问题。

[①] 劳凯声,刘复兴.2000.论教育政策的价值基础.北京师范大学学报（人文社会科学版），（6）：5-17.

新《义务教育法》以均衡发展作为首要的立法理念，其立法目的在于实现义务教育的公平。新《义务教育法》总则明确规定："凡具有中华人民共和国国籍的适龄儿童、少年，不分性别、民族、种族、家庭财产状况、宗教信仰等，依法享有平等接受义务教育的权利，并履行接受义务教育的义务。"在关于"学生"一章中规定："父母或者其他法定监护人在非户籍所在地工作或者居住的适龄儿童、少年，在其父母或者其他法定监护人工作或者居住地接受义务教育的，当地人民政府应当为其提供平等接受义务教育的条件。"

义务教育的公平是教育公平的起始。起始方向上"差之毫厘"，继后则会"失之千里"。有了义务教育的公平，才会有整个教育的公平。教育的公平不能只理解为局限于青少年受教育者的公平。教育公平与否，牵涉社会各阶层的当前利益和长远利益，牵涉国家和民族的命运。因此，教育公平的实质是社会公平。新《义务教育法》以均衡发展为立法理念，以教育公平为立法目的，旨在将义务教育推向"较高水平的、全面的、发展均衡的、惠及十几亿人口的"新阶段。教育的物质形态是教育资源，没有教育资源就没有教育。教育资源是指使学校教育得以进行的物力、财力、人力等要素的总称。教育资源的存在方式是教育资源分布。所谓教育资源分布，是指教育资源的质量在社会各方面的配置状况。在教育的内容要求基本统一的情况下，教育资源分布决定教育的社会效应的有无和强弱，在这种意义上，可以说教育资源分布的社会效应就是教育的社会效应；义务教育的均衡发展问题就是教育资源分布的均衡问题。没有教育资源分布的均衡就没有义务教育的均衡发展。义务教育的公平问题甚至可以就归结为教育资源分布的均衡问题。要深入把握新《义务教育法》的立法精神，就需要着重剖析当前义务教育阶段的教育资源分布问题。

（二）核心伦理价值：高扬人道

所谓人道，就是人道主义的道德原则。人道主义，从广义上来说，就是把人当人看。"人，实则一切有理性者，所以存在，是由于自身是个目的，并不是只供这个或那个意志任意利用的工具；因此，无论人的行为是对自己的或是对其他有理性者的，在他的一切行为上，总要把人认为目的。"[1]人本身即为目的而非手段是人道主义的第一要义；从狭义来说，就是要使人成为人。布耶娃在概括人道主义根本特征时的观点颇有启发意义，认为"人的东西"通常所指的范围极广："……最重要的是不断增长的个性自我实现的要求，创造的要求，发展创造力的要求，精神充实和精神自由的要求。"[2]人自身的不断发展、完善与自我实

---

[1] 罗国杰.1993.人道主义思想论库.北京：华夏出版社：449.

[2] 布耶娃.1991.人是最高的价值和宝贵的社会财富.赵鸣文摘译.世界哲学，（6）：20-25.

现是使人成为人的根本途径与重要表征。教育法律伦理的核心精神就是要秉持人道主义的道德原则，把人道主义的基本诉求作为教育法律制度设计的逻辑起点，视人本身为最高的、最神圣的价值，关注、保障、落实人的不断发展、完善的自我实现需求，使人的最高价值与尊严得以彰显。可以说，高扬人道也是新《义务教育法》法律设计的核心伦理精神。

（三）技术伦理保障：追求理性

理性最基本的含义是思维与行为的合逻辑性。从词义学来看，它指的是人抽象思维的特征，不包括任何价值判断的含义，当我们把理性作为"万物的尺度"的时候，它就有了"合理性"的内涵，就成了"价值判断"标准。理性不仅是人类的一种认识能力，而且也是人类的一种存在特性。人类社会的发展是一个不断理性化过程，理性化是现代社会的一个主要特征，社会重建必须依赖理性，那么，与社会生活方方面面密切联系的教育，也应该尊重并发展人的理性，使人们习惯于通过理性来探索自身幸福和社会理想[①]。

1. 法律出台的理性内涵

良法是能对社会发展起积极或推进作用的法，是"真善美"的法[②]。良法一定是一部理性的法律。理性是立法原则的伦理基础，也是立法原则的核心精神，构筑起了立法的内在精神品格的主体框架。

新《义务教育法》是经过教育政策研究机构的详细论证，征求相关学科专家的意见，考虑到近年来群众关注较多的热点问题和媒体一直追踪的难点问题，由人大代表提出议案，获准后立案讨论，最后由人民代表大会审议通过的。新《义务教育法》较仅包含原则性法律条文 18 项的未修正的《义务教育法》，法律条文扩充到了 63 项，包含的内容更为丰富、完善，全面规范了义务教育领域各方面的因素。此外，可操作性较强，这部法律以章节的形式分门别类地对我国如何推行义务教育，如何保障公民接受义务教育的权利，以及其具体的举措与方式等作了具体的规定，可以说是我国义务教育立法领域的一次飞跃，无论是形式还是内容，都反映了这部新法律蕴含着理性的伦理特质。

2. 在比较中更凸显新《义务教育法》的理性特质

我们比较一下 1986 年《义务教育法》和新《义务教育法》，新《义务教育法》更具有理性特质，这主要表现在法律内容，立法形式的完备、规范、科学上。

新《义务教育法》共分为总则、学生、学校、教师、教育教学、经费保障、

---

① 石中英.2004.教育哲学导论.北京：北京师范大学出版社：190，191，193.
② 李步云，赵讯.2005.什么是良法.法学研究，（6）：125-135.

法律责任以及附则等 8 章，共 63 条。每个条款的表述都比较准确、完备，结构完整严谨，语言统一规范。实施义务教育有严格的规范，保证法律关系主体享有权利、履行义务、承担责任。新《义务教育法》不仅规定实施义务教育要规范教学内容，严格课程管理，还规定要加强学校管理，保障学校安全，建立实施义务教育目标责任制，并对任何违反义务教育法规定的行为追究相关法律责任。为防止利用义务教育教科书非法牟利，减轻学生学习负担和精神压力，减轻家长经济负担，节约资源，该法规定了以下措施：教科书内容精简，经济实用，降低成本，鼓励循环使用。同时，实施义务教育要体现公平与正义，保障弱势群体享受到优质教育。合理配置义务教育资源，新《义务教育法》规定保障义务教育经费，合理配置义务教育资源，经费投入向农村学校和城市薄弱学校倾斜，采取措施促进学校均衡发展。这些规定对扭转历史上形成的学校非均衡发展的状况，保证弱势群体的受教育权都起到积极的作用。

二、新《义务教育法》对伦理道德目标的彰显

（一）新《义务教育法》对公平伦理的彰显

1. 何为公平

1）孔子的"有教无类"朴素的公平观

"有教无类"语出《论语·卫灵公》，有教无类思想是孔子教育思想当中一个非常重要的组成部分。有教无类的教育思想倡导在教育对象上，要突破受教育者的限制，每个人都可以接受教育，每个人都有接受教育的权利。

子曰："有教无类。"孔子是中国历史上最早提出有教无类的教育家，关于有教无类有两种解释：解释一，不管什么人都可以受到教育；解释二，人原本是有类的，有的聪明，有的愚笨，但通过教育却可以消除这些差别。但是孔子所在的春秋年间，等级制度是十分森严的。天子把王族、功臣和先代的贵族分封到各地去做诸侯，建立诸侯国。诸侯在自己的封疆内，又对士大夫实行再分封。这样层层分封下去形成了贵族统治阶层内部的森严等级"天子、诸侯、卿大夫、士"，教育与知识被这个阶级掌握。到孔子的五世祖弗父何时，他让位于弟弟宋厉公，到了孔子的父亲叔梁纥时，为避宋国战乱，叔梁纥逃到鲁国陬邑，做了陬邑大夫，孔子年轻的时候也曾到大夫家做过小吏。孔子的家族从诸侯到大夫，最后到了士的阶级。森严的等级制度决定了只有出身高贵的人才能接受到教育，直到孔子的出现提出了真正意义上的有教无类。有教无类的出现破除了当时森严的等级制度，是政治上的进步，提高了人的素质。

2）权利与义务之间走向均衡

第一，分析教育权利和教育义务的边界。

教育权利、教育义务都是相对的，各有其特定范围，无论是教育权利的行使，还是教育义务的履行，都应有法律的限度。首先，要厘清教育权利的边界。权利是自由的保障，但权利不是绝对的，是有法律限度的，权利的行使不能逾越一定的界限。教育权利的行使必须在法律许可的范围内，不侵犯他人权利，不损害公共利益，不妨碍教学秩序[①]。这是分析教育权利边界的基本原则。其次，要明确教育义务的具体范围，尽可能使教育义务具体化，以便于实施与监督。从某种意义上讲，义务本身就是权利行使的一个界限。教育义务能否得以切实履行，其中一个重要因素就是义务内容是否明确，人们是否知悉自身的具体义务。因此，在设定教育权利、教育义务时，内容上应尽可能明晰，以便于实际操作，同时也便于外界的监督，从而促进教育权利的充分实现、教育义务的切实履行。

第二，拓展教育权利救济渠道。

教育权利的实现离不开法律救济。当公民教育权利受损时，权利救济就是权利实现的重要保障。作为行政管理人员，公民有权向有关机关申诉，请求处理，使受损权益及时得以补救。我国确立了教育法律救济制度，建立了教育申诉、教育行政复议、教育行政诉讼等多种权利救济渠道来保护公民受教育权。

第三，完善教育责任追究机制。

从某种意义上讲，法律的制定重要，法律的实施更为重要。法律的实施关键在于完善教育责任追究机制。可以说，责任追究是教育权利得以实现、教育义务得以履行的根本保障。没有法律责任的追究，法定的权利、义务就很难转化为现实的权利、义务，教育法律就难以得到真正实施。要完善教育责任追究机制，需要着眼于以下方面：首先，健全与完善教育法律规范。教育法律责任是教育法国家强制性的重要体现，对于人们的教育法律行为起着预示作用，从而引导人们依法行使权利和履行义务。教育法律责任在教育法律制度中占据十分重要的地位，从法律责任的形式、内容到法律责任追究的实施程序，均需在法律中作出明确规定。从我国的教育立法情况看，教育法律责任方面还有待于强化，特别是程序方面更为欠缺，可操作性不强。为此，在教育法律规范中，对违法者所应承担的法律责任，必须加以明示，并使之具体化，以增强可操作性。其次，严格追究违法者的教育法律责任。教育法律责任主体的范围极为广泛，包括国家机关、学校、教师、学生、家长等。无论公民还是组织，任何教育法律关系主体都应依法享有权利，同时承担相应义务，应当依法履行自身义务。如果侵犯了其他主体的合法权益，或是未依法履行义务，就应当承担相应的法律责任。最后，强化教育权利行使与教育义务履行的法律监

---

① 刘冬梅.2014.论教师的教学权.河南师范大学学报（哲学社会科学版），（6）：1-10.

督。缺乏法律监督的义务难以真正履行，缺乏法律监督的权利同样难以有效实现。教育法律监督的途径主要包括来自权力机关的监督、检察机关的监督、行政机关的监督、审计机关的监督、社会监督等。任何组织和公民都要依法接受法律监督。如果不依法履行教育义务，或是侵犯了他人的教育权利，都要被依法追究法律责任。

3）罗尔斯的"正义论"二原则

罗尔斯把他的公平（正义）观概括为两个原则："第一个原则：每个人对与其他人所拥有的最广泛的基本自由体系相容的类似自由体系都应有一种平等的权利。第二个原则：社会的和经济的不平等应这样安排，使它们①被合理地期望适合于每一个人的利益；并且②依系于地位和职务向所有人开放。"[1]第一个原则可以概括为平等自由原则，第二个原则可以概括为机会的差别原则与公平原则。放在中国教育领域，第一个原则即无论公立或者私立教育对社会的贡献大小，都应当完全平等地享有基本权利，比如办学权；按照第二个原则，社会应当不平等地分配公立和私立教育的非基本权利，比如社会经济利益，因为公立和私立教育对社会的非基本贡献是不相同的。

2. 新《义务教育法》的公平解读

1）直面区域教育差距，推行均衡化策略

制约教育公平的一个重要的瓶颈就是区域教育发展的不均衡。有学者认为"制约教育公平的一个重要的瓶颈就是区域教育发展的不均衡。教育政策价值取向上的差异对教育发展的均衡化状况会产生不同的影响。因此，通过教育政策推进教育均衡发展最为现实，也最为有效"。新《义务教育法》就是致力于用教育法律的手段推行均衡化策略，从而实现区域之间的教育公平。综观整个法律文本，有六个条文涉及义务教育资源配置、经费安排、教师培养与合理流动、行政督导、法律问责等"均衡化"的制度安排，国家的重视程度可见一斑。比如，新《义务教育法》第六条规定："国务院和县级以上地方人民政府应当合理配置教育资源，促进义务教育均衡发展……国家组织和鼓励经济发达地区支援经济欠发达地区实施义务教育。"第八条规定："人民政府教育督导机构对义务教育工作执行法律法规情况、教育教学质量以及义务教育均衡发展状况等进行督导，督导报告向社会公布。"第二十二条规定："县级以上人民政府及其教育行政部门应当促进学校均衡发展，缩小学校之间办学条件的差距，不得将学校分为重点学校和非重点学校。学校不得分设重点班和非重点班。"第三十二条规定："县级以上人民政府应当加强教师培养工作，采取措施发展教师教育。县级人民政府教育行政部门应当均衡配置本行政区域内学校师资力量，组织校长、教师的培训和流

---

[1] 约翰·罗尔斯. 1988. 正义论. 何怀宏，何包钢，廖申白译. 北京：中国社会科学出版社：56.

动,加强对薄弱学校的建设。"

2)关注教育差距,凸显农村教育问题

城乡教育之间的差距使农村教育问题凸显出来,而农村教育的软肋就在于经费投入与师资保障。新《义务教育法》第四十四条的规定"农村义务教育所需经费,由各级人民政府根据国务院的规定分项目、按比例分担"明确了政府对农村义务教育经费投入的责任,实现了农村义务教育"农民办"到"政府办"的转变。第四十五条的规定"县级人民政府编制预算,除向农村地区学校和薄弱学校倾斜外,应当均衡安排义务教育经费"和第四十七条的规定"国务院和县级以上地方人民政府根据实际需要,设立专项资金,扶持农村地区、民族地区实施义务教育"都对农村义务教育的发展给予了经费政策上的倾斜。同时,新《义务教育法》第三十三条还对城市学校教师和高校毕业生到农村地区任教作了鼓励性的规定,以解决农村义务教育师资问题。

3)着眼群体教育差距,关怀弱势儿童教育

所谓弱势儿童通常是指残疾儿童、进城务工人员子弟、家庭经济困难儿童、尚未达到犯罪程度的严重行为不良儿童等。关怀弱势儿童的教育权益是教育法律实现公平伦理的重要内涵。《联合国人权宣言》指出:"不论什么阶层,不论经济条件,也不论父母的居住地,一切儿童都有受教育的权利。"新《义务教育法》对弱势儿童的关怀主要表现在以下几个方面。

首先,对家庭经济困难儿童的资助。第六条的规定:"国务院和县级以上地方人民政府应当合理配置教育资源,促进义务教育均衡发展,改善薄弱学校的办学条件,并采取措施,保障农村地区、民族地区实施义务教育,保障家庭经济困难的和残疾的适龄儿童、少年接受义务教育。"第四十四条又规定:"各级人民政府对家庭经济困难的适龄儿童、少年免费提供教科书并补助寄宿生生活费。"

其次,对残疾儿童教育权利的特别保障。第十九条规定:"县级以上地方人民政府根据需要设置相应的实施特殊教育的学校(班),对视力残疾、听力语言残疾和智力残疾的适龄儿童、少年实施义务教育。特殊教育学校(班)应当具备适应残疾儿童、少年学习、康复、生活特点的场所和设施。普通学校应当接收具有接受普通教育能力的残疾适龄儿童、少年随班就读,并为其学习、康复提供帮助。"第四十三条规定:"特殊教育学校(班)学生人均公用经费标准应当高于普通学校学生人均公用经费标准。"

最后,保障进城务工人员子弟接受"同等国民教育"。新《义务教育法》第十二条规定:"父母或者其他法定监护人工作或者居住地接受义务教育的,当地人民政府应当为其提供平等接受义务教育的条件。具体办法由省、自治区、直辖市规定。"另外,第二十条、第二十一条分别规定了政府对尚未达到犯罪程度的严重不良行为适龄少年,以及对未完成义务教育的未成年犯和被采取强制性教育措施的未成年人实施义务教育的责任。

（二）新《义务教育法》对人道理念的彰显

1. 关注人的权利，人本身即为目的

现代社会正处于"走向权利的时代"，工具理性正在遭遇越来越多的诟病，以尊重、实现人的权利为核心的人，即目的的价值取向在教育法律中得以高扬。1986年《义务教育法》第一条的立法宗旨中表明，义务教育立法是"为了发展基础教育，促进社会主义物质文明和精神文明建设"。新《义务教育法》表述为："为了保障适龄儿童、少年接受义务教育的权利，保证义务教育的实施，提高全民族素质……"对比之下可以看出，我国教育法律已经从单一的社会本位立法价值取向转向关注、保障个体的权利。"保障适龄儿童、少年接受义务教育的权利"成为新《义务教育法》的立法宗旨，这标志着"适龄儿童、少年"开始走入教育法律制度的中心。列宁曾说过，宪法是一张写满人民权利的纸。新《义务教育法》也彰显了以保障适龄儿童受教育权利为中心的立法宗旨。

2. 聚焦自我实现，使人成为人

"人与动物虽然有些地方相似，但有一个特点是人所独有的。这就是人能自我完善，而动物则不能自我完善。自有人类以来，人类就发现自己与动物有这种差别。因此，人可完善的观念，同世界本身一样古老。"[1]可见，人之为人的本质在于人能够自我完善、自我实现，而动物则不能。新《义务教育法》聚焦于此，通过精心的制度设计实现人本身的真谛——使人成为人。

从宏观层面，新《义务教育法》保障适龄儿童、少年接受义务教育。新《义务教育法》第五条明确规定："各级人民政府及其有关部门应当履行本法规定的各项职责，保障适龄儿童、少年接受义务教育的权利。"政府作为主体，其责任主要表现为以下几点。

第一，筹措义务教育经费的职责。

第四十四条明确规定："义务教育经费投入实行国务院和地方各级人民政府根据职责共同负担，省、自治区、直辖市人民政府负责统筹落实的体制。农村义务教育所需经费，由各级人民政府根据国务院的规定分项目、按比例分担。"

第二，促进义务教育均衡发展的职责。

第六条规定："国务院和县级以上地方人民政府应当合理配置教育资源，促进义务教育均衡发展，改善薄弱学校的办学条件，并采取措施，保障农村地区、民族地区实施义务教育，保障家庭经济困难的和残疾的适龄儿童、少年接受义务教育。"

---

[1] 托克维尔. 1996. 论美国的民主（下卷）. 董果良译. 北京：商务印书馆：551.

第三，实施、管理与督导义务教育的职责。

第七条规定："义务教育实行国务院领导，省、自治区、直辖市人民政府统筹规划实施，县级人民政府为主管理的体制。县级以上人民政府教育行政部门具体负责义务教育实施工作；县级以上人民政府其他有关部门在各自的职责范围内负责义务教育实施工作。"

第八条规定："人民政府教育督导机构对义务教育工作执行法律法规情况、教育教学质量以及义务教育均衡发展状况等进行督导，督导报告向社会公布。"

从微观层面，新《义务教育法》通过对从事教育教学活动的行为主体学校、教师的行为进行规范，保障了适龄儿童能够接受满足其身心发展需要、适合其身心发展的优质教育，保证人人都能自我实现。

新《义务教育法》第三十四条规定："教育教学工作应当符合教育规律和学生身心发展特点，面向全体学生，教书育人，将德育、智育、体育、美育等有机统一在教育教学活动中，注重培养学生独立思考能力、创新能力和实践能力，促进学生全面发展。"

第三十五条规定："国家鼓励学校和教师采用启发式教育等教育教学方法，提高教育教学质量。"

第二十九条规定："教师在教育教学中应当平等对待学生，关注学生的个体差异，因材施教，促进学生的充分发展。"

（三）新《义务教育法》对理性精神的彰显

1. 追求理性契合宏观社会背景，具有现实理性

在我国构建社会主义和谐社会与科学发展观的宏观价值背景下，在习近平新时代中国特色社会主义思想指导下，我国《义务教育法》的现实理性主要表现为以下两点：首先，在转型期，我国构建社会主义和谐社会与"科学发展观"的提出为新《义务教育法》公平、人道的伦理精神铺设了宏观价值背景。随着经济的高速发展，我国社会利益关系也日渐多元化、复杂化，社会矛盾、社会冲突也越来越多、越来越严重。构建和谐社会成为时代的必然要求，而社会公平成为开启社会和谐之门的"金钥匙"。党的十六届三中全会提出"科学发展观"的响亮口号，其核心内涵就是"以人为本"。科学发展观的提出实现了社会本位到个人本位的价值转向。可以说，新《义务教育法》公平、人道的伦理精神是在习近平新时代中国特色社会主义思想指导下，构建和谐社会、坚持科学发展观理念在教育制度建构中的映射，也是我国社会发展的自然规律的体现。

我国改革开放近 40 多年所取得的丰硕果实是新《义务教育法》践履公平、人道宣言的物质基础。统计表明，2017 年，我国人均国内生产总值 59 660 元，

扣除价格因素，比 1978 年增长 22.8 倍，年均实际增长 8.5%。2017 年末外汇储备余额达 31 399 亿美元，稳居世界第一。经济规模跃居世界第二位，近年来我国对世界经济增长的贡献率超过 30%，日益成为世界经济增长的动力之源、稳定之锚[①]。我国经济发展取得的辉煌成就是实现义务教育由"人民办"转向"政府办"的强大的经济后盾，是践履公平、人道伦理宣言的物质基础。

2. 完善立法技术，追求形式理性

从立法学的角度来说，立法技术是教育法律规范取得实效的重要保障。与 1986 年《义务教育法》相比，新《义务教育法》在立法技术上树立了教育立法史上的一个新的里程碑，具有立法上较高的形式理性。新《义务教育法》构建了较为完整的法律体系（字数增加，内容涉及到立法宗旨、适用范围、法律关系主体、法律监督、法律责任等方方面面，结构完整）。

3. 构建多元保障机制，彰显内容理性

教育法律制度的公平、人道等伦理价值理念还需要有科学、健全的机制予以保障，才能转化为实践效能。新《义务教育法》不仅具有形式上的理性优越性，而且健全了实施义务教育的多元保障机制，具有内容理性。

首先，新《义务教育法》构建了经费投入机制。新《义务教育法》第四十四条规定："义务教育经费投入实行国务院和地方各级人民政府根据职责共同负担，省、自治区、直辖市人民政府负责统筹落实的体制。农村义务教育所需经费，由各级人民政府根据国务院的规定分项目、按比例分担。"除此之外，其他相关的条款还规定了义务教育经费投入的责任主体以及投入标准等。

其次，新《义务教育法》健全了义务教育的办学机制。新《义务教育法》第二十二条规定："县级以上人民政府及其教育行政部门应当促进学校均衡发展，缩小学校之间办学条件的差距，不得将学校分为重点学校和非重点学校。学校不得分设重点班和非重点班。"

再次，新《义务教育法》构建了义务教育的督导机制。新《义务教育法》第八条规定："人民政府教育督导机构对义务教育工作执行法律法规情况、教育教学质量以及义务教育均衡发展状况等进行督导，督导报告向社会公布。"

最后，新《义务教育法》健全了义务教育问责机制。新《义务教育法》问责机制的建立、健全是教育立法上的一大进步。该法设专章建立责任追究机制。10 个法律条文对问责主体（有谁问）、问责客体（向谁问）、问责范围（问什么）、问责程序（怎么问）以及问责的后果等做了详细的规定。可见，新《义务

---

① 波澜壮阔四十载 民族复兴展新篇——改革开放 40 年经济社会发展成就系列报告之一．（2018-08-27）[2023-12-16]. https://www.stats.gov.cn/zt_18555/ztfx/ggkf40n/202302/t20230209_1902581.html.

教育法》的问责机制是教育立法上的一大进步,它明确了问责的主客体、范围和程序,强化了问责的力度和效果,以健全机制建设的方式加强了对义务教育的立法保障,彰显了内容理性。

【思考与练习】

1. 我国《义务教育法》的价值目标体系是什么?
2. 新《义务教育法》在保障教育公平方面有哪些变化?

第六章

教育法规过程论

要点提示

　　教育法规建设是一个完整的运行过程，在教育活动中，教育法规的制定和教育法规的实施共同构成了较为完整的法治环节。这一过程的起始环节是教育法规的制定，教育法规的制定是法律实施的基础，其过程包括教育法规议案的提出、教育法律草案的审议、教育法律草案的通过和教育法律的公布。教育法规的实施可以划分为教育执法、守法、监督三种形式。

学习目标

通过本章的学习，应该了解、理解和掌握以下内容：
1. 了解教育立法的概念、依据、原则和程序。
2. 掌握教育行政执法的概念、原则及形式。
3. 理解教育守法的内涵、主体和内容。
4. 理解教育法律实施监督的内涵与体系。

知识导图

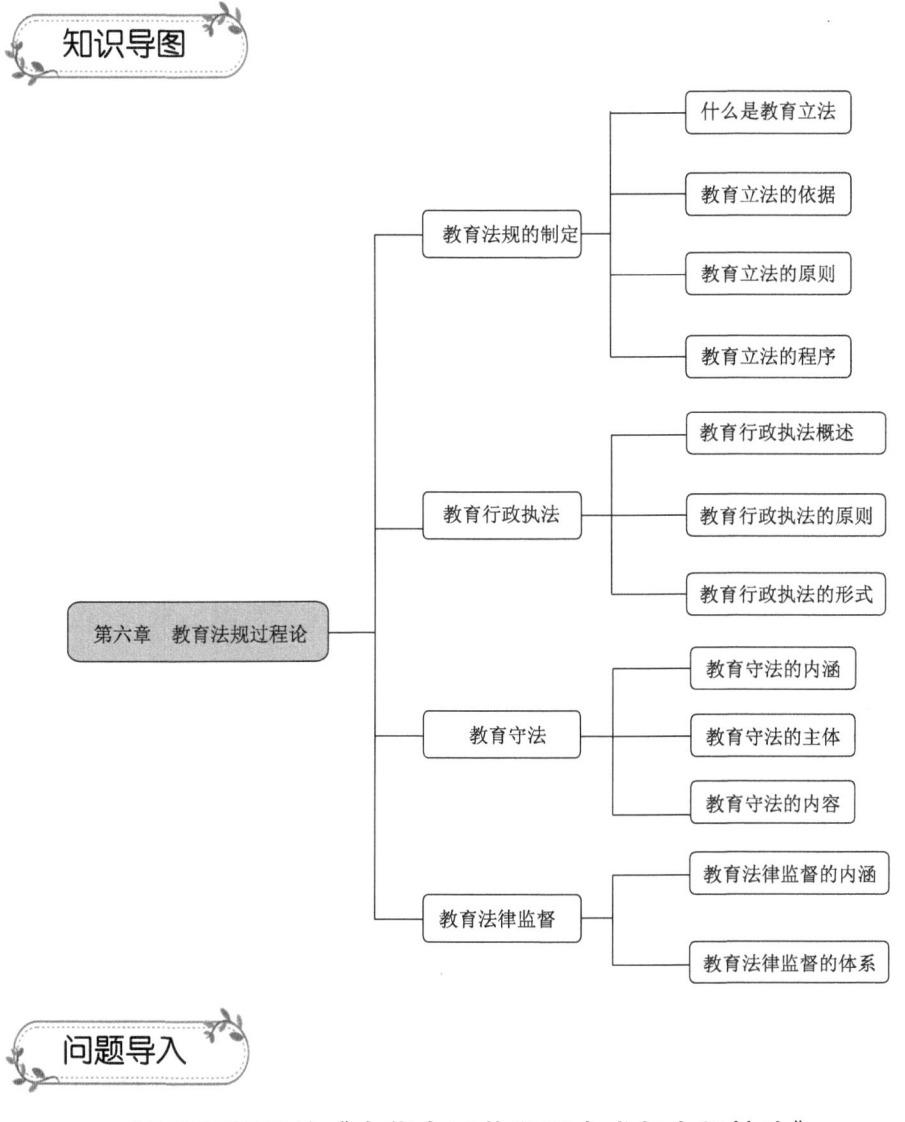

第六章 教育法规过程论
- 教育法规的制定
  - 什么是教育立法
  - 教育立法的依据
  - 教育立法的原则
  - 教育立法的程序
- 教育行政执法
  - 教育行政执法概述
  - 教育行政执法的原则
  - 教育行政执法的形式
- 教育守法
  - 教育守法的内涵
  - 教育守法的主体
  - 教育守法的内容
- 教育法律监督
  - 教育法律监督的内涵
  - 教育法律监督的体系

问题导入

聚焦新修订的《中华人民共和国未成年人保护法》

党的十八大以来，党中央对完善未成年人保护相关法律制度、改进未成年人保护工作提出了明确要求。因时而动，2018年9月，全国人大社会建设委员会牵头，正式启动了《中华人民共和国未成年人保护法》（简称《未成年人保护法》）的修改工作。

"通常法律修改的思路是保持法律的稳定，能不动就不动，但这次《未成年人保护法》的修改可以说是全面系统的修改。"《未成年人保护法》修订工

> 作顾问、专家建议稿起草牵头人、北京师范大学教授宋英辉告诉记者,"之所以做全面系统的修改,主要还是适应新时期社会主要矛盾的变化,个别条文修改很难满足未成年人保护的现实需求,也很难全面总结过去积累的未成年人保护的有益经验"。
>
> 牵一发而动全身。对于《未成年人保护法》的修订,一方面,不局限于原有的法律规定,只要符合宪法,都可以根据需要做出相应调整;另一方面,能细化的尽可能细化,目前不宜细化的,就保持其原则性,为下一步探索留有空间。
>
> 教育法规实施的意义在于教育法律所规范的权力、义务和责任得到真正的实施和落实。如何制定完善的教育法规,谁是守法的主体,如何对教育法规的实施进行监督,都是本章主要解决的问题。

第一节 教育法规的制定

教育法制建设的首要工作是教育法规的制定。教育立法的质量直接影响着教育法规的权威性和实施效果。

一、什么是教育立法

目前,我国法学界对立法有多种理解,但基本上可以分为两类:一类是广义上的理解,即立法是指一切国家机关依照法定的权限和程序制定、修改和废止各种规范性文件的活动。它既包括国家最高权力机关修改宪法的活动,也包括其制定普通法律的活动;既包括国家行政机关制定行政法规的活动,也包括各行政部门或地方行政机关制定规章的活动;还包括被授予机关制定规范的活动。另一类是狭义上的理解,即立法仅指最高权力机关及其常设机关依据法定的权限和程序制定法律的活动[①]。

我国的教育立法也可以从广义和狭义两个方面来理解。广义的教育立法是指国家权力机关依据法定的程序创制、修改、补充和废止各种规范性教育法律文件的活动。它包括全国人民代表大会及其常务委员会制定颁布的有关教育方面的法律、地方人民代表大会及其常务委员会制定颁布的地方性教育法规以及国家行政机关制定颁布的教育行政法规和规章等。狭义的教育立法仅指最高国家

---

① 黄崴. 2002. 教育法学. 广州:广东高等教育出版社: 245.

权力机关及其常设机关依据法定的权限和程序创制、修改、补充和废止教育法律的活动[①]。本教材采用的是广义的教育立法的界定。

二、教育立法的依据

（一）教育立法的法源依据

宪法是国家的根本大法，是制定法律的立法依据和基础。宪法中关于教育的条款是制定教育法规最重要的立法依据。教育立法必须以宪法的精神为指导，不能与宪法的立法精神相违背。

《中华人民共和国立法法》（以下简称《立法法》）规定的是国家法律、法规、规章制度的权限和规章制定的权限与程序。各类立法主体在制定法律、行政法规、自治条例和单行条例、规章时不得超越《立法法》规定的立法权限，不得违反《立法法》规定的立法程序。教育立法必须以《立法法》规定的权限和程序来进行[②]。

《教育法》在教育法规体系中处于第一层，是以宪法为基础制定的基本教育法律，主要规定我国教育的基本性质、任务、教育方针、教育的基本原则及教育制度等。《教育法》是教育领域法律中的母法。因此，教育立法应该以《教育法》为指导，不得与之相违背。

（二）教育立法的政策依据

政策是国家或政党在一定时期内为实现一定的目标而规定的行为准则[③]。党和国家的方针政策是制定教育法律的依据，而教育法律是教育基本政策的具体化、条文化和定型化。党和国家的方针政策反映了一个国家特定的政策、经济、文化发展要求，任何教育法律的制定和实施都必须以此为主要依据。

（三）教育立法的活动依据

首先，教育立法应遵循立法活动的规律。教育立法是一种立法活动，因此具有立法活动的共性和规律，教育立法必须反映这些共性和规律。其次，教育立法应遵循教育活动的规律，教育立法是调整教育领域的法律关系的，是规范教育主体的活动与行为的，而教育活动与其他活动不同，教育立法应该反映教育活动内在的规律。最后，教育立法应遵循人的身心发展规律。教育立法指向教育活动，教

---

① 潘世钦，刘小干，颜三忠.2010.教育法学（第二版）.武汉：武汉大学出版社：41.
② 谭细龙.2005.论教育立法的依据和原则.湖北大学学报（哲学社会科学版），（6）：708-711.
③ 谭细龙.2005.论教育立法的依据和原则.湖北大学学报（哲学社会科学版），（6）：708-711.

育活动以人的发展为核心，因此，教育立法必须尊重与遵循人的身心发展规律。

三、教育立法的原则

教育立法的原则是教育立法过程中必须遵守的基本要求，我国教育立法的原则可以概括为以下几个方面。

（一）协调性与系统性相结合的原则

协调性指教育立法要与教育系统之外的其他的立法保持协调和一致。教育的发展不仅仅是教育内部的事情，教育一定要与外部的社会子系统的发展保持一致，教育活动才能够真正地取得实效。比如，素质教育的立法、职业教育的立法就应该与职业资格准入、人才选拔、劳动报酬等方面的立法保持协调一致。

系统性指教育内部各种教育法规制定的时候要保持系统性。首先，宪法中有关教育的条款是整个教育法规体系中具有灵魂和统帅作用的，其他教育立法都不能与宪法中有关教育的条款相违背。其次，《教育法》是教育基本法律，其他教育立法又不能与《教育法》的精神性违背，因此，教育立法要保持教育内部的系统性。

教育立法必须遵循协调性和系统性相结合的原则。在制定教育法律法规的时候，不仅要使其与其他法律法规协调一致，没有矛盾和冲突，而且教育法律法规体系内部也要做到和谐统一。

（二）稳定性与发展性相结合的原则

稳定性是指教育法规一经制定和颁布，必须在一定的时期内保持稳定，不能随意修改、中断和废弃，以保持法律的严肃性和权威性。稳定性是法作为一种行为规则的内在属性。

发展性是指教育立法与其他任何事物一样都是与时俱进的，要考虑到社会政治、经济的发展以及教育事业不断发展变化的实际需求。

教育立法必须遵循稳定性和发展性相结合的原则，在保持教育法律稳定性、连续性的基础上，还必须不断与时俱进，根据社会政治、经济以及教育自身发展的客观要求，适时进行教育法规的制定、修改、废止，只有这样才能利用教育法律法规来保护和促进社会和教育事业的发展。比如针对近年来社会热议的"高考顶替现象"，我国展开了各种自查整治与法律修改等措施对该问题进行规制。教育公平是社会主义制度的内在要求，要保障每一位公民有均等地接受高等教育的机会。2021年4月29日，《教育法》修正草案经十三届全国人民代表大会常务委员会第二十八次会议通过，此次修法进一步完善了冒名顶替入学行为所负的法律责任，加大了对冒名顶替行为的处罚力度，是教育法律与刑法修正案（十一）中相关内容相衔接的配套完善措施。

（三）原则性和灵活性相结合的原则

原则性是指教育法规所特有的确定性、规范性与国家强制性等特性，不能体现原则性即丧失了法规的意义和作用。

灵活性指教育立法也必须有一定的灵活性。应该在贯彻原则性的基础上彰显灵活性。比如新《义务教育法》第四十三条规定："学校的学生人均公用经费基本标准由国务院财政部门会同教育行政部门制定，并根据经济和社会发展状况适时调整。制定、调整学生人均公用经费基本标准，应当满足教育教学基本需要。省、自治区、直辖市人民政府可以根据本行政区域的实际情况，制定不低于国家标准的学校学生人均公用经费标准。"

（四）必须与党的教育方针、政策保持一致

党的各项教育方针、政策是制定教育法规的根本依据，而教育法规则是党的教育方针、政策的具体化、条文化，是保证党的教育方针、政策得以贯彻执行的重要手段。因此，党的政治路线和思想路线以及党在一定时期制定的各项教育方针、政策，必然是我国教育立法的基础和依据。

教育立法必须遵循原则性和灵活性相结合的原则，在制定教育法律法规的时候必须坚持原则性，但又要求在原则允许的限度内，根据具体情况对某些问题做出灵活的规定。

四、教育立法的程序

教育法律制定的程序又被称为教育立法程序，是指享有立法权的国家机关在制定、修改教育法律规范的活动中所必须履行的法定步骤[①]。在我国，立法程序被规定在宪法和《中华人民共和国全国人民代表大会组织法》中。国家权力机关、国家行政机关、地方权力机关和政府机关的立法程序大体相同，但也有区别。最高国家权力机关及其常设机关的立法程序可以分为以下四个步骤。

（一）教育法律议案的提出

教育法律议案是指在国家权力机关举行的会议上提出的将某项教育法律列入制

[①] 黄威.2002.教育法学.广州：广东高等教育出版社：261.

定、修改或废除的议程的提案或建议①。法律议案的提出是立法程序的第一个步骤。提出法律议案是一种法定权力,根据《立法法》的规定,有权提出法律议案的机关和个人有全国人民代表大会主席团、全国人民代表大会常务委员会、国务院、中央军事委员会、国家监察委员会、最高人民法院、最高人民检察院、全国人民代表大会各专门委员会、全国人民代表大会的一个代表团或者 30 名以上的代表联名、全国人民代表大会常务委员会组成人员 10 人以上联名。

（二）教育法律草案的审议

教育法律草案的审议是指立法机关对已经列入议事日程的法律草案正式进行审议和讨论。法律草案审议的内容主要包括立法宗旨、基本精神、内容和合法性。一般来说,法律、法规的决定通过要采用会议的形式,从立法实践来看,教育法律草案审议的步骤是:向全国人民代表大会提出的法律草案一般在常务委员会审议后再提交全国人民代表大会审议。向全国人民代表大会提出的法律草案,一般采取初步审议和再次审议两个步骤,然后由常务委员会决定是否通过。

（三）教育法律草案的通过

教育法律草案的通过是立法机关对审议、修改完毕的教育法律草案做出是否同意其发生法律效力的决定。这是整个教育立法过程中最重要的步骤,也是最具有决定意义的步骤。法律草案的通过是立法的预期目的,但并非每一个交付表决的法律草案都能获得通过,有些法律草案可能被否定,或需要修改后复议。在我国,按照普通程序,法律要经过全国人民代表大会或全国人民代表大会常务委员会法定人数的过半数投票同意才通过。这里不是指出席会议的成员的过半数,更不是投票的过半数,而是全体代表或全体委员的过半数。对宪法草案或宪法修正案则需要经过全国人民代表大会全体代表 2/3 以上投票同意通过。

（四）教育法律的公布

表决和通过后的教育法律必须以书面形式公布,在法定刊物上发表,这是教育立法程序的最后一环,也是法律生效的关键步骤。只有向社会公布,法律才能在社会中产生实际的作用,才具有法律效力,凡未经正式公布的法律,都不能认为是具有法律效力的。我国法律经过全国人民代表大会及其委员会审议通过后,由中华人民共和国主席公布。我国没有对法律公布时间做出规定,一般在会议结束后,紧接着由国家主席公布。全国人民代表大会及其常务委员会通过的法律以《全国人民代表大会常

---

① 石正义. 2015. 小学教育政策与法规. 北京：北京师范大学出版社：127.

务委员会公报》为公布的正式刊物,同时《人民日报》和新华社也会予以发布。

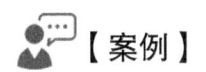

【案例】

《教育法》的制定

根据全国人民代表和政协委员关于尽快制定教育法的建议和提案,从1985年起国家教委组织力量着手教育法的起草工作,经过近10个年头的广泛调查研究,在总结我国教育发展正反方面的实践经验和借鉴国外教育法制建设的有益经验的基础上,形成了《中华人民共和国教育法(草案)》(以下简称《教育法(草案)》)。在《教育法(草案)》提交全国人大审议之前,国家教委主任朱开轩做了有关《教育法(草案)》的说明。1995年3月18日,《教育法》在第八届全国人民代表大会第三次会议上最终审议通过。1995年9月1日,《教育法》正式施行。

2009年8月27日,根据第十一届全国人民代表大会常务委员会第十次会议《关于修改部分法律的决定》第一次修正。2015年12月27日,根据第十二届全国人民代表大会常务委员会第十八次会议《关于修改〈中华人民共和国教育法〉的决定》第二次修正。2021年4月29日,第十三届全国人民代表大会常务委员会第二十八次会议通过《关于修改〈中华人民共和国教育法〉的决定》第三次修正,自2021年4月30日起施行。

第二节 教育行政执法

一、教育行政执法概述

(一)教育行政执法的概念

执法有广义和狭义之分。广义的执法是指一切执行法律、适用法律的活动,包括国家行政机关、司法机关和法律授权、委托的组织及其公职人员,依照法定职权和程序,贯彻实施法律的活动。狭义的执法仅指国家行政机关和法律授权、委托的组织及其公职人员在行使行政管理权的过程中,依照法定职权和程序,贯彻实施法律的活动[1]。我们采用的是狭义的执法概念。

---

[1] 张文显.2007.法理学.3版.北京:法律出版社:246.

教育执法通常指教育行政执法，指国家行政机关和法律授权、委托的组织及其公职人员依法行使管理职权，履行职责，实施法律的活动。包括教育的行政监督、行政处理、行政处罚及教育的其他强制措施。教育执法是教育法律实施的重要途径，执行法律不仅是国家的权利，也是国家的义务，国家必须执行法律以保证教育与政治、经济、社会协调发展[①]。

教育执法活动具体包括制定教育法律规范实施的措施，对公民、社会组织和其他社会力量遵守教育法规状况的监督检查，进行教育行政司法等。

（二）教育行政执法的特点

1. 教育行政执法是一种具有国家意志的活动

教育法规是国家意志在教育领域的体现，其表达的是国家对教育的要求和立场，因此教育行政执法是一种具有国家意志的活动。其实质是教育行政执法主体依据国家权力机关的授权，在特定领域内适用教育法规的活动，是代表国家来进行的。无论是教育行政执法主体，还是其执法对象，都必须遵守和服从教育法规的规范。

2. 教育行政执法是一种具有法律性的活动

教育行政执法作为一种执法活动，不言而喻具有明确的法律性。教育行政执法的法律性特点可做如下理解：一是教育行政执法是一种法律行为，从法律效力上讲，具有确定力、不可变力，这种效力来源于法律的授权。它依法成立后就产生行政法律效果，非依法不得变更或撤销。二是教育行政执法也是受法律约束的具体行政行为，这种拘束力从两个方面体现出来：其一是对其行政对象的拘束力，要求行政对象必须依照教育行政执法主体所实施的教育法规，充分履行其所设定的义务；其二是对教育行政执法主体自身的拘束力，即执法主体的执法行为本身也必须是合法的，而对于依照教育法规生效的行政执法行为，行政机关有义务予以维护。简言之，教育行政执法过程中亦含有守法的义务。

3. 教育行政执法是一种具有强制性的活动

所谓强制性是指确定的、不可改变的约束力，是建立在前两个特点的基础上的。既然教育行政执法是体现国家意志性的活动，因而必然具有强制性，体现为以国家军队、警察、监狱等为后盾。强制性特征使教育行政执法成为一种具有权威性的有效活动。行政机关对已经生效的教育行政执法行为要依照法律规定采取一定措施，使教育行政执法行为得以实现。如果管理对象拒绝履行教育法律规范设定的教育义务，国家行政机关可以并且必须依法强制执行，也可以申

---

① 黄崴. 2002. 教育法学. 广州：广东高等教育出版社：245.

请人民法院或公安机关强制执行。

4. 教育行政执法是一种单方权威性的活动

教育行政执法是由国家行政机关代表权力机关执行教育法规的活动，因此其执法主体可以通过各种强制手段来强迫执行对象服从，并不需要考虑其执法对象的个人意愿。反之，执法对象必须无条件地服从执法主体的约束，使教育行政执法成为一种具有单方权威性的活动。例如，对于学校乱收费以及未遵守相应教育法规有关规定的各种行为，除了教育法规另有规定的特殊情况以外，一般均可由执法主体单方依法做出处置决定。违法者必须服从处置决定，否则执法主体可以通过一定形式强制执行。

当然，教育行政执法的单方权威性并不意味着专制。因为它所执行的教育法律规范是体现了广大人民共同教育意志的教育行为准则，其民主性在教育立法过程中就已经得到充分的体现。教育行政执法的单方权威性恰恰是广大人民共同教育意志实现的保证。

5. 教育行政执法具有主动性特征

教育行政执法一般是由行政机关主动做出的，如一经决定就必须立即处理。这一点有别于民事法律行为中的"不告不理"原则。教育行政执法具有这种主动性特征，是由行政权的性质决定的。行政权从其本意来说，就是执行政务和对社会事务进行管理的权力，如果说立法活动从某种意义上说是具有决策性质的活动的话，那么，教育行政执法可被看作一种对教育决策加以执行的活动，而决策后的执行和对教育活动的管理应当是积极主动的，而不是消极被动的。但这种主动性是就一般情况而言的，教育行政执法中也有一部分是应行政相对人的要求而做出的。例如，批准办学、发放教师资格证书等需要由有关公民或者其他社会主体先提出申请，然后才由行政机关进行审核后决定是否批准或发放资格证书[①]。

二、教育行政执法的原则

教育行政执法的原则是教育行政执法的出发点和基本依据。教育行政执法有以下三条基本原则。

（一）合法性原则

合法性原则是指教育行政执法主体在行政执法活动中必须遵守国家相关的法

---

① 李晓燕. 1997. 教育行政执法. 人民教育，（10）：32.

律法规，并依照相关法律行使行政职责。这是由教育行政执法是一种具有法律性的活动所决定的。遵循合法性原则既要做到依法治教，又要做到依法治己。教育行政执法必须做到严格依法办事。这一原则要求做到以下几点。

1. 主体合法

主体合法即教育行政执法主体首先要获得执法的资格，换言之，教育行政执法主体必须有执法权，必须是有权执法的国家行政机关或法定的授权组织。教育行政执法主体大致有以下几种：教育行政机关、其他国家行政机关、教育行政法律法规授权的组织。例如颁发学历证书和学位证书，高校学校获得了国家的授权，即成为授权的主体，在特定情况下履行行政管理职责，也构成教育行政执法主体。

2. 权限合法

权限合法即教育行政执法主体在执法的过程中必须针对法律所赋予的权力限度，超越法定的权力限度做出的执法行为即为无效行政行为，甚至是侵权行为。

3. 内容合法

内容合法即教育行政执法主体的执法活动必须以法律法规为依据；所设定的权利或义务的幅度应当符合法律法规的规定，不得超出法律法规规定的范围。

4. 程序合法

程序合法即教育行政执法活动应当符合法律法规规定的程序。

（二）合理性原则

合理性原则是指在进行教育行政执法时，所采取的措施、手段等在内容上要客观、适度，具有合理性。这一原则是针对教育行政执法中存在的自由裁量权而提出的。严格来说，在教育法律制度完备的条件下，教育行政活动主要是执行教育法规。其活动的展开从内容到形式都应当依法进行。但是，由于行政事务的复杂性和其所受错综复杂的关系的制约，意外情况常常会发生。立法机关并不可能制定十分严密的教育行政法对所有的教育行政活动予以规范或者约定，因而不得不从法律上和事实上承认行政机关的自由裁量权，使之在一定程度上能够对执法行为做出一定选择。教育作为国家统一领导的公共事业，现有教育法规中在相当多的问题上授予了教育行政以自由裁量权。为防止教育行政执法中滥用自由裁量权，教育行政执法必须遵循合理性原则。

贯彻这一原则要求做到以下三点：执法行为的动因必须符合立法目的；执法行为步骤必须建立在正确考虑的基础上，即要符合客观规律；执法行为内容要合乎情理。

（三）公开性原则

公开性原则是指教育行政执法活动的全部内容和过程都应当公开。教育行政执法活动的公开有重要的意义。一方面，它有利于保护相对人的合法权益。教育行政执法是涉及相对人权益的活动，在执法过程中教育行政主体的地位比相对人一方优越，如果教育行政执法活动不向社会公开，相对人一方不能了解自己的权益及法律法规的有关规定，不了解行政机关执法的规则、标准和理由，就不利于他陈述自己的理由和事实。另一方面，它有利于对教育行政执法机关进行监督，教育行政主体的执法活动如果缺少社会监督，出现误偏差的可能性就会增加，公开性原则为社会和相对人对教育行政执法进行监督提供了条件。

公开性原则的具体要求如下。

1. 执法依据公开

执法依据公开，即教育行政执法主体做出相应的执法行为和用作执法依据的一切法律、法规、规章及其他规范文件，都必须公开发布，让人民群众知晓。

2. 执法过程公开

执法过程公开，即在教育行政执法过程中，必须把执法的主体、执法的程序、执法的依据、执法的办事规则和标准、执法的结果向社会和特定相对人公开，以接受监督。

3. 有义务向相对人解释执法的相关内容

相对人有了解有关行政执法信息的权利，即教育行政执法主体有义务向相对人解释行政执法及其教育法律、法规。

（四）僭越无效原则

僭越无效原则是指超越法定职权范围的教育行政执法行为属于无效行为，法院可以予以撤销。例如对拒不送子女入学接受义务教育，经教育、罚款处罚仍不改正的，可予以行政拘留的制裁，但行政拘留必须申请公安机关执行，教育行政机关不得自行拘留。

（五）应急性原则

应急性原则是以行政法所确定的行政紧急权力为基础而提出的。其含义是指根据公共利益的需要，在紧急情况下采取的非法行为可以有效，它是合法性原则的例外情况。在诸如战争、流行病变、自然灾害等非正常情况下，有时维护公共利益的必要性会超出对合法性的要求。但应急性原则不能随便施行，它对特殊情况发生的紧急程度、可适用的教育法规范围、采取应急措施的授权部门和决定程序，均有严格的要求。

三、教育行政执法的形式

根据宪法关于行政机关职权的规定，教育行政执法的形式主要有三类：教育行政措施、教育行政处罚、教育行政强制执行。

（一）教育行政措施

教育行政措施是指教育行政机关依法针对特定对象做出能直接产生法律效果的处理或决定的教育行政执法行为。教育行政措施是教育行政机关运用极为广泛的一种执法手段。教育行政措施的具体表现形式主要有以下几种。

1. 命令

命令是指教育行政主体依据职权强制要求相对人为一定行为或不为一定行为，要求不为一定行为的也称禁令。比如根据《中华人民共和国义务教育法实施细则》第十一条规定："当地基层人民政府或者其授权的实施义务教育的学校至迟在新学年始业前十五天，将应当接受义务教育的儿童、少年的入学通知发给其父母或者其他监护人。"

2. 批准与拒绝

批准是指教育行政主体应特定相对人的申请，依法同意其实施某种行为，教育行政主体如果对相对人申请实施的某种行为的请求不予同意，则为拒绝。比如义务教育阶段的适龄儿童、少年到非户籍所在地接受义务教育的须经户籍所在地的县级教育主管部门或者乡级人民政府批准。

3. 许可

许可是指教育行政主体应相对人的申请，允许其从事一般人被禁止从事的某种活动或赋予其从事这种活动的资格。比如，社会力量办学实行办学许可证制度，学校收费实行收费许可证制度，公民从事教师职业实行的是职业许可制度。

4. 免除

免除是指教育行政主体应相对人的申请，依法消除相对人的某种法定义务。比如根据《中华人民共和国义务教育法实施细则》第十二条规定："适龄儿童、少年需免学、缓学的，由其父母或者其他监护人提出申请，经县级以上教育主管部门或者乡级人民政府批准。因身体原因申请免学、缓学的，应当附具县级以上教育主管部门指定的医疗机构的证明。"

5. 行政确认

行政确认是指教育行政主体依法认定并公开宣告特定的法律事实或法律关系是否存在及其是否合法，具体表现为证明、资格认定、鉴定、登记注册等行为。常见的行政确认有以下几类：一是对身份的行政确认，如颁发学历、学位证书；二是对能力或资格的确认，如对教师技术职务任职资格的审定；三是对事实的行政确认，即教育行政主体对某项事实的性质、状态、真伪、等级、数量、质量、规格等的确认。

（二）教育行政处罚

教育行政处罚是由特定的行政执法机关对违反教育法规、尚不构成犯罪的公民、法人和其他组织所给予的一种行政制裁，它是教育行政执法的主要形式。《教育行政处罚暂行实施办法》规定，实施教育行政处罚的机关主要包括两类：一是县级以上人民政府的教育行政部门；二是受教育行政部门委托的特定组织。《教育行政处罚暂行实施办法》中还规定了教育行政处罚的种类，如警告、罚款、责令停止招生、吊销办学许可证等。

（三）教育行政强制执行

教育行政强制执行是指教育行政机关强制应履行而未自动履行教育法规规定的义务的行政管理相对人依法履行其义务的教育行政执法行为。它包括直接强制执行和间接强制执行。

1. 直接强制执行

直接强制执行即当义务人逾期拒不履行教育法规规定的义务时，教育行政机关直接强制义务人履行义务的行政强制手段。比如，相对人拒不履行教育行政机关做出的停止出售非法出版物、印刷学生复习资料的责令，教育行政部门可以强行销毁这类非法图书。

2. 间接强制执行

间接强制执行是指教育行政机关通过某种间接手段达到迫使相对人履行教育法规规定的义务的目标的强制执行方法。这种间接手段主要包括两种：一种是代履行，亦称代执行，即教育行政机关或其他第三者代替义务人履行义务，然后向义务人征收履行费用的强制执行方式；另一种是强制金，又称执行罚，它指教育行政机关对逾期不履行教育法规规定的义务的相对人处以罚金,以迫使其履行义务的教育行政强制执行方式。

【思考与练习】

1. 教育行政机构的行政人员是不是教育行政执法主体?
2. 简述教育行政执法的原则。
3. 简述教育行政执法的形式。

第三节 教育守法

一、教育守法的内涵

教育法规的遵守亦称教育守法,是指所有国家机关、社会组织和公民个人严格依照教育法规的规定从事各种教育事务和做出某种教育行为的活动。守法是教育法规实施的基本形式,无论是依法作为还是依法不作为,都属于守法的范畴。对于国家机关及其工作人员而言,其在行使职权、履行公务的过程中,无论行为内容、方式、程序都要符合教育法规的要求,既不能越权行使,也不能徇私、失职和渎职。对于社会组织和公民个人而言,参与各项教育活动的行为都要符合教育法规的要求。

教育守法表现为三种形式:一是行使教育法规规定的合法权利,它是指教育权利主体根据法律法规规定的程序,正确行使法律法规赋予的职责和权利,表现为权利主体有权做什么。例如新《义务教育法》第四十三条规定:"省、自治区、直辖市人民政府可以根据本行政区域的实际情况,制定不低于国家标准的学校学生人均公用经费标准。"二是积极履行教育法规规定的义务,它是指教育法律关系主体根据法律法规的规定履行应尽的义务,表现为法律关系主体应当或必须做什么。例如新《义务教育法》第二条规定:"国家实行九年义务教育制度。"义务教育是国家统一实施的所有适龄儿童、少年必须接受的教育,是国家必须予以保障的公益性事业。国家建立义务教育经费保障机制,保证义务教育制度的实施。三是遵守教育法规规定的禁令,它表现为法律关系主体不得做什么。例如新《义务教育法》第四十九条规定:"义务教育经费严格按照预算规定用于义务教育;任何组织和个人不得侵占、挪用义务教育经费,不得向学校非法收取或者摊派费用。"总之,无论是依法作为,还是依法不作为,均属于教育守法的范畴。

与教育守法相对的范畴是教育违法。教育违法是指教育法律关系主体做出违反教育法律法规规定、危害教育法律关系的过错行为。教育违法具体表现为两个方面：一是没有做法律规定应该做，或者必须做的事情；二是做了教育法律法规禁止做的事情。

二、教育守法的主体

依据宪法规定，守法的主体包括一切组织和公民。从教育实践的角度看，教育法遵守的主体主要包括国家权力机关、教育行政机关、学校和其他教育机构、企事业组织、社会团体及其他社会组织和个人、教师和其他教育工作者、受教育者、适龄儿童、少年和他们的父母或其他监护人等。在这些守法主体中，国家和地方各级人民政府机关及其工作人员、国家教育行政机关及其工作人员、中小学校校长和教师是重要的教育守法主体[①]。

（一）国家教育行政机关

国家教育行政机关既是专门的教育行政管理机关，又是教育行政执法机关。教育行政机关能否依法行政，直接影响教育法规实施的效果。因此，教育行政机关必须严格遵守教育法规，按照法定的权限和程序履行自己的职责。

（二）国家教育行政机关工作人员

国家教育行政机关工作人员是我国教育行政机关中代表国家从事教育行政管理、行使国家权力、执行国家公务的人员。他们不仅是教育行政管理者，又是教育行政执法者。他们能否在教育法规的遵守方面起到榜样的作用，关系到教育法规能否真正贯彻和实施。

（三）中小学校校长

中小学校校长是学校的法人代表，是学校的行政负责人。校长的职责和法律地位要求他们必须按照教育法规的要求组织教育教学和学校管理活动，依法维护学校、教师、学生的合法权益。

（四）教师

教师是教育教学活动的具体实施者，同样也是教育教学活动中教育法规的具

---

① 叶芸.2015.教育法学.北京：北京师范大学出版社：213.

体执行者，教师劳动的示范性特点使得他们的思想、行为、法律素养会对学生产生潜移默化的影响。教师严格遵守教育法规，有利于学生守法行为的养成。

（五）公民个人

教育守法是每一个公民应尽的义务。公民守法意识薄弱是教育实践中产生法律纠纷、发生侵权行为的主要原因。培养公民个人的守法观念、提升其法律素养是教育法规得以实施的重要保障。

三、教育守法的内容

教育守法中的"法"是指广义的法，而非狭义的法。它是泛指国家权力机关和国家行政机关所制定的规范性文件的总称。它既包括宪法和教育法律，也包括教育行政法规和部门教育规章；既包括地方性教育法规，也包括地方政府教育规章。

教育守法要求教育法律关系主体遵守国家宪法和教育法律。宪法由国家最高权力机关制定，是国家的根本大法，在国家法律体系中具有最高的法律效力和法律地位。教育法律是由国家最高权力机关及其常设机构制定的教育领域的专门法律，它包括教育基本法和部门教育法。1995年，由全国人民代表大会制定的《教育法》是我们国家的教育基本法，是教育领域的根本大法，在教育法律法规体系中具有统帅作用与母法地位。部门教育法也叫教育单行法，由全国人民代表大会常务委员会制定，往往是对教育领域中的某个局部，或某一环节的法律关系做出规定或调整。无论宪法，还是教育法律，都是由国家最高权力机关制定的，因此，教育守法首先是遵守宪法和教育法律。

教育守法要求守法主体遵守教育行政法规和部门教育规章。作为国家最高行政机关的国务院及其各个部委局在执行宪法和教育法律的过程中也享有制定规范性文件的权力。前者制定的规范性文件被称为教育行政法规，教育行政法规在名称上往往带有"条例""规定""办法""细则"等字样。后者制定的规范性文件被称为部门教育规章。无论是教育行政法规，还是部门教育规章，都由全国最高行政机关制定，因此在全国范围均具有教育法律法规的效力。

教育守法还要求守法主体遵守地方性教育法规和地方政府教育规章。前者由省、自治区、直辖市，或者省会城市，或者由国务院认定的较大的市的人民代表大会及其常务委员会制定；后者由上述三类地方人民政府制定。地方性教育法规和地方政府教育规章具有地方性，因此，这些规范性文件主要在本区域内具有法规效力，也主要由辖区内相应法规关系主体所遵守。

【思考与练习】

1. 简述教育守法的内涵。
2. 简述教育守法的主体和内容。

第四节 教育法律监督

为了保证教育法规的实施,必须加强对法规实施的监督,这是完善教育法制建设的必要环节。

一、教育法律监督的内涵

教育法律监督有广义和狭义两种不同的理解。广义的教育法律监督是指党和国家机关、社会团体与组织和公民依法对教育法运行情况进行的审查、督促、纠正等活动。狭义的教育法律监督是指国家专门的法律监督机关依照法定的权限和程序,对教育法运行情况进行审查、督促、纠正等活动。教育法学领域通常使用广义的教育法律监督的概念。广义的教育法律监督既包括党和国家机关的监督,也包括社会力量的监督,这两方面监督的有机结合共同构成了教育法律的监督体系。

二、教育法律监督的体系

我国教育法规实施的监督体系,按照主体进行划分,可以分为党和国家监督与社会监督两大系统。党和国家监督可以分为中国共产党的监督、国家权力机关的监督、国家司法机关的监督、国家行政机关的监督,社会监督可以分为民主党派的监督、人民政协的监督、社会团体的监督、社会舆论的监督和人民群众的监督。

(一)党和国家监督

1. 中国共产党的监督

中国共产党是我国的执政党。党对教育事业的领导和监督主要表现在以下几个方面：一是制定教育方针政策，指导和规范教育事业的发展；二是通过行使政治领导权，督促所有国家机关、政府或社会组织及企事业单位严格依据法律办事；三是通过党的纪律检查机关和党的组织系统对党员和党的组织活动的合法性进行监督。

2. 国家权力机关的监督

国家权力机关的监督是指最高国家权力机关和地方国家权力机关在其职责范围内对教育立法和教育法实施情况的监督。国家权力机关的监督是我国教育法律监督的核心部分，是最高层次的监督，具有最高的权威性。

国家权力机关的主体是各级人民代表大会及其常务委员会，国家权力机关对教育法实施监督主要体现在两个方面：国家权力机关对教育立法的监督和国家权力机关对教育法实施情况的监督。

1）国家权力机关对教育立法的监督

依据宪法的规定，全国人民代表大会有权制定和修改教育基本法和其他主要教育法律，可以改变或撤销全国人民代表大会常务委员会的不适当的决定。全国人民代表大会常务委员会有权制定、修改和删除教育基本法和其他主要教育法律以外的有关教育法律，可以撤销省、自治区、直辖市国家权力机关制定的同宪法、其他法律和行政法规相抵触的地方性法规和决议。县级以上人民代表大会可以改变或撤销本级人民代表大会常务委员会的不适当决议，撤消本级人民政府的不适当决定和命令。县级以上人民代表大会常务委员会可以撤销下一级人民代表大会及其常务委员会的不适当决议，撤销本级人民政府的不适当决定和命令。

2）国家权力机关对教育法实施情况的监督

全国人民代表大会及其常务委员会有权听取和审议国务院关于教育工作的报告，有权审查和批准国家教育实施方案和教育发展规划，审查和批准教育经费预算和决算情况，监督并保证教育法的全面贯彻实施。

各级人民代表大会及其常务委员会在开会期间有权就教育工作的有关问题向政府机关及其教育主管部门提出质询和询问，受质询的机关必须予以答复。

各级人民代表大会及其常务委员会有权代表人民监督教育行政部门、教育机构以及其工作人员，对违法失职人员的行为，可以向人民代表大会及其常务委员会或者向有关教育管理机关、教育机构要求调查处理。

各级权力机关可以受理各种申诉和意见，督促有关部门采取措施予以纠正，从而保证教育法的正确贯彻实施。

3. 国家司法机关的监督

国家司法机关的监督是指国家检察机关和国家审判机关按照法律规定对教育法实施情况实行的监督。

1）国家检察机关的监督

根据宪法和有关法律规定，人民检察院在国家司法系统内部对法院的审判活动，特别是针对刑事案件侦查、审判活动和刑事案件判决、裁定的执行是否合法享有监督权，其中也包括有关教育方面的案件。此外，人民检察院对于各级人民政府及其工作人员在进行各级教育行政管理活动过程中是否坚持依法办事和廉洁奉公，也同样享有监督权。

2）国家审判机关的监督

人民法院通过审理教育刑事案件、教育民事案件、教育行政案件，对教育法规的实施情况进行检查和督促。通过审判监督、及时解决各种教育违法事件，有效地追究违法者的法律责任，从而维护教育法制秩序，保护教育机构、教师和学生的合法权益，为教育法规的贯彻和实施提供保障[1]。

4. 国家行政机关的监督

国家行政机关的行政监督指的是各级政府部门及其所属的教育行政部门和有关职能部门对教育法实施情况的监督，这种监督包括上下级行政机关相互监督和特设行政监察机关对行政的监督。

1）各级政府的监督

国务院是最高国家行政机关。根据宪法和有关法律规定，国务院有权发布有关教育工作的行政法规、命令和指示，制定教育事业的发展规划，领导和监督教育行政部门的工作，检查和督促教育法在全国的贯彻执行情况；有权改变或撤销各部、委发布的不适当的命令、指示和规章；有权改变或撤销地方各级国家行政机关不适当的决定和命令；有权对教育行政部门工作人员实行奖惩。县级以上地方各级人民政府有权改变或撤销所属各工作部门和下级人民政府不适当的决定。

2）教育行政督导

教育系统内还有一种特殊的对教育工作的行政监督，这就是教育督导制度。根据规定，教育督导职权由中华人民共和国教育部行使，县以上均设教育督导机构。教育督导的主要任务是对下级人民政府的教育工作、下级教育行政部门和学校的工作进行监督、检查、评估、指导，保证国家有关教育的方针、政策、法规的贯彻执行和教育目标的实现。教育督导由教育督导机构根据本级人民政府、教育行政部门或上级督导机构的决定实施。督导机构和督导人员根据国家有关的方针、政策、法规进行督导，并具有以下职权：列席被督导单位的有关会议，要求被督导单位提供与督导事项有关的文件并汇报工作，对被督导单位进行现场调查[2]。

---

[1] 杨颖秀. 2014. 教育法学. 北京：中国人民大学出版社：82-85.

[2] 叶芸. 2015. 教育法学. 北京：北京师范大学出版社：230-232.

（二）社会监督

1. 民主党派的监督

我国各民主党派以参政党的身份，参与我国社会的政治生活，参与国家教育方针政策、法律法规的制定。因此，对教育工作或对教育问题的处理，民主党派可以提出自己的建议、进行批评等。

2. 人民政协的监督

人民政协是具有广泛代表性的爱国统一战线组织，它在我国政治协商和民主监督方面发挥着重要的作用，是我国民主政治的一种重要形式。人民政协对教育法制的监督主要表现在以下几个方面：一是对国家教育大政方针、地方教育的重要教育事务以及政策、法律的贯彻执行等重要问题进行政治协商，通过提出建议和批评的方式进行民主监督；二是政协会议与人民代表大会同时召开，政协委员通过列席人民代表大会会议或常务委员会的某些会议，听取或讨论政府工作报告，从而对政府和教育行政部门进行监督；三是政协委员通过视察教育工作，对教育法规的实施情况提出意见、批评和建议。

3. 社会团体的监督

工会、妇联等社会团体通过建议、检举、批评和申诉等形式对教育法规的实施进行监督。

4. 社会舆论的监督

报纸、电台、广播等舆论工具可以通过发表对教育工作的看法对教育立法和教育法规的实施情况进行监督。

5. 人民群众的监督

人民群众的监督是强化法制监督体系的基础和力量源泉[①]。人民群众对教育法实施情况的监督是宪法赋予人民群众的合法权利，宪法第四十一条规定："中华人民共和国公民对于任何国家机关和国家工作人员，有提出批评和建议的权利；对于任何国家机关和国家工作人员的违法失职行为，有向有关国家机关提出申诉、控告或者检举的权利，但是不得捏造或者歪曲事实进行诬告陷害。"这种监督的方式包括批评、揭发、检举、控告、申诉和建议等形式，对教育法的实施也具有重要的保证作用。

[①] 杨颖秀. 2014. 教育法学. 北京：中国人民大学出版社：85.

【案例】

云南省检察机关未成年人综合保护法律监督典型案例[①]

虐待被看护人适用从业禁止抗诉案

基本案情：

2019年6月，某市幼儿托管班老师吴某、王某使用拖拽、殴打、恐吓、禁食等方式制止幼儿小涛（化名，2岁）哭闹，造成小涛全身多处软组织挫伤，经鉴定为轻微伤。检察院起诉后法院以虐待被看护人罪分别判处吴某、王某有期徒刑六个月，但未判决适用从业禁止。检察机关经审查认为吴某、王某违背教师职业要求侵害未成年人，为预防再犯罪，应当对二人适用从业禁止，遂向法院提出抗诉，法院采纳抗诉意见，判决二人自刑罚执行完毕之日起三年内禁止从事未成年人看护教育工作。同时，检察机关提出检察建议，要求负有监管职责的主管部门加强对直属管理学校的安全监管，强化师德师风教育。

典型意义：

根据《刑法修正案（九）》规定，因利用职业便利实施犯罪，或实施违背职业要求特定义务的犯罪被判处刑罚的，人民法院可以根据犯罪情况和预防再犯罪的需要，适用从业禁止。本案中，检察机关从维护未成年人合法权益出发，通过抗诉履行法律监督职责，监督法院积极适用从业禁止的规定，督促教育机构及从业人员依法履行未成年人看护、教育等义务，为未成年人保护筑起防火墙。

【思考与练习】

1. 简述教育法律监督的内涵。
2. 简述教育法律监督的形式。

[①] 云南省临沧市凤庆县人民检察院. 云南省检察机关未成年人综合保护法律监督典型案例.（2021-06-02）[2022-09-23]. http://www.ynfengqing.jcy.gov.cn/dxal/202106/t20210602_3263674.shtml.（内容有修改）